GW01605043

LES DAMES BLANCHES

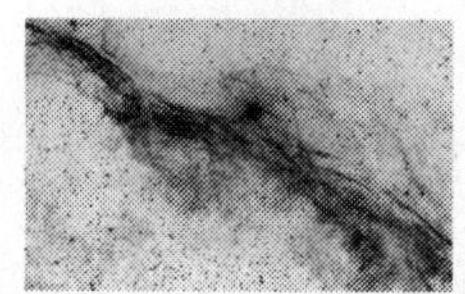

LA PETITE DENTELLE

DU MÊME AUTEUR
À L'ATALANTE

Les guerriers du silence
GRAND PRIX DE L'IMAGINAIRE 1994 –
PRIX JULIA VERLANGER 1994
Terra Mater
La citadelle Hyponéros
PRIX COSMOS 2000 1996

Wang
Les portes d'Occident
Les aigles d'Orient
PRIX TOUR EIFFEL DE SCIENCE-fiCTION 1997

Abzalon
Orchéron

Rohel I (cycle de dame Asmine d'Alba)
Rohel II (cycle de Lucifal)
Rohel III (cycle de Saphyr)

Griots célestes
Qui-vient-du-bruit
Le dragon aux plumes de sang

Nouvelle Vie™

L'enjomineur
1792
1793
1794
PRIX IMAGINALES 2007

La Fraternité du Panca
Frère Ewen
Sœur Ynolde
Frère Kalkin
Sœur Onden
Frère Elthor

Dernières nouvelles de la Terre…

Gigante - *Au nom du père*

Pierre Bordage

LES DAMES BLANCHES

L'ATALANTE
Nantes

Couverture : leraf

ISBN 979-10-360-0040-9
ISSN 2557-0730

Librairie L'Atalante
15, rue des Vieilles-Douves, et 4, rue Vauban
44000 Nantes
www.l-atalante.com

Léo

« MAMAN, c'est quoi, ça ? »

Debout sur une chaise devant la fenêtre de la cuisine, Léo pointait l'index sur une forme blanche émergeant de la brume matinale. Mal réveillée, planquée derrière le rideau ajouré de ses cheveux, Élodie continua de touiller son café sans prêter attention à la question de son fils : il en posait tant dans une journée qu'elle n'avait pas l'énergie ni le temps de répondre à toutes.

« Descends de là avant de te casser la figure. »

Léo se hissa sur la pointe des pieds et rapprocha son visage de la vitre qu'il embua de son souffle.

« On dirait une amanite, mais c'est grand pour un champignon. »

Âgé de trois ans et cinq mois, il parlait sans cesse, avec une richesse de vocabulaire insolite, comme s'il se nourrissait de mots, un verbiage assourdissant qui finissait par irriter les adultes de passage à la maison et limitait à un le nombre de ses amis, Baptiste, un voisin autiste de six ans. Élodie s'était demandé si Léo ne souffrait pas lui-même du syndrome d'Asperger, mais les examens pratiqués par le pédopsychiatre avaient seulement révélé une « précocité ordinaire » qui nécessiterait probablement une école adaptée.

L'enfant fixa sa mère jusqu'à ce qu'elle relève les yeux sur lui.

« Viens voir, maman. »

Alertée par son ton péremptoire, elle se fendit d'un long soupir avant de le rejoindre près de la fenêtre.

« Je ne t'avais pas dit de descendre ? Qu'est-ce que tu as encore vu ? »

Suivant du regard la direction indiquée par Léo, elle aperçut à son tour la forme blanche qui se dressait au milieu des bancs de brume : une sphère parfaite qui, immédiatement, s'associa dans son esprit à la bulle angoissante de l'antique série télé intitulée *Le Prisonnier.* Frissonnante, elle posa la main sur l'épaule de son fils et le serra contre elle.

« C'est quoi, maman ?

— Comment veux-tu que je le sache ?

— On va voir de près ?

— Je ne suis pas certaine que ce soit une bonne idée… »

Léo échappa à l'étreinte de sa mère, sauta de la chaise et courut vers la porte restée entrouverte pour permettre à Pyjam, un vieux chat rôdeur au pelage mité, d'imposer sa présence ronronnante dans la maison.

« Reviens ! »

Avec la vivacité d'un écureuil, Léo traversait déjà la terrasse pavée qui occupait la moitié du jardin. Par-delà la petite route qui longeait la haie de lauriers, s'étendaient, bordés de clôtures métalliques, des pâturages laissés en jachère. Peu de voitures passaient dans le coin, mais Élodie redoutait en permanence que l'une d'elles ne fauche son fils, l'unique objet de sa ferveur depuis qu'elle avait décidé de mettre fin à toute relation avec les hommes. Trente-six ans, jolie aux dires de ses amies et de ses ex-amants, toujours attentive à sa ligne, épilée, soignée, et déjà emmurée dans ses déceptions.

« Léo, reviens ! »

Elle resserra les pans de son peignoir, abandonna ses chaussons, se lança à sa poursuite, trébucha sur le seuil de la porte et s'étala de tout son long sur les pavés.

« Quelle conne ! »

Ignorant la douleur à son pied droit et à son genou gauche, elle se releva, repartit en claudiquant sur les traces de Léo, repéra la silhouette de son fils dans l'entrebâillement du portail métallique donnant sur la route. Un grondement de moteur souffla comme une bourrasque sur son inquiétude.

« Viens ici tout de suite ! »

Elle accéléra l'allure et s'engouffra à son tour dans l'ouverture. De l'autre côté de la route, Léo se faufilait déjà entre deux fils de clôture. Une voiture blanche déboucha à vive allure le long de la haie et disparut dans le virage à angle droit une trentaine de mètres plus loin.

« Tu as entendu ce que je t'ai dit ? »

Il trottait à toutes jambes dans l'herbe humide du champ en direction de la sphère blanche. Élodie eut l'impression que celle-ci avait subitement augmenté de volume, comme gonflée de l'intérieur par une soufflerie géante. Le sentiment de danger se fit oppressant. Elle traversa la route. Ses pieds nus entrèrent en contact avec la terre grasse du talus. Elle s'emberlificota dans les fils de la clôture. Dut resserrer, une fois passée dans le champ, les pans de son peignoir sous lequel elle était entièrement nue. Frissonna de froid, de colère, de peur. La douleur partant de son genou écorché lui irradiait la jambe.

« Reviens immédiatement, ou je me fâche ! »

Se fâcher contre Léo ? Elle en était incapable : il lui suffisait d'un regard, d'un sourire, d'une mimique pour la désarmer. Le pédopsychiatre lui avait recommandé une fermeté et un calme inébranlables, mais chacun de ses ordres, chacun de ses refus lui procuraient un tel sentiment de culpabilité qu'elle finissait toujours par plier devant les caprices de son fils. Elle feignait de ne pas remarquer les mines excédées et les pincements des lèvres de ses amies qui avaient sur l'éducation des idées bien arrêtées.

Il se rapprochait dangereusement de la bulle blanche, disparaissant par instants derrière les buissons et les rochers épars. Elle refoula son impression grandissante d'évoluer dans un cauchemar. Le froid matinal lui mordait les pieds, grimpait le long de ses cuisses, lui engourdissait le bassin. Elle serait en retard au bureau. Le temps de prendre une douche, de s'habiller, d'habiller Léo, de l'installer dans la voiture, de le déposer chez l'assistante maternelle, de s'engluer dans la circulation de la rocade, de trouver une place sur le parking de l'entreprise, elle arriverait après les 8 h 30 fatidiques et en serait quitte pour une justification humiliante face au chef de service, un homme à la calvitie luisante, aux mains moites et au regard vicieux.

Et merde.

« Léo ! »

Elle gagnait du terrain sur lui. Il ne se retournait pas, tendu vers son but. La bulle grandissait encore, comme si elle se dilatait pour se rapprocher de l'enfant. Elle ressemblait à un gigantesque ballon en plastique. Sa surface ne présentait aucune aspérité, aucune crevasse. Elle ne contournait pas les rochers ni les autres reliefs qui se dressaient devant elle, elle les absorbait, purement et simplement, comme s'ils n'avaient aucune consistance.

Un bosquet aux feuilles rousses disparut du champ de vision d'Élodie.

Une petite dizaine de mètres la séparaient désormais de Léo. Elle tendait déjà le bras pour l'agripper. Son angoisse se changeait en colère. Une colère noire. Une envie terrible de le rouer de coups. Au moment où elle opérait la jonction, son pied s'enfonça dans un trou et se déroba. Elle perdit l'équilibre et roula sur l'herbe humide. Son peignoir s'ouvrit dans sa chute. L'herbe détrempée, froide, lui cingla le ventre, les fesses et le dos. Elle poussa un hurlement de rage. Une sensation de présence la poussa à se relever rapidement, à resserrer les pans de son peignoir. Elle eut un hoquet de terreur lorsqu'elle aperçut, tout près d'elle, la paroi convexe de la bulle qui atteignait une vingtaine de mètres de hauteur.

« Léo ? »

Elle fouilla les environs du regard.

Aucune trace de son fils.

« Léo ? »

Elle recula de quelques pas pour agrandir son champ de vision. Elle ne le repéra pas, ni dans les herbes hautes, ni parmi les gros rochers aux échines arrondies habillées de mousse brunâtre. Elle repoussa une première attaque de panique. Il était sans doute passé de l'autre côté de la bulle. Elle décida d'en faire le tour en évitant de s'en approcher. Quelque chose de maléfique émanait de cette sphère blanche posée sur l'herbe comme un ballon abandonné par des Titans.

Le cœur d'Élodie se glaça lorsqu'elle constata que son fils ne se trouvait pas non plus de l'autre côté.

« Ne te cache pas, mon bébé, maman est morte d'inquiétude. S'il te plaît… »

Des larmes lui vinrent aux yeux. Bien que l'idée, l'inconcevable idée, grondât en elle avec la force de l'évidence, elle continua d'explorer le pâturage en décrivant des cercles de plus en plus larges et en hurlant le nom de Léo, indifférente à l'humidité glaciale de ce matin de novembre. Quand, la mort dans l'âme, elle eut admis que son instinct de mère ne la trompait pas, elle revint vers la bulle : cet horrible truc avait avalé son fils de la même façon qu'il avait gobé les bosquets et les rochers. Il ne lui restait qu'à le rejoindre de l'autre côté de la paroi blanche et lisse.

Elle s'approcha de la bulle, s'attendant à la voir se distendre pour l'absorber à son tour.

« Rends-moi mon fils ! »

Le cri avait jailli de son ventre avec la puissance d'un geyser. La sphère demeura immobile, comme un serpent repu. Élodie surmonta sa peur pour lever les mains et les poser sur la paroi. Surprise par sa douceur, elle finit par appuyer son front sur la matière lisse. Ses larmes redoublèrent, silencieuses, brûlantes.

« Rends-moi mon fils… »

Elle donna un premier coup d'épaule dans la bulle, qui s'enfonça de quelques centimètres à la façon d'un matelas, puis elle grêla la paroi de coups de poing sans parvenir à fissurer la matière souple. Il fallait la crever. Elle hésita : le temps d'aller chercher la fourche à quatre dents dont elle se servait pour bêcher son jardin, la sphère aurait peut-être disparu. Elle regretta de ne pas avoir eu le réflexe, en se levant, de glisser son smartphone dans la poche de son peignoir. Elle resta un long moment indécise, grelottant de chagrin, de frayeur et de froid, puis avisa une branche morte épaisse, noueuse et pointue entre les herbes, la ramassa, prit son élan et la piqua de toutes ses forces sur la paroi rebondie. Une douleur fulgurante lui parcourut le bras et l'épaule, comme si la puissance de son coup s'était retournée contre elle. Elle ne discerna aucun accroc, aucune marque sur la surface lisse.

« Léo ! Léo ! Tu m'entends ? »

Pas de réponse. Elle explora une nouvelle fois le champ du regard, dans l'espoir fou d'entrevoir la silhouette de son fils ; rien ne bougeait que les tiges ployées par la bise. Elle n'avait pas d'autre choix que de retourner à la maison pour demander du secours.

Elle fixa la bulle d'un air de défi.

« Si tu as avalé mon fils, pourquoi tu ne m'avales pas ? »

Elle ne reçut pour écho que les craillements des corneilles.

Le capitaine de gendarmerie observait la sphère blanche avec le même air réprobateur qu'il aurait considéré un homme ivre au volant : la chose était une anomalie dans l'ordre et l'harmonie censés régner dans ce paysage bucolique des Deux-Sèvres. Le petit peloton de trois hommes et une femme s'était déployé à une dizaine de mètres de ce qu'ils surnommaient avec emphase le *phénomène*.

« Vous affirmez que cette… boule a avalé votre fils ? »

La moue perplexe du capitaine exaspéra Élodie.

« Vous avez vu comment ça s'est passé ? » insista l'officier.

Le mouvement de tête de la jeune femme décrocha les larmes perlant à ses cils. Le pull irlandais qu'elle avait passé par-dessus son tee-shirt et son pantalon ne suffisait pas à la réchauffer.

« Je suis tombée au moment où il a disparu. Mais, avant, j'ai pu voir cette bulle avaler des buissons et des rochers.

— Pourquoi ne vous a-t-elle pas avalée en ce cas ? »

Elle se fendit d'un long soupir ; elle était tombée sur l'officier de gendarmerie le plus borné de la région.

« Comment voulez-vous que je le sache ? Qu'est-ce que vous attendez pour délivrer Léo ? »

Le capitaine secoua la tête.

« C'est que… on ne sait pas trop ce qu'elle renferme. Il s'agit peut-être d'une arme d'un genre nouveau. Possible qu'elle contienne un gaz toxique, ou une autre saloperie. Il nous faut prendre des précautions. Je dois en référer au préfet.

— Nous perdons du temps, hurla Élodie. Mon fils est là-dedans, chaque seconde compte.

— Elle n'a pas tort, intervint la femme gendarme.

— On ne vous a pas demandé votre avis, Kagalri, rétorqua le capitaine. C'est encore moi qui prends les décisions. »

Il tira son téléphone portable de la poche de sa veste et s'éloigna d'un pas saccadé. La femme gendarme, une brune au teint mat et aux yeux couleur d'ambre, s'approcha d'Élodie.

« Désolée : mon chef est un trouillard, il ne prend aucune initiative sans être couvert par la hiérarchie. »

Élodie hocha la tête. Les larmes, de nouveau, sillonnèrent ses joues.

« J'ai frappé cette bulle avec un objet pointu, murmura-t-elle. Impossible de la percer. »

La femme gendarme contempla la sphère pendant quelques secondes en se mordant la lèvre inférieure, la main droite enroulée autour de la crosse de son pistolet en partie dégainé.

« Il y a forcément un moyen de déchirer cette espèce de champignon géant. »

Élodie en appela à ce qu'il lui restait de volonté pour balbutier : « Léo a aussi parlé de champignon en la voyant. »

Le vent soufflait en rafales, tirant sur le ciel un lourd manteau nuageux ; l'air se chargeait d'humidité.

« Quel âge a votre fils ?

— Trois ans et cinq mois.

— Il n'a pas eu peur du phénomène ? »

Élodie ferma les yeux, espérant les rouvrir dans sa chambre et se rendre compte que cette scène n'était qu'un mauvais rêve.

« Non seulement il n'en a pas eu peur, mais il a couru droit sur elle, finit-elle par répondre.

— Un comportement habituel chez lui ?

— Jamais il ne m'avait échappé de cette façon avant. Il semblait attiré, comme possédé. »

Le capitaine revint vers les deux femmes, téléphone portable en main.

« Le préfet a prévenu le ministre de l'Intérieur, qui a vu avec la Défense. On nous envoie une équipe du GIGN. Elle décolle de Villacoublay dans la demi-heure.

— Je ne suis pas sûre que ce soit une bonne idée, objecta la femme gendarme. Ils dégommeront le phénomène, purement et simplement.

— Encore une fois, Kagalri, on ne vous a pas sonnée. Ils savent ce qu'ils ont à faire. »

Les yeux de la femme gendarme voletèrent comme des oiseaux en cage en évitant de se poser sur Élodie.

« J'espère au moins qu'ils tenteront de délivrer le gosse avant de jouer les artificiers…

Lucho

LA BULLE SE DILATA, gagnant d'un seul coup cinq ou six mètres de diamètre, contraignant les soldats déployés autour d'elle à reculer.

« C'est quoi, ce bordel ? grogna le colonel.

— Ça ressemble à rien de ce que je connais, en tout cas », lança Lucho Herrero, l'artificier et démineur qui avait désamorcé un nombre incalculable de bombes et de mines de toutes sortes sur les terres d'Afrique et du Moyen-Orient.

Malgré son jeune âge, une trentaine d'années à peine, il était l'un des spécialistes les plus chevronnés de l'armée française. À ses supérieurs qui le traitaient de tête brûlée, voire de danger public, le lieutenant Lucho Herrero rétorquait que les risques faisaient partie du métier, qu'on n'obtenait aucun résultat en respectant les procédures.

À peine arrivé dans le champ, il s'était approché tout près de la bulle de sa dégaine mi-nonchalante mi-provocante, et il avait fallu un aboiement de son supérieur pour le contraindre à revenir sur ses pas, à respecter le périmètre de sécurité fixé à une vingtaine de mètres. Il trouvait jolie la jeune mère éplorée qui, entre deux crises de sanglots, avait expliqué à l'officier les circonstances de la disparition de son fils. Depuis combien de temps n'avait-il pas tenu une femme dans ses bras ? Elles le fuyaient au bout de quelques jours, quelques semaines pour les plus téméraires, découragées par ses cicatrices et son odeur de soufre.

La jeune mère – Élodie, lui semblait-il – avait supplié le colonel de tirer son fils du ventre de la chose.

L'officier avait tiqué.

« Comment votre fils aurait-il pu pénétrer à l'intérieur d'une structure que, vous l'avez dit vous-même, vous n'avez pas réussi à perforer avec une branche ? »

Elle avait paru désemparée, abattue, comme si elle admettait désormais qu'elle ne pouvait compter sur personne pour récupérer son fils.

Lucho avait suggéré au colonel de tirer une volée de flèches sur la partie haute de la bulle.

« Façon de tester sa solidité. Et puis si elle contient du gaz ou un autre produit toxique, il s'évaporera par le haut. Ça nous dispensera de mettre les combis et les masques. »

Le détachement comptait deux archers qui, lors des opérations délicates, se chargeaient de neutraliser en douceur les cibles prioritaires. Sur un signe de l'officier, ils prirent position et décochèrent les premières flèches. Les projectiles ricochèrent sur la matière blanche pour retomber piteusement dans l'herbe à trois ou quatre mètres des soldats disposés en cordon. Les archers changèrent de flèches pour les tirs suivants, optant pour des pointes capables de transpercer les structures rigides comme le bois ou la tôle. Pour un résultat identique : repoussées par la surface convexe, elles rebondirent et achevèrent leur trajectoire dans l'herbe.

Lucho proposa de passer aux armes à feu. Le colonel désigna trois soldats qui épaulèrent leurs fusils d'assaut.

« Mon fils est dedans ! hurla la jeune mère.

— Ils viseront la partie supérieure, rétorqua le colonel. Votre fils ne mesure pas trente mètres, que je sache ! »

Il abaissa le bras. Les rafales des fusils d'assaut estompèrent les craillements des corneilles. Les balles ne provoquèrent pas le moindre impact sur la matière blanche, aucun effritement, aucun écoulement, comme si elles ne l'avaient pas touchée. Le silence retomba, traversé par les seuls ululements du vent.

« Sauf votre respect, mon colonel, on a un putain de problème », marmonna Lucho.

La bulle se déforma de nouveau, s'allongea de plusieurs mètres, perdit sa forme de sphère parfaite pour adopter celle d'une courge géante.

« Ça paraît vivant, en tout cas », ajouta le démineur.

Jamais il n'avait ressenti une telle excitation, même dans les quartiers brûlants des villes d'Irak où chaque pierre, chaque crevasse, chaque voiture, chaque chien, chaque passant pouvait receler une bombe. Le flot d'adrénaline coulait comme un torrent grondant dans ses veines. L'énigmatique bulle blanche ne ressemblait pas à une arme conventionnelle ou non conventionnelle – le missile nucléaire expédié par le groupe rebelle Boko Aram, qui n'avait pas explosé après l'impact dans une ruelle poussiéreuse de Bamako, lui avait laissé un souvenir impérissable –, mais en dépit de sa rondeur rassurante, presque maternelle, elle paraissait infiniment plus menaçante, comme indestructible. Elle lançait un défi à l'intelligence humaine. Il aurait donné n'importe quoi pour savoir ce qu'elle avait dans le bide, ce qu'elle avait fait du gosse. Pour vérifier qu'elle était capable de résister à un pain de 500 grammes de PLA-NP ou à un pétard TNT 454 grammes. Pour lui balancer une bonne dose de pentrite et la défoncer comme il avait désintégré les portes blindées des bunkers des dictateurs lâchés par l'OTAN. Il se raisonna : tant que l'enfant resterait prisonnier de la bulle – comment avait-il pu entrer là-dedans ? –, il n'aurait pas l'autorisation de tirer le moindre feu d'artifice.

« Une plante mutante, peut-être ? »

La moue perplexe du colonel montrait qu'il n'accordait que peu de crédit à sa propre hypothèse. Les gendarmes se tenaient en retrait depuis l'arrivée des militaires, se contentant d'entourer la jeune mère. Quelques voitures s'étaient arrêtées sur le bas-côté de la route. Intrigués par la présence des hélicoptères et le remue-ménage dans un coin d'ordinaire paisible, leurs passagers alignés derrière la clôture observaient la scène en silence.

« On fait quoi ? » demanda Lucho.

Le sang-froid et l'audace du colonel avaient à maintes reprises tiré ses hommes de situations désespérées sur les sites d'opérations, mais il garda le silence, comme incapable de prendre la moindre initiative. Les rides s'étaient creusées sur son visage déjà haché et buriné.

« Il faudrait sans doute convoquer des spécialistes en botanique, peut-être même en exobiologie, finit-il par répondre.

— Négatif, mon colonel, objecta Lucho. Ça prendrait trop de temps. Il y a un gosse là-dedans. » Il se mordilla les lèvres avant de souffler : « C'est quoi, l'exobiologie ? »

Son manque de culture et de vocabulaire l'avait toujours complexé. Il se reprochait amèrement de ne pas avoir écouté ses parents qui lui rabâchaient à longueur de journée de bien travailler à l'école. Le monde appartient à ceux qui apprennent, martelait son père, qui avait dû s'exiler de son Chili natal pour une sombre histoire de règlement de comptes familial. Lucho, lui, avait refusé de se couler dans le moule étriqué de l'élève sage malgré une certaine facilité en matières scientifiques. Il faisait partie de ceux qui considéraient les bons bulletins scolaires comme des capitulations.

« L'étude d'autres vies dans l'univers. »

Lucho tenta de détecter des traces de moquerie sur les traits de son supérieur, puis, d'un coup d'œil circulaire, s'assura que personne d'autre que lui n'avait entendu sa réponse.

« Vous voulez dire… les extraterrestres ? Vous pensez que ce machin vient d'une autre planète ? »

L'officier haussa les épaules.

« Nous ne devons éliminer aucune hypothèse. »

Lucho enveloppa la bulle blanche d'un regard fasciné. L'hypothèse du colonel le reconnectait subitement aux films de science-fiction qu'adolescent il s'était passés en boucle jusqu'à l'overdose sur l'écran de son vieil ordinateur. Il se retrouvait désormais dans le film, dans la peau d'un personnage aux prises avec une forme de vie inconnue.

« Comme une sorte d'œuf géant qu'aurait pas encore libéré le monstre qu'il renferme… »

Il ne croyait pas avoir exprimé sa pensée à voix haute, aussi fut-il surpris d'entendre la réponse du colonel :

« Ça fait partie des possibilités.

— Ça ne change rien à notre problème. On décide quoi pour le gosse ? »

L'officier lança un coup d'œil à la mère soutenue par la femme gendarme avant d'ajouter, à voix basse :

« Pas sûr qu'il soit là-dedans.

— Y a quand même un doute. Sans ça… »

D'un geste, son supérieur invita Lucho à continuer.

« Boum ! Une bonne dose, et la coquille de l'œuf finirait bien par craquer. »

La suggestion du démineur traça son chemin dans l'esprit du colonel.

« À combien estimez-vous le périmètre de sécurité ?

— Deux cents mètres. On a tout ce qu'il faut avec nous. On fait reculer tout le monde, j'installe le dispositif, et on constate ce que ce truc a dans le bide.

— Et s'il renferme réellement l'enfant ?

— On n'arrive pas à l'ouvrir avec les flèches ni avec les balles. Si on ne lui balance pas un bon pain, le gosse restera prisonnier et n'aura de toute façon aucune chance de s'en tirer. »

Le colonel retira son béret, lissa ses cheveux grisonnants du plat de la main et hocha la tête, les yeux rivés sur la bulle blanche. Il semblait flotter dans son treillis. Lucho l'avait toujours connu dans des tenues un peu trop grandes pour lui.

« Vous pouvez vous débrouiller pour maîtriser l'explosion ?

— Je ne fais pas dans la démolition contrôlée.

— Mais peut-être réussirez-vous à ne toucher qu'une partie de l'enveloppe de la bulle ?

— Possible. Avec l'effet brisant. Une détonation. Pas de déflagration, pas d'accroissement brutal de la pression ni de la température. Faudrait surtout pas que le gosse se trouve juste derrière. Le choc lui serait fatal. »

Le colonel réfléchit quelques instants.

« Je mets le marché dans les mains de la mère », reprit-il avant de se diriger vers le petit groupe des gendarmes.

Lucho Herrero, le colonel et les deux hommes désignés par l'officier étaient maintenant seuls dans le champ. On avait procédé à l'évacuation des lieux après que la mère de l'enfant disparu avait donné son accord pour le minage de la bulle blanche. Il fallait faire vite : le jour déclinait. La négociation avait duré deux heures. Elle avait d'abord refusé la proposition avec véhémence, puis, comprenant qu'il n'existait aucun autre moyen de fracturer la prison de son fils, elle avait fini par accepter d'un clignement de paupières avant de fondre en larmes. Le colonel avait tenté de l'apaiser en lui assurant qu'ils s'efforceraient de localiser l'enfant à l'aide d'un détecteur thermique avant de placer les charges. Il avait balayé d'un revers de bras le conseil du capitaine de gendarmerie l'invitant à consulter le préfet avant de prendre une décision d'une telle importance.

« En opération, nous sommes habilités à prendre toutes les initiatives, et nous avons déjà perdu trop de temps. Ne vous inquiétez pas : je serai le seul responsable. »

On avait également prévenu le propriétaire du champ, un Nantais qui louait occasionnellement ses terres aux agriculteurs du coin et qui n'avait soulevé aucune objection.

Lucho choisit un pétard d'azoture de plomb de quatre cents grammes qu'il déclencherait à l'aide d'un détonateur introduit dans l'alvéole prévue à cet effet. Le détecteur thermique ne décelant aucune source de chaleur à l'intérieur de la bulle – ce qui le confortait dans l'idée que le gosse s'était planqué ailleurs –, il positionna le pétard au hasard tout près de la base de la bulle, puis déroula le fil sur une cinquantaine de mètres, se planqua derrière un rocher et vérifia que les trois autres étaient hors de portée pour presser le bouton du boîtier. Le pétard explosa une demi-seconde plus tard. Le silence absorba peu à peu les échos de la détonation.

Lucho n'attendit pas le délai réglementaire pour se relever et observer le résultat. Le vent dispersait les dernières écharpes de fumée. Un juron lui échappa lorsqu'il constata que la bulle était intacte : pas une béance, pas une fissure, pas même une tache sombre abandonnée par l'onde de choc, seulement un trou dans le sol aux bords noirs et fumants de près de trois mètres de diamètre.

Le colonel s'avança vers le démineur.

« Vous n'avez pas prévu une dose assez forte, lieutenant.

— Vous rigolez, mon colonel : y avait largement de quoi bousiller un tank ou démolir une baraque. Je pense plutôt que ce machin est incroyablement solide.

— Réessayez en triplant la dose.

— Mais…

— C'est un ordre. Et pressez-vous : la nuit va tomber. »

Lucho opta cette fois pour un dispositif de mise à feu circulaire déployé autour de la base de la bulle, branchant le cordeau maître aux cordeaux dérivés, eux-mêmes reliés aux charges, quatre pains de cinq cents grammes majoritairement constitués de pentrite, le plus puissant des explosifs. À plusieurs reprises, il frôla la matière blanche de l'épaule ou de la nuque. Il ne ressentit aucune douleur, mais de légers frissons probablement dus à la pensée qu'il touchait en ce moment même une forme de vie inconnue – un putain d'extraterrestre ! Il déroula le fil, se réfugia derrière le rocher et compta jusqu'à cinq avant de hurler :

« Feu ! »

Il pressa l'interrupteur, discerna avec netteté les quatre détonations, séparées l'une de l'autre par deux dixièmes de secondes, perçut la chaleur et l'odeur de poudre propagée par le souffle des explosions, scruta le ciel, ne distingua rien d'autre que des volutes de fumée noire, s'aventura hors de son abri après s'être assuré que la pluie de débris et de poussière s'était interrompue : la bulle n'avait pas bougé d'un millimètre, flottant au-dessus d'un cratère de plus de quinze mètres de rayon, comme posée sur le vide.

« Ce coup-là, j'avais mis de quoi écrouler un immeuble de sept étages. »

Le colonel épousseta machinalement les manches de son treillis. Deux autres soldats se tenaient légèrement en retrait, avec la mine grave et inquiète de ceux qui se retrouvent confrontés à une histoire qui les dépasse.

« Plus puissant, ça servirait qu'à creuser un peu plus le trou dans la terre », ajouta Lucho.

Le colonel décocha un regard sombre au lieutenant.

« J'avise l'état-major. Il faut absolument qu'on sache à quel genre de phénomène on a affaire. » Il secoua la tête d'un air las. « En attendant, je dois expliquer à cette femme que nous n'avons pour l'instant aucun moyen de récupérer son fils. »

Élodie

EFFONDRÉE dans le canapé au tissu élimé, Élodie regardait d'un œil distrait une chaîne d'informations continues sur la vieille télé plasma. Bien que la nuit fût tombée depuis plusieurs heures, les équipes de télévision déployées le long du périmètre de sécurité sur le côté de la route n'avaient pas remballé leur matériel. Plusieurs d'entre elles avaient tenté de forcer sa porte pour l'interroger. Comme elle refusait de leur parler – pas envie de jeter ses larmes et ses bredouillements en pâture à des millions de voyeurs –, deux gendarmes chargés de préserver son intimité veillaient en permanence devant le portillon du jardin.

Les explosions n'avaient provoqué aucune fissure sur l'enveloppe de la bulle. L'artificier, un homme au visage anguleux et aux yeux clairs, presque entièrement blancs, avait pourtant certifié que les doses auraient suffi à démolir un immeuble de sept étages.

Élodie flottait depuis deux jours dans les émotions contradictoires. Si la bulle avait résisté, cela signifiait sans doute que l'onde de choc n'avait pas détruit ce qu'elle contenait, qu'elle avait donc épargné Léo. Elle en éprouvait du soulagement, mais également une certaine déception : le doute lui était insupportable, elle avait un besoin urgent de certitudes. À choisir, elle aurait préféré serrer dans ses bras le cadavre de son fils, plutôt que de continuer à vivre dans les affres de l'inquiétude, une pensée qu'elle repoussait de toutes ses forces, mais qui émergeait sans cesse de son esprit embrumé. Elle n'avait même plus la force de se répéter qu'il restait un espoir, tant qu'on n'avait pas retrouvé Léo. Elle se sentait indigne de son rôle de mère. Monstrueuse. Les larmes s'écoulaient de ses yeux de manière incontrôlée, silencieuses, presque acides. Elle s'étonnait parfois de receler en elle une telle quantité de liquide. Elle ne prenait plus les appels de sa mère et de sa sœur, dont les noms s'affichaient régulièrement sur l'écran de son téléphone portable. Elle aurait sans doute accepté de parler à son père, mais il était mort cinq ans plus tôt d'un cancer généralisé.

Aymeric, le géniteur de Léo, n'avait pas cherché à la contacter. Totalement absent, comme d'habitude. Transparent. Il s'était enfui au cinquième mois de la grossesse d'Élodie et n'était reparu que quinze mois après l'accouchement. Après avoir reconnu l'enfant du bout des lèvres, il venait leur rendre visite de loin en loin, en se gardant bien d'aborder les sujets épineux tels que la pension alimentaire ou les corvées de garde le week-end et la moitié des vacances.

Le médecin du village voisin avait prescrit à Élodie deux semaines d'arrêt de travail et une batterie de somnifères et d'antidépresseurs. L'entreprise où elle travaillait, une compagnie d'assurances mutualiste pourtant, lui tiendrait évidemment rigueur de ces quinze jours d'inactivité assimilés à une extorsion de congés. Elle devrait encore attendre pour prétendre au poste d'experte qu'elle convoitait depuis deux ans. Elle s'en fichait. Le seul fil qui la retenait à la vie était sur le point de se briser – s'était déjà brisé, elle en avait l'intime conviction.

Une image attira son attention. Une forme blanche et sphérique se découpait sur l'écran. Elle crut d'abord qu'il s'agissait de l'un des nombreux reportages consacrés à la bulle posée dans le champ en face de sa maison, mais le paysage rougeâtre, pelé, semblait caractéristique d'un désert. Elle se redressa et prêta attention aux paroles de la présentatrice.

« … à l'orée du Karakoum, au Turkménistan, la même mystérieuse forme blanche et sphérique apparue dans le département des Deux-Sèvres, en France… »

Le visage cuivré d'une femme coiffée d'un foulard coloré s'afficha en incrustation dans un coin de l'écran. Elle déversait un flot de paroles rocailleuses entrecoupées de gémissements et de sanglots. Élodie n'eut pas besoin d'attendre la traduction pour comprendre que la Turkmène avait vécu la même épreuve qu'elle. Elle ressentait sa souffrance au plus profond d'elle-même, comme si leur malheur commun avait tissé un lien décelable à des milliers de kilomètres.

« Adelia Daglar prétend que la bulle a avalé l'un de ses enfants, âgé d'un peu plus de trois ans, ce qui corrobore la version d'Élodie Mangin. Je rappelle que la jeune femme de Nueil-les-Aubiers avait affirmé aux autorités que la bulle posée devant son domicile avait capturé son fils Léo, âgé lui-même de trois ans et cinq mois, une déclaration dont le juge d'instruction avait publiquement douté… »

Elle se remémora le juge, un petit homme sec et rêche, chargé de l'enquête sur la disparition de l'enfant. Débutant sa carrière, il la regardait comme une coupable et esquissait une moue soupçonneuse à chacune de ses déclarations. Elle s'était enfoncé les ongles dans la paume de sa main pour éviter de les lui planter dans le cou.

« Les autorités turkmènes ont tenté par tous les moyens de délivrer l'enfant, mais, comme en France, les diverses méthodes employées ne sont pas parvenues à ouvrir la bulle… »

Un visage d'homme aux cheveux gris supplanta celui de la femme turkmène dans le coin de l'écran.

« Le professeur Ariel Dahan, expert en biologie, a bien voulu répondre à nos questions. À votre avis, professeur, nous trouvons-nous devant une forme de vie inconnue ? »

Le biologiste marqua un long temps de silence, les lèvres crispées.

« Inconnue, oui. Mais je crois sous-entendre dans vos propos la question de la vie extraterrestre. Or rien ne nous permet d'affirmer qu'il s'agit d'un phénomène d'origine extraterrestre. Nous avons peut-être affaire à une mutation, dont les causes peuvent être multiples : chimique, nucléaire, biotechnologique, ou encore une combinaison de ces trois facteurs. Tant que nous serons dans l'impossibilité de l'analyser, nous resterons dans le flou.

— Les témoignages de deux femmes appartenant à deux régions et cultures très éloignées l'une de l'autre concordent. Comment est-il possible qu'un enfant ait la capacité de pénétrer dans une structure totalement hermétique, plus solide qu'un alliage métallique ?

— Les perceptions humaines étant sujettes à caution, ces deux témoignages n'ont aucune valeur scientifique. Encore une fois, seule une analyse détaillée nous permettra de nous faire une idée exacte… »

Élodie soupira. Le biologiste représentait tout ce qu'elle détestait dans l'homme de science, une suffisance confinant à l'arrogance. Elle s'était intéressée un temps à la physique quantique. Elle n'avait pas tout compris, mais elle en avait retenu que l'univers ne se limitait pas à une vision mécaniste, qu'on ne pouvait pas l'enfermer dans des certitudes, un constat qui aurait dû rappeler à l'humilité tout scientifique digne de ce nom. La présentatrice, qui avait visiblement espéré des révélations fracassantes, au minimum croustillantes, congédia son invité d'un ton sec. La sphère blanche occupa de nouveau la totalité de l'écran. La nouvelle qu'elle avait quelque part une compagne de malheur insuffla un regain d'énergie à Élodie. Le petit juge qui la soupçonnait d'avoir tué elle-même son fils – à sa décharge, la plupart des disparitions masquaient un infanticide – devrait ravaler son dossier et garder pour son miroir ses moues suspicieuses.

Elle ne put dormir cette nuit-là. Pas davantage que les autres nuits, malgré son épuisement. Elle eut l'impression de percevoir des sons, pas vraiment des sons, des vibrations plutôt, comme si des frissons traversaient l'obscurité. Elle repoussa la couette, se redressa dans le lit et s'adossa à son oreiller. Aucun autre bruit ne troublait le silence nocturne que les sifflements du vent et les éclats de voix des deux gendarmes en faction devant la maison. Les équipes de télévision s'étaient dispersées dans les hôtels environnants qui, en dehors de la minuscule auberge du bourg voisin, étaient distants de plusieurs dizaines de kilomètres.

Elle se rendit près de la fenêtre donnant sur le champ, entrouvrit les volets et contempla la bulle qui, une centaine de mètres plus loin, découpait un cercle clair sur le fond de ténèbres. C'était d'elle, elle en eut la conviction, que provenaient les vibrations. Elle n'aurait su dire si elles étaient agréables ou douloureuses, bénéfiques ou nocives. Puissantes en tout cas, aucun doute là-dessus, comme des ondes de fils électriques à haute tension. Elle demeura un long moment immobile, exposée aux bourrasques chargées d'humidité, espérant vaguement détecter un sens dans les frémissements de la nuit, comme s'ils tissaient un langage. Le froid transperçait l'épais pyjama d'homme, souvenir d'un amant éphémère, qu'elle avait pris l'habitude de revêtir depuis qu'elle dormait seule. Les faisceaux des phares d'une voiture roulant à grande vitesse fendirent l'obscurité et éclairèrent furtivement les frondaisons. Le véhicule ralentit en arrivant devant le « pré de la bulle », le longea presque au pas puis disparut dans le virage à un angle droit. Un curieux, sans doute. Ils se succédaient à toute heure du jour et de la nuit, parcourant parfois plusieurs centaines de kilomètres pour entrevoir une poignée de secondes le « phénomène ». De drôles de spécimens parmi eux, des hommes aux yeux fous, des illuminés de tous poils, des prédicateurs au verbe écumant, des individus équipés d'appareils étranges. Tout ce que le pays comptait de complotistes, de dingues, rameutés par la télévision et les réseaux sociaux, semblaient s'être donné rendez-vous dans ce coin de campagne d'habitude très – trop – paisible.

Élodie ne percevait plus les vibrations, comme chassées par le grondement du moteur. Elle referma les volets, la fenêtre, et retourna se coucher. La ronde de questions qu'elle tentait par tous les moyens de chasser de son esprit revint la tourmenter : où était Léo en cet instant ? S'il était toujours vivant, que ressentait-il à l'intérieur de la bulle ? De la peur ? De la souffrance ? Pleurait-il ? L'appelait-il ? Quelles étaient les intentions de la bulle ? Avait-elle des intentions d'ailleurs, ou n'était-elle qu'un organisme cherchant seulement à s'alimenter ? Pourquoi Léo avait-il couru vers elle comme s'il avait perçu un mystérieux appel ?

Bien qu'elle combattît farouchement l'allopathie, elle se résigna à ingurgiter un somnifère prescrit par le toubib. Sa détresse valait bien une trahison. La gorgée d'eau ne parvint pas à chasser l'amertume du médicament. Elle ferma les yeux et sombra quelques instants plus tard dans un monde sans couleur ni pensée.

Camille

LES YEUX SOMBRES de Hayet Mehid plongèrent en piqué dans ceux de Camille.

Merde, pensa la jeune femme, *ça tombe encore sur moi.*

Elle s'efforça de soutenir sans ciller le regard de rapace de la rédactrice en chef. Trois mois qu'elle travaillait pour le mensuel *Femme(s)* et, tant qu'elle n'aurait pas décroché le CDI auquel elle aspirait, elle n'aurait pas d'autre choix que d'accepter les reportages pourris dédaignés par ses consœurs. Ses vingt-quatre ans ne lui donnaient aucun droit. Elle naviguait entre les différentes rubriques du magazine au gré des humeurs – souvent changeantes, parfois massacrantes – de Hayet Mehid, passant de la culture aux publireportages, des légendes photos au calendrier des événements à venir avec une souplesse et une bonne volonté proches de la mortification. Elle n'avait pas choisi le bon boulot pour consolider une confiance en elle défaillante. Mais les temps étaient difficiles pour les apprentis journalistes, une profession sinistrée, et elle devait s'estimer heureuse d'avoir été choisie parmi une trentaine de candidates deux mois seulement après avoir obtenu son master et six mois après avoir coupé définitivement les ponts avec une famille toxique.

« Camille, j'aimerais que vous vous intéressiez à cette histoire de bulles et de disparitions d'enfants.

Il me faut votre papier dans une semaine au plus tard. Pas plus de six mille signes, pas de crédits pour les déplacements. Débrouillez-vous avec le Net, Skype, les réseaux sociaux, le téléphone, le velib, la marche à pied – enfin tout ce qui ne coûte rien. »

Des rires étouffés ponctuèrent la déclaration de Hayet Mehid. Camille acquiesça d'un hochement de tête. Les regards plus ou moins bienveillants de ses consœurs assises autour de la grande table lui léchèrent le front et les joues. Certaines d'entre elles avaient publié des essais ou des romans, ce qui leur conférait des privilèges comme le choix des sujets et les frais de déplacement. Camille écrivait, elle aussi, mais les éditeurs petits et grands avaient refusé avec une belle unanimité les trois manuscrits qu'elle leur avait confiés. Elle avait une belle plume, pourtant, aux dires de ses rares amis – elle devait encore apprendre à se méfier des jugements de ceux qui prétendaient l'aimer. La suite de la conférence de rédaction se perdit dans une brume épaisse d'où émergèrent l'une des bulles blanches qu'elle avait entrevues à la télé, la voix aigrelette de Constance de Vilarieux, une rédactrice d'une cinquantaine d'années aussi efflanquée qu'autoritaire, le visage poupin de Matteo, son petit ami du moment qui préférait un peu trop souvent les soirées jeux vidéo à sa compagnie, le tintement des multiples bracelets et les effluves du parfum de Hayet Mehid…

Elle s'efforça de se concentrer sur son sujet.

Les bulles mystérieuses.

Elles évoquaient une aventure de Tintin, une histoire aussi naïve et invraisemblable que *L'Étoile mystérieuse* ou *Vol 714 pour Sydney*. Les six mille signes octroyés par la rédactrice en chef lui parurent tout à coup énormes. Comment remplir quatre feuillets entiers sur un phénomène dont personne ne savait rien ? Le Net pullulait de théories plus hallucinantes les unes que les autres, la plupart purement fantaisistes, certaines vaguement argumentées, d'autres franchement nauséabondes.

Claire Sorza, la quarantaine brune, opulente et plutôt accueillante, aborda Camille devant le distributeur de café, au sortir de la conférence de rédaction. Son rouge à lèvres débordait en permanence de ses lèvres pourtant généreuses.

« C'est ta chance, cette histoire de bulles.

— Tu parles ! Personne n'est capable d'en dire quoi que ce soit. »

Claire désigna leurs consœurs disséminées entre les parois de verre qui isolaient les espaces de travail.

« Elles n'en perçoivent pas l'importance. Je crois, moi, que nous nous trouvons devant un événement majeur qui risque de bouleverser notre perception du monde. »

Camille récupéra son gobelet empli de café bouillant, en essayant de ne pas se brûler les doigts.

« Rien que ça ! Pourquoi ne t'es-tu pas portée volontaire pour l'écrire toi-même, cet article ? »

Claire introduisit à son tour une pièce d'un euro dans la fente de la machine et sélectionna sa boisson.

« Pas le temps. Je dois rendre d'urgence mon papier sur les violences conjugales, un sujet sur lequel je bosse depuis une douzaine de jours. »

Camille vit les yeux noisette de son interlocutrice s'assombrir et en conclut qu'elle avait elle-même été maltraitée – qu'elle l'était peut-être encore – par un compagnon.

« Un marronnier, je sais, reprit Claire. Malheureusement, les choses n'ont pas vraiment évolué, et on doit régulièrement faire des piqûres de rappel. Le phénomène des bulles, lui, est entièrement nouveau. Tu sais qu'on en recense maintenant une douzaine, deux en Amérique du Nord, une en Amérique du Sud, deux en Asie du Sud-Est, une en Mongolie, une en Australie, deux en Afrique, une en Russie et deux en Europe de l'Ouest ? »

Camille n'avait même pas jeté un coup d'œil aux informations du matin. Matteo était rentré très excité en pleine nuit, l'avait réveillée et asticotée jusqu'à obtenir ce qu'il désirait, une éjaculation en moins d'une minute, suivie, quinze secondes plus tard, de ronflements désespérants. Résultat, elle avait mis plus de deux heures à se rendormir, s'était levée à la bourre, avait eu tout juste le temps de se doucher et d'avaler un café avant de cavaler jusqu'à la station de métro. Elle avait pris la ferme résolution de mettre fin à leur relation le plus tôt possible. Sa dixième décision de rupture en moins de six mois. Une fois sa colère retombée, elle lui inventerait des circonstances atténuantes et des charmes insoupçonnables.

« Elles apparaissent à chaque fois dans des endroits isolés : déserts, montagnes, landes, campagnes, poursuivit Claire. Personne ne les a vues atterrir ou se déployer.

— Tu as l'air bien informée…

— Rien de plus que ce que racontent les médias. »

La journaliste trempa ses lèvres dans son café encore bouillant, dessinant une fleur rouge sur le bord du gobelet.

« À toi de fouiner, de contacter les bons interlocuteurs, de dénicher de nouvelles infos. »

Camille attendit quelques secondes avant de poser la question qui la démangeait.

« Pourquoi tu me racontes tout ça ? »

Claire la fixa avec intensité par-dessus son gobelet. Elle abusait également du fard à paupières et du fond de teint, sans doute pour masquer une peau qu'on devinait grêlée par endroits.

« Parce que je t'aime bien. Parce que tu es jeune, naïve, curieuse, alors que nous – elle désigna de nouveau, d'un ample geste du bras, leurs consœurs réparties entre les cloisons de verre –, nous avons toutes la quarantaine ou plus, des gosses, des amants, des maîtresses, des ex, des factures, nous sommes coincées dans nos habitudes, nos contradictions, nos obligations, nos emmerdes, nous ne portons plus sur le monde qu'un regard vieillissant, fatigué, désabusé, aigri… Nos trucs de gonzesse, quoi ! Comment sauver son couple, comment faire reconnaître ses droits, comment concilier les vies familiale et professionnelle, comment maigrir, comment prendre soin de soi, blablabla… On tourne en rond. Les bulles, elles, ouvrent de nouvelles portes.

— Comment tu peux affirmer ça ? Nous ne savons rien d'elles. »

Claire but une gorgée de café dont l'amertume lui tira une grimace. Camille se surprit à la trouver belle malgré ses kilos superflus, ses vêtements aux couleurs criardes et son maquillage outrancier.

« C'est justement l'intérêt : enfin un sujet dont nous ne savons rien. Une *terra incognita*. Tu es mieux outillée que nous pour l'explorer.

— Les autres ne se gênent pas pour me rappeler que je n'ai aucune expérience », objecta Camille avec une pointe de dépit.

Claire balaya l'argument d'un revers de main.

« L'expérience, c'est un pauvre mot pour masquer le manque d'envie. Une façon de se raccrocher aux branches, aux béquilles, aux habitudes. T'occupe pas de ce que pensent et disent les autres, Camille, fonce. »

La journaliste eut un sourire chaleureux qui dévoila ses dents régulières légèrement teintées par le café, puis elle se détourna et s'éloigna d'une allure dansante entre les cloisons de verre.

Les bulles mystérieuses.

Des randonneurs ou des patrouilles les repèrent au petit matin, posées sur le sol. Leur diamètre initial oscille entre vingt et quarante mètres. Elles font l'objet de brusques poussées ou de gonflements subits qui augmentent leur circonférence de plusieurs mètres. On constate actuellement la disparition de sept enfants âgés de moins de quatre ans. Trois ont été vus en train de courir vers l'une de ces sphères blanches, les quatre autres ont déserté le domicile familial – un orphelinat pour l'un d'entre eux –, chaque fois situé à moins d'un kilomètre du phénomène, et n'ont pas été retrouvés. Les apparitions simultanées des bulles soulèvent de nombreuses interrogations. Leur extraordinaire solidité – aucun explosif, même le plus puissant, n'est parvenu à les fissurer – les rend impossibles à analyser puisqu'on ne réussit pas à en prélever le moindre fragment. John Du Plessis, expert sud-africain mondialement reconnu en matière de nanotechnologies, affirme ne jamais avoir observé de structure à la fois aussi souple et résistante. Comment, en ce cas, des enfants sont-ils parvenus à pénétrer à l'intérieur des sphères ?

On a un temps soupçonné Élodie Mangin, la jeune femme de Nueil-les-Aubiers d'avoir inventé l'histoire de la capture de son fils Léo par la bulle apparue près de son domicile – la première découverte et surnommée la bulle-mère –, mais les nouveaux témoignages recueillis dans diverses régions du globe semblent accréditer ses déclarations. Pourquoi ces enlèvements ? Pourquoi certains enfants se sont-ils mis à courir en direction des bulles comme s'ils avaient perçu un irrésistible appel ? Quelle est l'origine du phénomène ? Certains avancent l'hypothèse d'une combinaison de plusieurs gènes mutants ayant engendré un nouvel organisme, un postulat qui ne répond pas de façon satisfaisante à la simultanéité des apparitions : ni le vent ni les insectes n'ont des rayons d'action suffisants pour disperser des gènes sur les cinq continents en un laps de temps aussi bref. D'autres parlent de germes inconnus disséminés par une pluie de fragments de météorites pulvérisées à l'entrée de l'atmosphère terrestre. Mais les chances sont également minces pour que cette semence cosmique se soit répandue sur l'ensemble du globe. Il aurait fallu un bombardement de météorites d'au moins vingt-quatre heures, le temps d'une révolution complète de la planète ; or les différents observatoires n'ont relevé aucune activité de ce genre ces cinquante dernières années. La troisième hypothèse, la plus excitante et la plus convaincante sans doute, reste celle de l'apparition d'une vie extraterrestre. Une vie dont on ignore tout. Ces visiteurs sont-ils organiques ? Ont-ils une forme d'intelligence ? Ont-ils attiré les enfants pour s'en nourrir, un peu comme ces plantes carnivores qui répandent un parfum irrésistible afin de piéger les insectes dont elles se repaissent ? Sont-ils indestructibles ? Quelles sont leurs intentions ? Représentent-ils une menace ? Les exobiologistes comme l'Allemand Arnold Neuer et l'Indien Vikash Shing estiment que, puisque les armes et les explosifs ne donnent aucun résultat, nous devons établir le contact en utilisant différents ressorts tels que le langage, la posture, la musique, le son, la vibration, le mouvement ou encore la couleur.

Trouver la clef de la communication.

Que les causes du phénomène soient génétiques, météoritiques ou exobiologiques, le mystère des bulles est en tout cas un « véritable défi lancé à l'espèce humaine », selon les mots de Lucho Herrero, lieutenant artificier ayant placé sous la bulle-mère une charge assez puissante pour pulvériser un immeuble de sept ou huit étages.

Élodie Mangin, qui n'a accordé aucune interview depuis la disparition de son fils, a bien voulu répondre à nos questions.

Hayet Mehid interrompit sa lecture et, par-dessus ses fines lunettes de presbyte, leva des yeux interrogateurs sur Camille.

« Elle ne voulait parler à personne.

— J'ai réussi à avoir son numéro, elle m'a répondu.

— Aussi simple que ça ? »

Il avait suffi d'un seul appel à Camille. Elle était tombée directement sur Élodie Mangin, s'embrouillant dans ses explications, s'attendant à tout moment à ce que son interlocutrice raccroche, mais, à sa grande surprise, la jeune femme des Deux-Sèvres avait prolongé la conversation, comme si elle éprouvait le besoin soudain et vital de s'épancher. Ressentant de la compassion pour Élodie, Camille s'était raccrochée aux préceptes de son maître de thèse : un bon journaliste ne permet pas aux émotions de troubler son jugement.

« J'ai eu de la chance, je suis arrivée au bon moment. »

La moue sceptique d'Hayet Mehid montrait qu'elle n'accordait que peu de crédit à l'explication de Camille, mais elle n'insista pas, le respect des sources étant l'un des grands principes de la presse qu'elle appliquait avec une constance jamais démentie.

« Vous pensez qu'elle va se confier à d'autres médias ?

— Elle m'a assuré qu'elle ne parlerait à personne d'autre que moi. »

Le sourire de la rédactrice en chef allongea son nez et accentua son air de louve.

« Pouvez-vous nous raconter les circonstances de la disparition de votre fils ?

— Lorsqu'il a vu la bulle, il m'a échappé et a couru vers elle. J'ai essayé de le rattraper, je suis tombée à deux reprises, une fois devant la maison, une fois dans le champ. Quand je me suis relevée, il avait disparu.

— Vous ne l'avez pas vu pénétrer dans la bulle ?

— Non. J'ai fouillé un long moment les alentours avant de me rendre à l'évidence : il ne pouvait pas être ailleurs. On n'a pas pu vérifier puisqu'on n'a pas réussi à ouvrir la bulle, mais les autres témoignages concordent avec le mien. Et puis… »

Élodie Mangin a observé un long temps de silence.

« Vous allez sans doute me prendre pour une folle, il m'a semblé une nuit percevoir des sortes d'ondes en provenance de la bulle, comme si elle tentait de communiquer.

— Vous pensez donc que nous avons affaire à des entités douées d'intelligence ?

— J'ignore si elles sont intelligentes. Elles sont en tout cas vivantes, vibrantes.

— Espérez-vous encore revoir votre fils ?

— L'espoir est là par instants, il s'estompe à d'autres moments. Le pire est de penser que je ne saurai peut-être jamais ce qu'il est devenu… »

Camille Grosjean.

Hayet Mehid se recula sur son fauteuil et but une gorgée d'eau au goulot de la petite bouteille posée à côté de son ordinateur – elle ingurgitait de telles quantités de liquide que les autres se demandaient en riant combien de fois par jour elle allait aux toilettes.

« Excellent dosage entre information et émotion, Camille. J'aime beaucoup votre fin : elle épaissit le mystère. En revanche, il va falloir me trouver un autre titre. Celui-là est un peu trop bateau.

— Un modeste hommage à *L'Étoile mystérieuse* de Hergé. »

Maintenant la bouteille presque vide suspendue à quelques centimètres de ses lèvres, Hayet Mehid tenta de discipliner ses cheveux bruns bouclés d'un mouvement de tête énergique.

« On a encore un jour pour y réfléchir. Le mag sort dans trois jours, versions papier et numérique. Il faut encore que je trouve des photos libres de droits pour illustrer votre papier. Si vous avez une autre idée pour le titre… »

Elle congédia son interlocutrice d'un geste péremptoire. Au moment où Camille ouvrait la porte de verre, elle ajouta :

« Au fait, votre exclusivité fera la une. »

Basile

LE RYTHME cardiaque de Basile Traoré s'accéléra lorsque la forme blanche se précisa dans son champ de vision.

Perchée sur un piton hérissé de rochers torturés, elle semblait à tout moment sur le point de basculer dans le précipice. La lumière blême du soleil levant se reflétait sur les fils fluorescents du périmètre de sécurité. Deux militaires montaient la garde à l'entrée du sentier qui s'étirait en lacets plus ou moins serrés sur le flanc du plateau. Basile repéra plusieurs autres silhouettes entre les buissons disséminés sur le piton. Il estima le rayon de la sphère à une trentaine de mètres. C'était la dernière apparue sur le territoire français. Découverte la veille au soir dans les gorges du Tarn, baptisée F5, elle était probablement la plus difficile d'accès des bulles recensées en France.

Basile, qui avait espéré l'approcher en toute tranquillité, fut déçu de constater que l'armée avait déjà bouclé le secteur. Il s'était rendu quelques jours plus tôt à Nueil-les-Aubiers pour observer la bulle-mère et avait dû se contenter de s'agglutiner aux autres curieux le long de la barrière sous un crachin décourageant. Il n'avait pas réussi non plus à rencontrer Élodie Mangin, la première des femmes à déplorer un enfant capturé par une bulle. Selon un voisin, elle avait déserté sa maison et s'était réfugiée chez sa sœur dans le Sud-Est jusqu'à ce que les choses se tassent.

Dommage. Basile aurait aimé converser avec elle, éclaircir quelques points comme cette histoire d'ondes ou de vibrations qu'elle déclarait avoir perçues une nuit. Il fallait sans doute creuser de ce côté-là pour déterrer la clef de la communication avec les bulles. Il ne comprenait pas pourquoi les autorités ne s'étaient pas emparées de l'interview d'Élodie Mangin, parue dans le magazine *Femme(s)*. Le seul réflexe des gouvernements, totalement dépassés par le phénomène, était de déployer l'armée autour des sites d'apparition des bulles, craignant que l'opinion ne les taxe d'imprévoyance si elles capturaient d'autres enfants ou diffusaient des substances toxiques.

La station d'infos permanentes que Basile avait écoutée dans sa voiture une bonne partie de la nuit avait affirmé qu'on comptait désormais plus de deux cents « ballons » sur Terre – un éminent linguiste interrogé par l'animateur avait expliqué avec emphase que le terme ballon lui semblait plus approprié –, répartis de façon à peu près équitable sur les cinq continents. On déplorait la disparition de cent quatre-vingt-sept enfants de moins de quatre ans associées au phénomène. Les spécialistes se perdaient en conjectures. Spécialistes de quoi, d'ailleurs ? Qui pouvait se prétendre spécialiste d'une forme de vie totalement inconnue ? Basile avait toujours été consterné par les interventions télévisées des experts de tous poils, qui, pour la plupart, se contentaient d'ânonner d'un air important des banalités que n'importe quel citoyen ordinaire aurait pu proférer. Il fallait les voir se pousser devant les micros pour faire don au monde de leur analyse, de leurs connaissances, de leur clairvoyance, se contredire les uns les autres avec une belle énergie – pire, il leur arrivait de se contredire eux-mêmes à quelques heures d'intervalle.

Basile s'assit sur un rocher, tira de son sac à dos une bouteille d'eau et un sandwich emballé dans du papier alu. Quelques étoiles s'obstinaient à briller dans le ciel rose pâle et vierge de nuages. Il ne remarqua pas d'autres promeneurs ou curieux dans les environs. Ils déferleraient sans doute dès que l'information leur serait parvenue. Le phénomène attirait de plus en plus les « chasseurs de bulles ». Basile ne pouvait pas le leur reprocher, il faisait partie du lot. Il avait même plaqué son boulot de responsable du planning dans une boîte de transport pour se consacrer entièrement aux apparitions. Il planta les dents dans le pain caoutchouteux du sandwich et en arracha une bouchée d'un vigoureux mouvement de tête. L'irruption d'une nouvelle forme de vie sur Terre lui semblait l'épisode le plus important depuis, sans doute, l'avènement de l'*homo sapiens*. L'humanité ne devait pas passer à côté de cette rencontre, ne pas être emportée par le mécanisme habituel : défense / hostilité / agression.

Il s'intéressait depuis l'enfance à l'ufologie. Il avait dévoré une multitude de bouquins sur le sujet, consulté des milliers de sites, visionné des centaines de vidéos, assisté à une vingtaine de conférences et une dizaine de salons, parlé à des gens qui prétendaient avoir été en contact avec les extraterrestres. Il n'accordait de crédit qu'à un pourcentage infime de ces études et de ces témoignages. Sa passion, exclusive, obsessionnelle, lui avait valu bien des déboires sur les plans sentimental et amical. Il ne voyait ni ne recevait plus personne, ayant tout misé sur l'éventualité d'une rencontre avec des visiteurs d'un autre monde. Plus de sorties, une libido éteinte, une vie sociale limitée aux seules fêtes de Noël en famille dans la banlieue toulousaine où s'étaient installés ses parents originaires du Burkina.

Sa respiration s'était suspendue la première fois qu'il avait entendu parler des bulles. Il avait eu l'intuition, non, la conviction, que le déploiement de ces énigmatiques sphères était l'événement qu'il attendait, qu'il espérait de toutes ses forces depuis l'âge de dix ans. Le mystère des enfants disparus le confortait dans ses certitudes. Les formes rondes et blanches étaient dotées d'une forme d'intelligence, comme le soulignait l'article de Camille Grosjean dans *Femme(s)*. La foule, la pluie et l'armée l'avaient empêché d'observer la bulle-mère à son aise, mais il avait eu l'impression de percevoir des ondes similaires aux vibrations décrites par Élodie Mangin. Il aurait mis sa main à couper que la conversation aurait pu s'engager entre l'entité et lui sans le parasitage bruyant et stupide des badauds. Il lui fallait s'installer devant une bulle isolée, et celle qui occupait le piton dominant les gorges du Tarn lui semblait adéquate. Il devait maintenant se débrouiller pour s'en approcher sans attirer l'attention des militaires. Le paysage tourmenté lui offrait davantage de cachettes que le champ nu et plat de Nueil-les-Aubiers. Il finit son sandwich et vida la moitié de la bouteille d'eau avant de se remettre en marche.

Il sourit en songeant qu'il était lui-même un extraterrestre : il n'avait jamais croisé un autre ufologue d'origine africaine dans les assemblées consacrées aux OVNI, comme si ces histoires ne concernaient que les Blancs. Il étudia un long moment les environs avant de choisir une voie d'accès, une paroi presque verticale parsemée d'éperons rocheux dont il se servirait comme prises. Les soldats concentraient leur surveillance sur la pente opposée, sillonnée par le ruban sombre du sentier, moins raide, estimant sans doute que personne ne se risquerait à escalader une face dangereuse pour le simple plaisir de contempler un machin blanc, rond et hermétique. Basile effectua un large détour, s'interrompant régulièrement pour vérifier qu'il n'avait pas été repéré par les sentinelles. Bien que la température extérieure n'excédât probablement pas les cinq degrés, il transpirait à grosses gouttes en arrivant au pied de la paroi. Le contraste était saisissant avec les morsures du vent glacial qui transperçait ses vêtements pourtant épais.

La face lui parut plus intimidante vue d'en bas. Il se lança dans l'escalade après avoir observé une pause et raffermi sa détermination. La chance ne se représenterait sans doute jamais. Les éperons rocheux assez serrés lui permettaient de progresser sans grande difficulté. Il lui fallait seulement bien assurer ses prises dans les passages les plus dégagés. La terre sèche se désagrégea à deux reprises sous ses pieds, mais, tout en espérant que le bruit des chutes de pierres n'avait pas donné l'alerte aux soldats, il réussit à se rétablir à la seule force de ses bras et à poursuivre son escalade. Il parvint sans encombre en haut de la paroi, se glissa sous le ruban fluorescent de la barrière de sécurité et s'allongea entre deux buissons sur la surface plane du piton. Il reprit son souffle un long moment avant d'inspecter les environs du regard. Une puissante émotion lui noua la gorge lorsqu'il constata que la bulle, située à moins de dix mètres, plus grande qu'il ne l'avait cru, le dominait de toute sa hauteur. Les soldats déployés plus loin lui tournaient le dos. Il se rapprocha en rampant de la forme blanche. Des oiseaux s'envolèrent devant lui. Il se figea jusqu'à ce que le silence ait absorbé les salves de pépiements et le bruissement de leurs ailes. Un rire et des éclats de voix retentirent derrière lui, emportés par les sifflements du vent. Il avisa un buisson plus haut et épais que les autres au pied de la sphère. Une cachette parfaite pour se recueillir et amorcer la communication avec l'entité extraterrestre.

Il s'assit en tailleur derrière le buisson, dont les branches entremêlées et feuillues le dissimulaient aux regards. Le soleil se levait, éteignant les ultimes étoiles, chassant les dernières traînées enflammées. Basile contempla le flanc rebondi et lisse de la bulle. Des larmes lui vinrent aux yeux. Il n'avait vécu les trente premières années de sa vie que pour ce moment. La musique obsédante du vieux film de Spielberg, *Rencontres du troisième type*, lui revint en mémoire. Il n'y avait pas d'immense vaisseau ni d'extraterrestres amicaux de forme vaguement humanoïde, mais il s'agissait bel et bien d'un premier contact. Il s'efforça d'établir le calme en lui, d'expulser ses émotions et ses pensées parasites. Il ne disposait de rien d'autre que son esprit pour nouer le contact. Si, dans les histoires de science-fiction, les extraterrestres trahissaient leur arrivée d'une façon ou d'une autre – notes de musique, messages sonores ou subliminaux, objets volants, apparitions, petits doigts en l'air, tentacules, peaux écailleuses ou autres détails incongrus… –, les bulles n'avaient émis aucun signe depuis leur atterrissage ; elles demeuraient hermétiques, silencieuses, impénétrables. On ne leur attribuait la disparition d'enfants que sur la foi de témoignages. Personne n'avait vu comment elles s'y prenaient pour attirer et capturer leurs petites victimes. Aucune caméra, aucun téléphone portable ne les avait surprises en pleine action, bien qu'elles fissent l'objet d'une surveillance constante.

Le téléphone de Basile se mit à vibrer. Il se traita de tous les noms en fouillant fébrilement dans son sac à dos. Il était sur le point de faire la rencontre la plus importante de son existence, et il n'avait même pas songé à éteindre son portable. Il lui fallut plusieurs secondes pour remettre la main sur l'appareil, enfoui sous les papiers, les livres et les sous-vêtements de rechange. Les vibrations résonnaient dans le silence comme des roulements d'orage. Il crut qu'elles donnaient l'alerte des kilomètres à la ronde. Après qu'il eut enfin commuté sur le mode avion, il resta un long moment à l'écoute du silence, le cœur battant, sans rien percevoir d'autre que les sifflements du vent et les frémissements des branches.

Le nom du correspondant s'était affiché sur l'écran : Jean-Marc Antony, un ufologue rencontré lors d'un salon, avec lequel il entretenait une correspondance régulière via courriel et SMS. Le vieil homme, bientôt nonagénaire, s'était pris d'affection pour Basile au point de l'adouber comme disciple, de l'abreuver de documentation, de conseils, et de le choisir comme son unique héritier – l'héritage se limiterait à une collection de vieux bouquins et une maison délabrée en plein cœur du Larzac. Il partageait l'avis de son jeune disciple sur le phénomène des bulles, mais, sa santé précaire lui interdisant de se déplacer, il attendait avec impatience les rapports détaillés de Basile. Ce dernier prit conscience qu'il n'avait pas donné de nouvelles à son mentor depuis quatre jours. Il se promit de l'appeler après son passage dans les gorges du Tarn, comptant lui relater la teneur de l'échange avec l'entité venue d'un autre monde.

Il reposa son sac à dos à ses pieds, s'appliqua à rétablir le calme en lui, ralentit sa respiration, traqua les pensées parasites, essaya de capter l'énergie en provenance de la bulle. Il ressentit les premières vibrations une heure plus tard alors qu'il décroisait ses jambes ankylosées. Des ondes se diffusaient en lui à partir de son cerveau et de sa poitrine. Plutôt agréables au départ, elles gagnaient peu à peu en chaleur et en puissance, comme s'il se transformait en four à micro-ondes et que son sang commençait à frémir. Sa peau tout entière se couvrait de gouttes de sueur. Il résista autant que possible à la sensation de brûlure intérieure, de plus en plus pénible, se raccrocha à l'idée que l'entité lui imposait une épreuve purificatrice pour pouvoir converser avec lui. Mais la chaleur augmentait sans cesse et provoquait une douleur de plus en plus forte, le perforant comme des lames rougies par le feu du sommet du crâne jusqu'aux extrémités des membres.

« Je… je viens en paix », balbutia-t-il.

Il eut encore le temps de prendre conscience de la stupidité de sa déclaration avant de s'affaisser dans le buisson et de perdre connaissance.

Lorsqu'il rouvrit les yeux, un visage penché sur lui l'examinait avec attention. Il eut besoin d'une bonne vingtaine de secondes pour se rendre compte que l'ombre autour de la tête de l'homme était un casque.

Un soldat.

« Monsieur, ça va ? »

Basile ressentait des piqûres vives sur la joue gauche et le cou, mais plus l'insupportable brûlure à l'intérieur de son corps. Il entrevoyait en arrière-plan la surface immaculée de la bulle.

« Les épines vous ont salement amoché, reprit le soldat. Vous vous sentez en état de vous lever ? »

Basile ne décela aucune autre séquelle dans son organisme que les égratignures semées par les aiguilles végétales et il se redressa en chancelant. Un deuxième homme qui se tenait un peu plus loin pointait sur lui son fusil d'assaut. Le soleil brillait à présent de tous ses feux dans un ciel vêtu d'or bleu.

« Faut vous en aller, monsieur, ajouta le soldat après que Basile se fut relevé. Vous n'avez rien à faire dans le coin. Vous êtes dans une zone interdite. » Il tendit le bras en direction du soleil levant. « Y a un village à moins de trois kilomètres. On vous raccompagne jusqu'à la sortie. »

Basile ne chercha pas à argumenter, conscient qu'il était inutile de discuter avec les militaires chargés d'empêcher les curieux de pénétrer dans la zone et déçu par lui-même, par sa faiblesse, par son incapacité à amorcer le contact avec l'entité extraterrestre.

« Vous avez grimpé par cette face, pas vrai ? demanda le soldat en se tournant vers la paroi hérissée de rochers. Ça va nous obliger à la surveiller de près. »

Basile se laissa conduire sans réagir à l'orée du sentier qui conduisait un kilomètre plus bas sur les rives du Tarn. Il n'appela pas Jean-Marc Antony, n'osant pas lui avouer son échec. La chance était passée, elle ne se représenterait plus.

Claire

CAMILLE avait gagné le titre de « madame Bulle » à la rédaction. Ses consœurs venaient souvent la consulter dans son minuscule espace entre une cloison vitrée et un mur blanc, où s'affichait une immense mappemonde criblée de punaises aux têtes colorées. Quinze mois qu'elle avait réalisé sa première interview d'Élodie Mangin, et le phénomène des bulles n'avait cessé de croître, au point que l'ONU avait déjà convoqué trois assemblées extraordinaires à New York. On en dénombrait désormais plus de cinq mille, dont certaines, et c'était une nouveauté, dans les environs des grandes villes. Malgré le déploiement de l'armée, l'installation de hautes barrières métalliques ou électrifiées, les messages diffusés en boucle à la télévision, sur les réseaux sociaux et sur les téléphones portables, elles avaient capturé plusieurs milliers d'enfants de moins de quatre ans originaires des cinq continents.

Comme la direction avait enfin consenti à lui rembourser ses frais de déplacement, Camille s'était rendue en divers endroits du globe pour observer de près ces immenses montgolfières clouées au sol. Elle avait accompagné, en France, le détachement où officiait le lieutenant Lucho Herrero lors de plusieurs tentatives de plasticage de bulles isolées présumées vides – aucune disparition d'enfant n'avait été signalée à proximité. L'artificier avait utilisé des charges de plus en plus puissantes sans obtenir le moindre résultat. Les explosifs avaient eu pour seul effet de forer des cratères noirs, larges et profonds sous les sphères sans les fissurer, ni même les déplacer d'un millimètre, comme si leur masse les rendait inamovibles.

Malgré une surveillance constante du ciel, aucun observateur ne les voyait atterrir. Elles demeuraient invisibles jusqu'au moment où on les découvrait, ballons géants surgis de nulle part, d'un diamètre originel de trente mètres. Affublées de plusieurs surnoms : œufs, boules, soufflés, cakes, ventres, miches, bides, zeppelins, citrouilles, champignons, coquilles, billes, boops, elles croissaient de manière erratique, passant parfois plusieurs mois sans grandir, puis gagnant en une heure cinq ou six mètres de diamètre. Les premières d'entre elles, la bulle-mère de Nueil-les-Aubiers et les vingt suivantes, atteignaient désormais un volume respectable d'une centaine de mètres.

Aucun cordon militaire ou policier n'avait, non plus, réussi à intercepter l'un des garçonnets ou l'une des fillettes dont on signalait les disparitions.

Invisibles, eux aussi.

Mois après mois, Camille avait interrogé un grand nombre de familles qui déploraient la perte d'un enfant. Les témoignages concordaient : les parents, inquiets, s'assuraient que leur progéniture dormait paisiblement dans la chambre, fermaient même, pour certains, la porte à clef et découvraient au matin une pièce vide sans qu'aucune trace d'effraction n'ait été constatée. Dans les cas où les enfants dormaient à plusieurs dans le même espace, les plus âgés n'avaient rien remarqué au cours de la nuit. On ne relevait aucun indice sur les lieux, aucune trace, aucune empreinte.

La résignation des familles touchées par le fléau avait frappé Camille. Dès sa première investigation, Élodie Mangin lui avait paru abattue, fataliste, comme persuadée qu'elle ne reverrait jamais son fils. La jeune journaliste en avait conclu, puisque les bulles n'avaient restitué aucun corps, puisqu'elles demeuraient hermétiques, énigmatiques, qu'elles revêtaient le caractère inconnaissable et irréversible de la mort et ne laissaient aucun espoir aux parents qu'elles frappaient. Elle tenait un blog consacré à l'événement où elle consignait les dernières évolutions, les nouvelles apparitions, les statistiques mises à jour, les diverses méthodes employées par les autorités du monde entier pour tenter de résoudre le problème. D'interminables fils polluaient le forum pris d'assaut par les visiteurs. Les ufologues et autres adeptes des complots s'y montraient les plus assidus, les plus agressifs, haineux parfois, chacun d'entre eux accroché à son hypothèse comme une bernique à son rocher, contraignant parfois l'administrateur du site à rappeler à l'ordre les intervenants.

Camille classait les théories en trois grandes catégories :

1) La guerre des mondes

2) Le complot d'une puissance humaine occulte

3) La cause naturelle

Seule l'éventualité extraterrestre trouvait grâce à ses yeux, pas seulement parce qu'elle conviait à une aventure particulièrement excitante, mais parce que les deux autres postulats aboutissaient tôt ou tard à des impasses. Elle évitait cependant de se commettre dans les débats, préférant accumuler les données et les rencontres qui, elle en avait la conviction, finiraient par ouvrir un chemin vers la vérité.

« Comment va madame Bulle ? »

Claire Sorza, appuyée contre le mur, tout de noir vêtue, fixait Camille d'un air goguenard, un gobelet de café à la main. Son rouge à lèvres débordait, comme d'habitude.

« Je déteste qu'on m'appelle comme ça !

— Tu ne devrais pas : ça prouve au moins que tu fais autorité dans un domaine. À vingt-cinq ans, c'est pas si mal.

— Comme si on te surnommait madame Violences conjugales… »

Un sourire amer assombrit le visage de Claire.

« Madame VC ? Ça, c'est déjà fait. Du neuf au sujet des bulles ? »

Camille lança un regard par-dessus son épaule sur la mappemonde constellée de taches de couleur.

« Va falloir que je lui ajoute neuf cent vingt-deux punaises d'une autre couleur.

— À quoi elles te servent, ces punaises ?

— À voir d'un coup d'œil si les bulles sont réparties équitablement sur toute la surface du globe.

— Il n'y a pas de sites qui font ça ? »

Camille regarda un instant son interlocutrice siroter son café. Les sautes d'humeur de Claire Sorza l'intriguaient. Sa façon de passer d'une gentillesse presque dégoulinante à une froideur indéchiffrable, blessante, la déstabilisait.

« Une multitude, mais j'aime bien avoir la carte en grand et en permanence sous les yeux.

— Bravo, en tout cas. Tu as fait un bon boulot. »

Claire s'éloigna dans l'allée centrale, puis revint sur ses pas.

« Et ta vie perso ? Comment ça va ? »

Les yeux de la journaliste s'enfonçaient comme des lames dans ceux de Camille. Un sourire entendu flottait sur ses lèvres rouge sang. Elle semblait bien informée sur la vie privée de sa jeune consœur qui, pourtant, ne se confiait à personne au sein de la rédaction. Comment pouvait-elle savoir que les choses s'étaient à ce point dégradées entre Matteo et elle, qu'ils ne communiquaient plus qu'à coups de SMS et de petits mots griffonnés sur des Post-it ? Ils faisaient chambre à part, elle dormant dans le lit, lui sur le canapé. Elle avait voulu le virer de l'appartement, mais il s'accrochait à son bout de territoire du 18e arrondissement avec une énergie et une obstination qu'elle ne lui soupçonnait pas. Il s'était glissé subrepticement dans le lit à plusieurs reprises et montré entreprenant ; elle avait eu toutes les peines du monde à s'en débarrasser. Le charme, son charme, n'opérait plus. Elle n'avait plus envie de lui, de sa bouille et de son corps d'ado attardé, de sa peau molle, de ses désirs brefs et fulgurants, de ses fringues et de ses traits chiffonnés, de ses promesses jamais tenues.

Elle entretenait en revanche une correspondance assidue avec le lieutenant Lucho Herrero, un homme dont elle avait d'abord rejeté l'apparence brutale avant de lui découvrir une sensibilité à fleur de peau qui l'émouvait, la bouleversait même. Il ne s'était rien passé entre eux, mais ils s'envoyaient un courriel quotidien – Lucho n'aimait pas Skype, Messenger, FaceTime, ni aucun logiciel qui affichât les bobines sur les écrans –, sauf quand le lieutenant partait en mission ou qu'elle-même, pour les besoins d'un reportage, se retrouvait coincée dans une région dépourvue de réseau. Son cœur battait un peu plus fort, un peu plus vite, lorsque *LH001@hotmail.com* s'affichait sur la fenêtre de sa boîte mail. Elle dévorait les mots de Lucho avec un ravissement que ne brisaient ni ses fautes d'orthographe ni ses erreurs de syntaxe. Elle lui enviait sa liberté poétique et son sens de la formule. Elle contemplait souvent l'autoportrait d'eux deux, pris avec son smartphone, se familiarisait avec ses traits taillés à la serpe, ses yeux très clairs, ses cheveux coupés en brosse – l'opposé presque parfait de son type d'homme. Et le contraire de Matteo. Sa mélancolie transparaissait sur son visage de loup, malgré la piètre qualité de la photo.

« Ça peut aller », répondit-elle avec un geste évasif.

Claire baissa les yeux sur son gobelet. Camille comprit alors que sa consœur avait posé la question avant tout pour parler d'elle-même.

« Tant mieux, reprit Claire en relevant la tête. De mon côté, c'est pas la joie. J'ai quitté la maison avec les enfants, je squatte pour l'instant chez ma sœur. Il me faisait vivre un enfer. »

Elle avait enfin pris la décision que tout le monde lui conseillait depuis des années, qu'elle-même conseillait depuis toujours à ses lectrices dans ses dossiers consacrés aux violences conjugales.

« Tu as combien d'enfants, déjà ?

— Cinq. Le plus jeune vient tout juste de passer ses trois ans. Heureusement qu'il n'y a pas de bulle près du domicile de ma sœur…

— Elle habite où ?

— Marly-le-Roi, Yvelines. »

Camille consulta machinalement la mappemonde fixée au mur : une seule bulle recensée en région parisienne, en Seine-et-Marne, dans la vallée du Morin. La France en comptait vingt-neuf à ce jour, une dizaine sur la façade ouest, cinq dans le Massif central, cinq dans le Sud-Ouest, deux dans le Sud-Est, deux dans l'Est et quatre dans le Nord. Elle avait observé et photographié une quinzaine d'entre elles.

« Tu te souviens de ce que je t'avais dit il y a un an et demi ? reprit Claire.

— Parfaitement : “Nous nous trouvons devant un événement majeur qui risque de bouleverser notre perception du monde.” Tu avais raison. »

Claire vida son gobelet avant d'ajouter :

« C'est curieux : j'ai l'impression que, sans cette histoire de bulles, je n'aurais jamais eu le courage de partir. »

LH001@hotmail.com à Camille Grosjean, 23 mai 2016, 21h34

Chère Camille,

Comment va-tu? Quelques nouvelles fraîches.

On m'a encore envoyer dans les gorges du Tarn pour essayer un nouvel explosif. Je vais donc tirer un feu d'artifice comme je les adore, avec une bonne odeur de poudre et un gros badaboum. Je vais pouvoir m'en donner à cœur joie : il n'y aura pas un chat dans les environs. Comme d'habitude, ça ne fera pas bougée la bulle d'un millimètre, et ça creusera un trou assez profond pour qu'on voit sous les jupes de la Terre, mais c'est le dernier essai, je crois. Après, on passera aux choses sérieuses. Mes supérieurs parle d'expédier des missiles sur les bulles ou de leur balancer des bombes à uranium appauvri, des trucs capables de perforer les bunkers enterrés à dix mètres de profondeur et de démolir une petite ville. J'ai entendu dire qu'en Israël, ils s'apprêtent à bombarder une bulle localisée dans le désert du Sinaï. Ils ont fait évacué la population, des nomades principalement, dans un rayon de cinquante kilomètres. On dirait que les gouvernements sont décider de passer aux choses sérieuses. Ils considèrent maintenant la multiplication des bulles comme une véritable invasion. Un nouvel ennemi. Un drôle d'ennemi qui ne riposte pas, qui se contente d'avaler des gosses et de gonfler de temps en temps. J'ai pu lire un rapport en principe secret, mais comme je suis ta source principale ☺ et que je t'aime plus que bien ☺, je m'empresse de t'en parler : dans les endroits où les bulles sont concentrés (par exemple dans l'État du Nevada), on constate que les réseaux électrique et téléphonique sont perturbés. Certains habitants du coin sont totalement privés d'énergie et ne peuvent plus téléphoné, ni avec les fixes ni avec les portables. Si ça se confirme et ça s'étend, ça risque de semer une drôle de pagaille. En fait, on dirait une averse de neige qui tombe de plus en plus fort et risque de paralyser toute vie sur Terre, sauf que les flocons sont énormes et qu'ils ne fondent pas, même à haute température. Je ne sais pas si les bombes ou les missiles seront la bonne solution, mais y aura du badaboum dans tous les sens les semaines à venir et, à mon avis, de gros dommages collatéraux.

Voilà les dernières nouvelles du front, ma chère Camille. Je me fait l'effet d'un poilu en train d'écrire une lettre à sa belle dans sa tranché pleine de boue. J'ose te dire que tu me manques et que j'aimerai trop revoir ton joli sourire. Je t'embrasse bien fort.

Lucho

« Pourquoi les États-Unis ? »

Hayet Mehid s'était essayée aux mèches blondes qui n'ajoutaient rien à son prestige. Camille supposait qu'elle masquait comme elle le pouvait ses premiers cheveux blancs. Elle portait aujourd'hui une jupe noire étonnamment courte d'où s'évadaient deux jambes parfaites à peine ombrées par les bas et prolongées par d'interminables talons. Un concentré de femme. Camille se sentit tout à coup terriblement négligée avec son vieux jean, ses bottines, son tee-shirt imprimé, sa prolifération de poils, ses cheveux épars et son maquillage express.

« On aurait constaté des problèmes énergétiques dans le Nevada, l'endroit où il y a la plus forte concentration de bulles.

— Jamais entendu parler…

— L'info n'a pas transpiré pour l'instant, mais ça ne va pas tarder.

— Vous ne pouvez pas traiter le sujet par téléphone ou par le Net ?

— Il nous reste une semaine avant le bouclage. En partant aujourd'hui, j'aurai trois ou quatre jours sur place pour faire mon papier. »

Hayet Mehid leva sa main droite et claqua des doigts.

« Vous croyez que le fric pousse sur les murs ? Le temps que vous vous rendiez là-bas, que vous enquêtiez sur place, les choses auront changé, et les deux mille euros que coûtera votre petite escapade n'auront servi à rien. Tout change tellement vite.

— Je pense qu'il s'agit d'un problème de fond. Une étape cruciale. Le début d'une nouvelle ère. »

Camille partit le soir même par un vol d'US Airways à destination de Las Vegas, après avoir prévenu Lucho qu'elle s'absentait quelque temps, qu'il ne devait pas s'inquiéter si elle ne donnait pas de nouvelles tous les jours. Elle prit conscience, dans la salle d'attente de Roissy, qu'elle était en train de tomber amoureuse. Amoureuse d'un démineur de l'armée, elle qui avait toujours détesté l'uniforme. Amoureuse d'une tête brûlée qui avait une dizaine d'années de plus qu'elle. Elle se félicita d'avoir coupé les ponts avec ses parents : au moins, elle ne serait pas obligée de le leur présenter.

Elle avait laissé un mot à l'adresse de Matteo sur la table de la cuisine, lui ordonnant de vider les lieux d'ici son retour des États-Unis. Il avait largement le temps, en quatre jours, de rassembler ses maigres affaires et de se dégotter un nouveau point de chute. Elle n'en éprouvait aucune peine, pas même un soupçon de regret. D'autant moins que Lucho comptait mettre à profit une longue permission pour lui rendre bientôt visite. Comme avec ses parents, elle devait trancher définitivement les fils effilochés de son ancienne vie. Son corps en jachère réclamait avec insistance des ivresses neuves, des émotions tendres, des chaleurs entremêlées. Elle avait pris rendez-vous dans un salon d'esthétique pour la semaine prochaine. La totale : épilation, gommage, massage, manucure, pédicure. Depuis combien de temps n'avait-elle pas pris soin d'elle ? Comme Claire, elle eut l'impression très nette qu'elle n'aurait pas eu le courage de mettre son ex petit ami dehors sans le phénomène des bulles.

Et songea, en se rendant à la salle d'embarquement, qu'elle entrait, elle aussi, dans une ère nouvelle.

Émeline

LA MAISON n'était qu'un assemblage hétéroclite de cabanes dressées autour d'un vieux bus, sous un arbre aux branches torturées et décharnées. Des tourbillons de poussière ocre poussaient les buissons roulants – *salsola tragus*, Camille l'avait lu quelque part – et traversaient l'étendue plane comme des derviches tourneurs. La bulle tapie dans la brume de chaleur une centaine de mètres plus loin évoquait une planète glacée tombée du ciel.

Rattrapée par le décalage horaire, assommée par la chaleur, Camille luttait pour ne pas fermer les yeux et répondre à l'appel envoûtant du sommeil. Elle avait failli s'endormir à plusieurs reprises dans la Chevrolet de location, sur la Route 95 entre Las Vegas et Death Valley. Elle avait loué une chambre dans un motel miteux d'Indian Springs, une ville cernée par cinq bulles disséminées dans un périmètre d'une dizaine de *miles*. Après une douche tiède et un déjeuner copieux dans un restaurant navajo – agneau épicé et pain de maïs –, elle avait voulu envoyer un courriel à Lucho, mais le gérant du motel, un Tamoul au regard brillant, aux dents éclatantes et à l'accent rocailleux, lui avait annoncé que le réseau était hors d'état depuis quatre jours. De même, la télévision, le téléphone et l'électricité ne fonctionnaient plus que de manière sporadique, au point de contraindre les habitants à sortir de la zone des bulles pour communiquer et retrouver le confort de base – à moins de posséder un générateur qui permettait de produire lumière et eau chaude. Le gérant avait ajouté avec fierté que son motel disposait d'un générateur performant et qu'on ne trouvait pas dans les environs un autre hôtel aussi bien équipé pour quarante dollars la nuit.

Une femme sortit du bus et s'immobilisa sur le marchepied pour observer Camille. Des mèches de ses cheveux bruns épars dansaient devant son visage. Ses vêtements usés et dépareillés flottaient sur son corps maigre. Ses yeux sombres béaient sous ses arcades saillantes comme des puits sans fond. D'elle émanait une impression de désolation en symbiose avec le désert environnant. En arrière-plan, se découpa la silhouette massive d'un homme au torse nu dans une salopette bleue constellée d'auréoles.

Leur méfiance à son égard, presque palpable, proclamait qu'ils n'appréciaient que modérément les visiteurs. Camille se dirigea vers le bus cabossé en arborant son plus beau sourire et déclara dans un anglais scolaire qu'elle venait de France pour enquêter sur le phénomène des bulles et souhaitait leur poser quelques questions. La femme maigre descendit le marchepied.

« Pas la peine de vous fatiguer, je suis française d'origine. »

L'homme les rejoignit d'un pas lourd. De près, il semblait encore plus imposant avec ses deux mètres et ses cent trente kilos. Le vent emmêlait sa tignasse décolorée par le soleil. Le regard de Camille accrocha la crosse d'une arme qui dépassait d'une poche de sa salopette.

« À quoi avez-vous deviné que j'étais française ?

— Votre accent. Une vraie caricature. Les Américains en raffolent. Vous n'êtes pas la première à passer. On en a vu, du monde, depuis… » Les mots s'étranglèrent dans la gorge de la femme. « … la disparition de nos jumeaux.

— Ils avaient moins de quatre ans, je suppose. »

La femme acquiesça d'un air grave. L'énorme main de l'homme vint se poser sur son épaule comme un oiseau pataud.

« Trois ans et deux mois. Un garçon et une fille. Ted et Simone.

— Vous avez vu comment c'est arrivé ? »

Un buisson roulant fusa près d'eux dans un crépitement prolongé. La chaleur étreignait Camille comme une camisole. Cent vingt-deux degrés Fahrenheit selon la météo locale, une cinquantaine de degrés Celsius. Elle ne respirait qu'à coups d'inhalations brèves et superficielles, pour éviter de se calciner la gorge et les poumons.

« Ils ont couru vers la bulle, puis ont disparu d'un seul coup, comme s'ils étaient passés dans un autre monde. J'ai cru que j'étais devenue folle. » La femme désigna l'homme d'un mouvement de tête. « Archie et moi, on a cherché partout. On a d'abord pensé qu'ils avaient été emportés par une bande de coyotes, mais on n'a trouvé aucune trace de sang, aucun lambeau de vêtement. Puis on a entendu d'autres témoignages, et on a compris qu'ils avaient été capturés par la bulle. Archie a essayé d'éventrer cette saloperie. Il a utilisé une hache, une tronçonneuse, il a même fini par lui tirer dessus ; ça n'a servi à rien. Les flics sont venus nous dire qu'à partir de maintenant, l'armée s'en chargeait. On attend toujours : on n'a pas encore vu l'ombre d'un uniforme dans le coin. » La femme garda un petit moment la tête penchée, les yeux mi-clos, les mâchoires serrées, les lèvres pincées. « Au fait, je m'appelle Émeline.

— Camille.

— Venez prendre un café. »

La boisson brûlante vaguement teintée qui emplissait les mugs n'avait de café que le nom. Des doughnuts luisants garnissaient une boîte en carton aux bords maculés de taches de graisse. L'intérieur du bus, aménagé en salon, sentait le vieux cuir, la rouille, le minéral fondu, la sueur et la cannelle. Deux ventilateurs grinçants ne parvenaient pas à remuer l'air étouffant. Le vent gonflait par intermittence les rideaux aux couleurs passées.

« Vous avez de l'électricité ?

— Comme le réseau ne vient pas jusqu'ici, on a un générateur. » Émeline hésita, consulta Archie du regard avant de reprendre. « On l'a dit à personne jusqu'à maintenant, mais depuis quelque temps on vit de drôles de trucs. »

D'un geste de la main, Camille l'invita à poursuivre.

« Des fois on sent des ondes nous traverser. Comme si ça se mettait à chauffer à l'intérieur de nos corps. Ça peut devenir insupportable. Au point qu'une nuit j'ai perdu connaissance. En me réveillant, j'avais la nette impression que mes enfants m'avaient parlé pendant mon évanouissement. »

Émeline échangea quelques mots en anglais avec Archie. Leur accent à couper au couteau ne permit pas à Camille d'en saisir le sens. La journaliste se remémora un courriel reçu quelques mois plus tôt. Un certain Basile Traoré lui racontait qu'il s'était rendu près de la bulle des gorges du Tarn en déjouant la surveillance militaire et qu'il avait tenté de communiquer avec « l'entité ». Il avait alors ressenti une chaleur qui avait rapidement gagné en intensité jusqu'à *« devenir insupportable »* – la même expression qu'Émeline – et *« provoquer une perte de connaissance »*. Elle ne l'avait pas pris au sérieux : Basile Traoré se déclarait ufologue depuis l'âge de ses dix ans, et l'écrasante majorité des chasseurs de soucoupes volantes étaient des fêlés, des détraqués. Mais son récit concordait avec les déclarations d'Émeline, avec, également, le témoignage d'Élodie Mangin qui avait cru percevoir des ondes en provenance de la bulle de Nueil-les-Aubiers. Camille se rappelait avec une étrange précision la conclusion du courriel de l'ufologue : *« Nous devons d'urgence trouver le moyen d'entrer en contact avec les entités de passage sur notre planète, ou nous passerons à côté de la plus formidable aventure à laquelle est conviée l'humanité. »* Elle ne lui avait pas répondu. Elle le regrettait, confrontée au regard inquisiteur de son interlocutrice. Tant d'incertitudes subsistaient au sujet des bulles qu'elle ne devait négliger aucune piste.

« Vous pensez que ces trucs vont nous rendre dingues ? »

Elle n'avait aucune réponse pour Émeline. Son titre de madame Bulle au sein de la rédaction de *Femme(s)* n'était qu'une farce, une imposture. Elle n'en savait pas davantage que ce couple dévasté par la perte de ses deux enfants, pas davantage que les gouvernements, pas davantage que ses consœurs, pas davantage que les spécialistes, pas davantage que l'humanité tout entière. Son rôle se bornait à recueillir des témoignages et des statistiques.

« Tout ce que je peux vous dire, c'est que d'autres personnes ont vécu la même expérience que vous.

— En France aussi, les réseaux sont perturbés ?

— Rien n'a été signalé pour l'instant. Mais on ne recense pas là-bas d'aussi fortes concentrations de bulles. »

Archie se leva et coiffa une casquette à la longue visière arrondie avant de cracher une bouillie sonore entre ses lèvres serrées.

« Il nous propose d'aller voir les autres bulles du coin, traduisit Émeline. Ça te dit ? »

La cinquième bulle d'Indian Springs, la plus grande, trônait au beau milieu d'une platitude ocre parcourue d'ondulations poussiéreuses. Ils avaient roulé une cinquantaine de *miles* à bord d'un pick-up déglingué, sur des pistes criblées de nids-de-poule. Camille n'avait entrevu aucune logique dans la répartition des bulles séparées les unes des autres par quelques *miles*. Contrairement aux sphères apparues en France, elles ne faisaient l'objet d'aucune surveillance, probablement à cause de leur environnement désertique, et, devant l'une d'elles, un groupe s'adonnait à une étrange cérémonie au centre de figures géométriques tracées sur le sol. Une femme au regard exorbité leur avait expliqué que les formes tels les pentacles et les mandalas réussiraient certainement là où avait échoué la force. Ils ne s'étaient pas opposés à ce que Camille les prenne en photo : leurs mouvements, parfois grotesques, et leurs tenues colorées offraient un contraste saisissant avec l'immobilité minérale et les teintes rouille du Nevada. Devant une autre bulle, coincée entre deux massifs rocheux, une poignée de scientifiques tentaient d'établir des relevés à l'aide de détecteurs et d'appareils de mesure qui refusaient obstinément de fonctionner.

Quelque chose les détraquait, avait expliqué un barbu d'un air dépité. Comme les téléphones portables et les ordinateurs.

Camille lui avait demandé s'il avait une idée de la cause des perturbations. Le barbu avait relevé la tête pour la fixer avec un rien de dédain.

Comment pourrait-il en avoir une, puisque ces damnées machines ne fournissent aucune information ?

Son agressivité, révélatrice de son désarroi, n'avait pas découragé Camille. Peut-être avait-il une hypothèse.

L'expression de son interlocuteur s'était adoucie. Il avait désigné la bulle : la réponse était là-dedans. Tant qu'on n'aurait pas trouvé le moyen de les ouvrir, on ne saurait pas comment elles s'y prenaient pour brouiller les ondes.

Personne devant la cinquième sphère. La chaleur qui posait sa chape de plomb fondu sur le coin n'était probablement pas étrangère à son isolement. Archie tira son pistolet de la poche de sa salopette.

« Range ton flingue, elle va pas t'attaquer, lança Émeline en français. Et puis, même si elle t'attaque, tes balles pourront pas grand-chose contre elle. »

Camille se sentait nettement moins en sécurité devant cette bulle perdue dans le désert du Nevada que face à celles qu'elle avait observées en France. Aucun cordon de soldats ou de gendarmes ne l'empêchait de s'en approcher, une liberté qui lui donnait la sensation à la fois vertigineuse et effrayante de s'exposer nue devant un danger inconnu. Elle estima le diamètre de la sphère à quatre-vingts mètres. Elle en fit plusieurs fois le tour, multipliant les prises de vue. Il lui semblait ressentir des frémissements dans tout le corps, comme si des courants subtils parcouraient ses veines, mais peut-être n'était-ce que le fruit de son imagination ou des conditions climatiques. Quand un liquide chaud s'écoula entre ses jambes flageolantes, elle serra les dents pour ne pas défaillir, contenant une envie brutale d'arracher ses vêtements plaqués par la transpiration à sa peau. Elle crut entrevoir une troisième personne entre les silhouettes vacillantes d'Émeline et d'Archie. Le vent lui apporta la rumeur d'une conversation. Elle se dirigea vers eux en se concentrant sur chacun de ses pas. La terre tanguait sous elle comme une mer déchaînée. Elle se raccrocha au regard luisant de la troisième personne, seul repère fiable dans l'entrelacement des formes fuyantes. La bulle, immense, cauchemardesque, paraissait sur le point de s'ébranler et de fondre sur elle.

« Qu'est-ce qui t'arrive ? demanda Émeline lorsqu'elle arriva à leur hauteur. Tu es toute pâle.

— Je… je me sens bizarre », bredouilla Camille.

La troisième personne était un homme d'une soixantaine d'années aux longues tresses grises, à la peau cuivrée et aux paupières lourdes. Vêtu d'un tee-shirt aux couleurs enfuies, d'un jean élimé et de bottes pointues, il fixait Camille avec une intensité qui transformait ses yeux en fentes sombres et brillantes. Une chaleur vive se diffusa en elle comme du métal en fusion.

« Je te présente Sam Tsosie, un hataali, un médecine-man navajo », déclara Émeline.

Camille rencontrait des difficultés grandissantes à maintenir la cohérence de ses pensées. Elle ne rêvait que de s'allonger sur la terre sèche, de fermer les yeux, de plonger dans un oubli bienfaisant.

Sam Tsosie prononça quelques mots à voix basse.

« Il parle de la nécessité urgente d'une mutation », rapporta Émeline, se rendant compte que la journaliste n'avait pas compris.

Camille devina que le médecine-man parlait de l'expérience douloureuse qu'elle était en train de vivre. Son corps en pleine transformation brûlait comme du métal chauffé à blanc.

« Quel… quel rapport avec les bulles ? » articula-t-elle au prix d'un effort qui lui coupa le souffle.

Émeline s'adressa à Sam Tsosie, qui marqua un interminable temps de silence avant de répondre.

« Il les appelle les geais bleus, les messagers du changement, traduisit Émeline. Des désaccords divisent les êtres humains. Il nous faut maintenant partir vers le nouveau monde.

— Quel nouveau monde ?

— C'est à nous de le chercher avant que la grande crue nous emporte. » Émeline s'interrompit quelques secondes. « Et nos enfants ? cria-t-elle au médecine-man. Qui nous les rendra ? »

Ce furent les derniers mots que perçut Camille avant de chuter dans un gouffre sans fond.

Mehdi

« J'AI BIEN CRU que vous ne vouliez plus me voir, déclara Lucho avec un sourire.

— Désolée : j'ai été malade à mon retour des États-Unis… Une insolation, je pense. »

Il ne s'agissait pas d'une insolation, mais Camille ne savait pas quels mots mettre sur l'expérience qu'elle avait vécue devant la bulle du Nevada. Elle avait eu un malaise à l'aéroport de Roissy, avait été transportée d'urgence à l'hôpital où elle était restée cinq jours avant d'être renvoyée chez elle avec ordre de garder un repos absolu pendant deux semaines, même si les investigations médicales n'avaient donné aucun résultat. Elle avait donc remis son rendez-vous avec le lieutenant Herrero, le décalant même d'une semaine pour avoir le temps de passer chez l'esthéticienne… Une fois rentrée chez elle, elle avait d'abord écrit son papier sur les bulles du Nevada, l'avait envoyé à l'adresse mail du journal, avait reçu une réponse positive de Hayet Mehid. Quelques jours plus tard, Claire Sorza lui avait rendu visite en lui apportant un exemplaire du magazine avec son article en bonne place et les photos qui l'illustraient.

« Vous avez appris des éléments nouveaux aux États-Unis ?

— Rien de plus que ce que vous m'aviez dit dans votre courriel : une forte concentration de bulles perturbe les réseaux électroniques, téléphoniques et électriques. »

Le restaurant était presque désert. Le serveur, un jeune homme brun, rond, affable, dont l'épinglette fixée à son gilet affichait le prénom de Mehdi, s'était plaint, en les installant à une table isolée, « une table d'amoureux » avait-il précisé avec un sourire grivois, que le phénomène des bulles empêchait les gens de sortir : « pas parce qu'ils en ont peur, hein, mais parce qu'ils ne veulent pas en rater une miette à la télé. C'est bien simple : on ne parle plus que de ça. Moi, je ne crois pas qu'on a affaire à des extraterrestres, c'est plutôt un coup des militaires pour installer sur Terre un gouvernement autoritaire, vous n'êtes pas d'accord ?

— Écoutez, mon vieux, avait répliqué Lucho avec un brin d'agacement. Je suis moi-même militaire, artificier, grade de lieutenant. J'ai essayé de foutre en l'air quelques-uns de ces foutus gros ballons, et je ne connais aucune structure sur Terre capable de résister aux charges que je leur ai balancées. Alors votre complot militaire, vous pouvez vous le mettre où je pense. »

Le serveur se l'était tenu pour dit. Camille avait jugé plutôt rassurante la réaction de Lucho. Il n'était pas du genre à se laisser marcher sur les pieds. Quand elle le comparait à son père, homme médiocre, effacé, mesquin et veule, elle ne pouvait qu'apprécier le caractère entier du lieutenant.

« Et vous ? Où en êtes-vous ?

— Le gouvernement tâtonne, d'après mon chef. Nos dirigeants ont le cul entre deux chaises, pardon pour l'expression : il faut chercher un moyen de dégommer ces bulles, tout en essayant de ne pas affoler l'opinion.

— Vous m'aviez parlé dans vos courriels de bombardements, de missiles…

— Des essais ont été effectués dans différents pays. Le seul résultat a été d'irradier des zones d'un rayon d'une centaine de kilomètres et d'en chasser les populations. Les bulles, elles, sont restées intactes. Mais on ne va pas parler boulot toute la soirée.

— De quoi allons-nous parler, lieutenant ?

— Vous m'appeliez Lucho dans vos courriels. Parlons plutôt de vous, de moi, de nous, quoi. Je commence, si vous voulez. »

Il évoqua longuement les circonstances qui avaient contraint ses parents à fuir le Chili au début des années 1990. Une banale histoire de tromperie amoureuse, rien à voir avec la période Pinochet. Son père avait eu une liaison avec la maîtresse de son propre cousin, un mafieux de Valparaiso, et il n'avait pas trouvé d'autre moyen pour échapper à la mort que de s'exiler en France. Ses parents avaient rapidement divorcé. Sa mère était morte dans sa quarantième année d'un cancer au sein qui s'était métastasé et son père avait disparu sans plus jamais donner de nouvelles. Il ne lui restait rien d'autre de cette histoire que la vieille montre de son grand-père. Son manque d'intérêt pour les études l'avait conduit à s'engager dans l'armée où, se découvrant une véritable passion pour les explosifs, il était devenu artificier-démineur et avait roulé sa bosse un peu partout dans le monde – enfin, dans les coins où ça fritait dur.

Après que le serveur leur eut apporté les entrées avec une discrétion d'ombre, Camille raconta sa propre histoire : minuscule bourgeoisie de Bourgogne, père fonctionnaire et mère au foyer, l'un inexistant et l'autre acariâtre, un frère aîné mort à dix-sept ans d'un accident de scooter, adolescence agitée, diverses fugues, une vague tentative de suicide, puis, après un bac arraché par miracle, un concours réussi – deuxième miracle – à l'école de journalisme de Paris, des relations de plus en plus tendues avec les parents jusqu'à la rupture définitive, un master obtenu avec mention – troisième miracle –, une entrée en tant que stagiaire au magazine *Femme(s)*, et puis – quatrième miracle – un contrat à durée déterminée avec un salaire, encore modeste, à la clef.

« Nous sommes orphelins tous les deux, si je comprends bien », commenta Lucho à la fin de son récit.

Ils burent, sans doute plus que de raison, le pécharmant conseillé par Mehdi, expert plus qualifié en vins qu'en théories sur l'envahissement des bulles. Ils achevèrent le dîner aux alentours de minuit et, comme il faisait bon, ils décidèrent de se promener le long du canal Saint-Martin.

« Bonne soirée », leur lança Mehdi depuis la porte.

Erwan

À L'ISSUE DE DÉBATS HOULEUX à l'Assemblée, le gouvernement français avait opté pour les explosions souterraines, là où d'autres pays avaient choisi les bombardements aériens. Les nations se livraient une compétition acharnée pour être les premières à mettre au point un système efficace et le commercialiser. La destruction des cinquante mille bulles désormais recensées représentait un marché considérable. Après l'échec des bombes à uranium appauvri, le gouvernement des États-Unis prévoyait d'envoyer des missiles à tête nucléaire sur les quatre cents envahisseuses localisées dans le Nevada. Des évacuations sur un rayon de cinq cents kilomètres étaient en cours ; des forces considérables étaient déployées pour déloger les récalcitrants, au besoin par la force, et les transférer dans d'immenses camps de toile.

Seize mois plus tôt, Lucho avait rejoint le détachement chargé de mettre au point de nouveaux explosifs et de procéder aux essais dans des houillères abandonnées de Lorraine à plus de mille mètres de profondeur. Son ancien supérieur, le colonel Marchand, ayant trouvé la mort au Mali dans une embuscade tendue par la branche africaine de l'organisation État Islamique, il avait été placé sous les ordres du général Labeyre, un homme décharné et taciturne, en liaison permanente avec l'état-major et le ministère. L'opération Bulles comptait une cinquantaine d'hommes triés sur le volet.

Lucho avait ressenti une immense fierté à faire partie de l'élite des armées françaises, puis il avait déchanté : on n'accordait aux membres du commando qu'un nombre infime de jours de permission – une parcimonie qui l'empêchait de profiter de sa femme et de sa fille âgée maintenant de deux ans. Même si Camille et lui s'écrivaient chaque jour, comme aux premiers temps de leur histoire, sa frustration ne cessait de grandir, d'autant que Labeyre exigeait de ses hommes une disponibilité quasi permanente et un travail harassant.

Lucho avait hâte de rentrer, hâte de serrer sa femme et sa fille dans ses bras. Depuis une semaine, son groupe creusait un réseau complexe de tranchées dans un sol granitique. L'état-major avait expédié le commando Bulles en Bretagne pour procéder à des essais sur la F734, l'une des dernières arrivées mais d'un diamètre initial de cent vingt mètres. Elle était apparue près de la chapelle de Saint-Michel de Brasparts, au sommet d'une colline des monts d'Arrée dans un environnement inhabité.

L'idée était d'installer des cercles concentriques sous la F734 et de déclencher des détonations successives en espérant d'abord fragiliser son enveloppe avant de l'effriter, puis de la désagréger. La chapelle pourtant classée n'y résisterait pas, mais les protestations d'une petite centaine de nostalgiques n'avaient pas infléchi la décision du ministre des Armées.

Camille et Catel lui manquaient. Le soir, dans la chambre minuscule qu'il partageait avec l'artificier Erwan Ledec, il pensait avec mélancolie aux deux femmes de sa vie avec lesquelles, secret Défense oblige, il lui était interdit de communiquer par un système de messagerie instantanée. La commission de censure filtrait tous ses courriels avant de les réexpédier à leur destinataire. Il supposait que ses déclarations d'amour divertissaient les membres de la commission, mais le principal était que Camille les reçoive dans leur intégralité. Les réponses de sa femme étaient elles-mêmes passées au crible avant de lui parvenir. Certains mots manquaient. Les esprits paranoïaques de la commission craignaient sans doute qu'ils emploient un langage codé. Les réseaux fonctionnaient encore sur une partie du territoire français mais, en Allemagne, en Italie, en Espagne, en Angleterre, en Amérique, en Asie, en Afrique et en Océanie, ils s'étaient presque entièrement désactivés, même ceux reliés par la fibre optique. La puissance des flux magnétiques émis par les bulles perturbait les systèmes électroniques, contraignant les bourses, les banques, les administrations, les entreprises à repenser entièrement leur organisation. La multiplication des crashs avait entraîné la suppression des vols jusqu'à nouvel ordre, et les motrices diesel, qui avaient remplacé les trains à grande vitesse, s'arrêtaient dans toutes les gares – presque deux jours de voyage pour aller de Paris à Brest. Les liaisons maritimes intercontinentales connaissaient quant à elles un essor spectaculaire, les compagnies transformant en toute hâte les bateaux de pêche, les cargos, les paquebots de croisière en navires commerciaux, au mépris parfois des règles élémentaires de sécurité – une centaine de naufrages en cinq ans.

Camille avait écrit la veille à Lucho que Catel parlait de mieux en mieux. Il lui avait recommandé de surveiller leur fille comme le lait sur le feu : une bulle, la F729, était apparue à moins de cinq cents mètres de leur maison de Bonneuil-sur-Marne. Camille n'avait pas de meilleure solution que de prendre un congé parental de trois ans. Elle rencontrerait forcément des difficultés à reprendre sa place au sein de la rédaction : la direction ne lui pardonnait pas d'avoir déserté son poste à un moment où *Femme(s)* avait un besoin criant de ses compétences. Le phénomène des bulles occupait un bon tiers des pages du magazine, et elle connaissait le sujet mieux que personne. Claire Sorza, à qui Hayet Mehid avait confié le dossier, la consultait au moins une fois par jour, lui donnant par la même occasion des nouvelles de l'équipe. Lucho lui avait proposé de recruter une nounou pour qu'elle puisse reprendre le travail, mais elle voulait voir grandir sa fille, et aussi le deuxième enfant qui se développait en elle. Elle envisageait, si leurs moyens le leur permettaient, de rester à la maison en dépit de la pression sociale qui poussait les femmes à se réaliser sur le plan professionnel.

« Tout ça servira à rien », marmonna Erwan, assis sur le rebord de son lit, en retirant ses rangers.

Le regard de Lucho resta un moment posé sur le crâne lisse et luisant de son collègue.

« On a beau augmenter sans cesse les charges, on arrive à que dalle, poursuivit Erwan sans relever la tête. Je pense qu'on suit une mauvaise direction. »

Lucho hocha la tête : tous les artificiers pensaient la même chose. Les échecs répétés des explosifs n'étaient pas une question de puissance. La preuve : les bombes à uranium appauvri et les missiles conventionnels n'avaient pas abouti à un meilleur résultat. Le dernier espoir résidait dans le nucléaire, une solution qui provoquerait des dommages collatéraux difficiles à prévoir.

« Tu vois une autre solution ? »

Erwan commença à déboutonner sa veste de treillis, le regard dans le vague. Il avait assisté à la décapitation de son meilleur ami quelque part en Irak. L'intervention d'un détachement anglais lui avait évité de subir le même sort, mais il en gardait une tristesse teintée de culpabilité qui assombrissait ses yeux d'un vert délavé.

« Y en a sans doute pas. Ces foutues boules n'arrêtent pas de débarquer. Elles vont finir par nous avaler comme elles ont déjà bouffé les gosses.

— On ne sait toujours pas ce qu'elles en ont fait, objecta Lucho.

— Les premiers ont été capturés, y a quoi, six sept ans ? Y en a près de cinq cent mille maintenant, et elles en ont toujours pas rendu un seul. Je commence à croire qu'on n'a aucune chance face à ces saloperies.

— On peut pas dire qu'elles soient agressives…

— Pas encore. Elles attendent sans doute d'être assez nombreuses pour passer à l'action. À mon avis, elles jouent au chat et à la souris avec nous. »

Lucho se concentra un temps sur les infos qui diffusaient en boucle des images des bulles. L'écran mural s'obscurcissait par instants. Personne ne pouvait prédire quand la télévision s'arrêterait définitivement. Les chaînes diffusées par les satellites s'étaient pour la plupart déjà interrompues.

« Rien ne nous prouve qu'elles ont des intentions, reprit Lucho.

— Pourquoi prendraient-elles les gosses, alors ? »

Lucho s'essuya les lèvres d'un revers de main.

« Pour les manger, peut-être… »

Il avait l'impression, en prononçant ces mots, de proférer un blasphème. Depuis qu'il était devenu père, une peur immense s'était déployée en lui et avait supplanté la mélancolie qui l'avait rongé jusqu'à sa rencontre avec Camille. Il lui était impossible d'imaginer que son adorable Catel finisse dans le ventre de l'une de ces mystérieuses formes blanches qui semblaient mues par la volonté de recouvrir entièrement la surface de la Terre.

« Elles ressemblent pas à des bestioles.

— Elles ressemblent à rien de connu. Tu as des enfants ? »

Lucho n'avait encore jamais abordé le sujet avec son collègue, par pudeur sans doute. Le Breton hocha la tête d'un air triste.

« Trois : une fille de sept ans, deux garçons de quatre et un an. Et toi ?

— Une fille de deux ans. »

Erwan se leva pour retirer son pantalon.

« J'arrivais à voir mes enfants avant, même lorsque j'étais en mission en Afrique ou au Moyen-Orient. J'ai dû rentrer chez moi deux fois depuis que l'état-major a lancé cette foutue opération Bulles.

— Tu habites où ?

— Dans le Trégor, près de Saint-Brieuc.

— On n'en est pas très loin, non ? »

Erwan baissa son pantalon, laissant paraître un caleçon gris et des jambes glabres à la blancheur insolite. Aucun autre bruit que les sifflements du vent ne traversait le silence qui ensevelissait les bâtiments, un ancien camp de vacances de l'EDF.

« Je pense me faire la belle au moins une nuit pour rendre visite aux miens, mais j'en ai pas encore eu l'occasion.

— Fais gaffe : on est en temps de guerre. Si tu te fais choper, tu seras traité comme un déserteur. »

Erwan s'allongea sur le lit et alluma le joint qu'il avait

roulé quelques instants plus tôt. L'odeur piquante d'herbe masqua la puanteur de renfermé qui imprégnait les lieux.

« T'inquiète, je prendrai mes précautions. » Il tira trois bouffées de son joint avant de le tendre à son vis-à-vis. « Toujours pas ? »

Lucho refusa d'un mouvement de tête. Il ne touchait plus à l'herbe depuis que, défoncé, il avait failli se faire surprendre par une bombe humaine dans les rues éventrées de Damas. Il préférait s'abrutir à l'alcool lorsqu'il avait besoin d'oublier les corps déchiquetés et les autres joyeusetés de son métier. Depuis son mariage avec Camille, il ne s'était rendu qu'une fois dans un bar, avait bu jusqu'à tomber de son tabouret et s'était réveillé à l'aube vautré sur un trottoir.

« Moi, je dis que notre prochain feu d'artifice fera juste un trou de plus dans la terre », affirma Erwan d'une voix déjà embrumée.

Tandis que les officiers et le chef de cabinet du ministère se serraient dans la masure de pierres transformée en bunker, les quatre artificiers se déployèrent dans les galeries pour vérifier une dernière fois les branchements et les charges. Il avait fallu évacuer les derniers manifestants à l'aube et les entasser dans les camions bâchés pour les transporter une dizaine de kilomètres plus loin. La présence de femmes parmi eux n'avait pas facilité la tâche des soldats. Allongées sur le sol, elles résistaient comme des chattes en furie, griffant, mordant les hommes chargés de les relever et de les traîner jusqu'aux véhicules, et, comme une équipe d'une chaîne publique filmait la scène, la consigne avait été passée d'éviter toute brutalité.

Du rayon de sa lampe frontale, Lucho inspecta les fils qui couraient dans la galerie au bout de laquelle il avait installé une charge capable de détruire une ville moyenne. Le cratère foré par l'explosion atteindrait probablement trois ou quatre cents mètres de diamètre et cinquante mètres de profondeur. Elle risquait également de provoquer un effondrement de terrain sur un rayon de plusieurs kilomètres – un expert en géologie avait toutefois affirmé que le sous-sol granitique résisterait en principe à la puissance de la déflagration.

L'antique talkie de Lucho grésilla.

« Prêt ? » La voix essoufflée du capitaine Muchat, chargé de synchroniser le travail des artificiers.

« Prêt.

— Rendez-vous dans quinze minutes pour la mise à feu.

— Compris. »

Lucho rebroussa chemin et accéléra le pas. L'odeur des explosifs s'insinuait dans celle, entêtante, des entrailles de la terre. L'écho de ses pas se répercutait à l'infini, lui donnant l'impression qu'ils étaient une dizaine à cavaler dans la galerie. Il aperçut enfin la colonne de lumière tombant de la surface. Il vérifia d'un dernier regard le fil fixé à la paroi par des clous cavaliers. Étant donné la présence de la bulle au-dessus, on avait estimé que la détonation électrique serait plus fiable que la détonation électronique. Puis il grimpa quatre à quatre les barreaux de l'échelle.

L'air frais chargé d'humidité du matin cueillit Lucho à la sortie du puits. Il consulta la montre mécanique de son grand-père, le dernier vestige familial du Chili : il lui restait dix minutes pour franchir la distance jusqu'au poste de tir. Il n'eut pas besoin de jeter de coup d'œil derrière lui pour percevoir l'ombre immense de la bulle ; crut pendant quelques secondes qu'elle allait s'ébranler pour se lancer à sa poursuite. Les autres artificiers s'étaient également extirpés des différents puits et dévalaient la pente à travers la lande en direction du poste de tir, une casemate en béton pourvue d'une meurtrière horizontale. Une distance de trois cents mètres séparait la bulle de la petite chapelle en pierres, de l'immense réservoir d'eau et du cercle surélevé de l'ancien poste de guidage installé par les Allemands pendant la Seconde Guerre mondiale. Le sommet de la colline serait bientôt réduit en cendres.

Un gâchis, pensa Lucho. Si l'explosion n'aboutissait à aucun résultat probant, ils auraient bousillé un site grandiose pour rien. Il aurait aimé que Camille et Catel puissent admirer les ciels changeants et les couchers de soleil sur les monts d'Arrée, respirer les vents chargés de sel qui soufflaient en permanence sur les pentes pelées, s'immerger dans l'atmosphère à la fois magique et tragique des lieux.

Les démineurs se glissèrent quasiment tous les quatre en même temps dans la casemate et se répartirent de chaque côté du capitaine Muchat devant la meurtrière horizontale. Une dizaine de fils partaient du détonateur gris posé sur un socle de moellons, puis, protégés par des gaines, se jetaient un demi-kilomètre plus loin dans les puits et le réseau des galeries. Le capitaine braquait des jumelles en direction de la bulle. La chapelle semblait minuscule face aux cent vingt mètres de diamètre de la F734.

« Je procède à la mise à feu », déclara Muchat en reposant ses jumelles sur le rebord de la meurtrière.

Avant de chausser ses lunettes teintées, Lucho s'abîma une dernière fois dans la contemplation de l'austère paysage. Le claquement de la manette incisa le silence, suivi de l'infime grésillement des fils. Quelques secondes plus tard, une série d'explosions éblouit le sommet du mont Saint-Michel de Brasparts. Une épaisse fumée noire et une pluie de particules transformèrent en ténèbres le jour naissant. De la terre et de la roche pulvérisées cinglèrent le toit et les murs de la casemate.

Le cœur battant, Lucho et ses collègues attendirent que les vents dispersent la fumée. La première chose qu'ils distinguèrent, ce fut l'immense cratère creusé par la déflagration, comme si le mont avait été brutalement décalotté. Plus de traces de la chapelle ni du réservoir d'eau. Et puis, flottant une trentaine de mètres au-dessus de la désolation noire et déchiquetée, intacte, immaculée, la bulle F734.

« Nom de Dieu ! s'exclama Erwan. On n'arrivera donc jamais à les dégommer, ces saloperies !

— Elles ont forcément une faille, murmura Muchat. On finira bien par la trouver. »

Mais, au ton de sa voix, Lucho comprit qu'il n'y croyait pas. Il espéra seulement que ce nouvel échec marquerait la fin de l'opération Bulles et qu'il pourrait enfin rentrer chez lui.

Jean-Marc

« POURQUOI LES ENFANTS de moins de quatre ans ? »

Le front infiniment ridé de Jean-Marc Antony se plissa un peu plus. Un rayon de soleil s'invitait par la fenêtre de son bureau et éclaboussait les innombrables liasses de feuilles manuscrites jonchant la table.

Basile Traoré garda les yeux rivés sur le plateau nu qui évoquait une mer ocre et figée. Aucune bulle n'avait été découverte dans les environs immédiats. Il avait fallu presque un jour entier à Basile pour effectuer le trajet entre Toulouse et Millau. Sa voiture était tombée en panne quelques jours plus tôt. Le voyage dans un train bondé, qui s'était immobilisé à plus de quarante reprises, et pas seulement dans les gares, lui avait fait regretter de ne pas avoir choisi la solution de la location – question de budget. Au sortir de la gare de Millau, une automobiliste joviale avait consenti à le déposer du côté de la vieille cité templière de la Couvertoirade, puis il avait parcouru six kilomètres à pied par le causse désertique pour rejoindre la demeure de Jean-Marc Antony.

« J'ai l'impression d'être revenu à l'âge de mes vingt ans, reprit le vieil homme en désignant l'écran noir de son ordinateur. Plus d'informatique, plus de télévision, plus de radio, plus de téléphone portable, juste l'électricité et le bon vieux téléphone fixe. » Il tenta de discipliner du plat de la main son exubérante chevelure blanche. « Les bulles nous contraignent à une régression sans précédent depuis deux mille ans.

— La question est de savoir si c'est intentionnel. »

Les doigts noueux de Jean-Marc Antony remuèrent quelques feuilles d'où s'échappèrent des volutes de poussière enflammées par la lumière du soleil.

« Tant de questions sans réponses. » Sa voix jeune, ferme, offrait un contraste étonnant avec son délabrement apparent. « Le phénomène a commencé pourtant depuis plus de dix ans. Combien de bulles sont maintenant recensées dans le monde, au juste ?

— Environ sept cent mille. Elles apparaissent de plus en plus près des agglomérations. Elles gobent certains bâtiments, mais elles ne capturent pas les humains de plus de quatre ans, elles se contentent de les pousser. Des gens se sont retrouvés à plusieurs centaines de mètres de leur habitation sans trop comprendre ce qui leur arrivait.

— Et les crétins qui nous gouvernent n'ont rien trouvé de mieux que leur balancer des missiles à tête nucléaire !

— La plupart des tirs ont échoué parce que les systèmes électroniques ne sont plus opérationnels. Les rares qui ont atteint leurs cibles ont provoqué d'importants dégâts dans un rayon de cent kilomètres, mais n'ont pas eu le moindre impact sur les bulles. Plusieurs zones fortement irradiées ont été bouclées pour une durée indéterminée. »

Basile se tut et, de nouveau, laissa errer son regard sur le paysage ocre, songeant que lui non plus n'avait pas trouvé le moyen d'entrer en communication avec les dames blanches, comme on les surnommait. Une certitude s'était ancrée en lui, qu'il s'évertuait en vain à combattre : il avait manqué la première rencontre dans les gorges du Tarn et avait laissé passer sa chance ; l'opportunité ne se représenterait plus. Il n'avait pas ressenti les vibrations ni la chaleur intense lors des nombreuses visites qu'il avait rendues aux autres bulles disséminées sur le territoire français. Elles étaient pourtant libres d'accès désormais, les forces de l'ordre ne pouvant se déployer autour des mille deux cents sphères répertoriées dans l'hexagone. Le gouvernement se bornait à surveiller leur progression et à installer de gigantesques panneaux de mise en garde. Basile avait tenté d'établir la communication chaque fois qu'il s'était retrouvé seul face à l'une d'entre elles, la nuit le plus souvent, mais il n'avait récolté qu'un silence décevant, désespérant.

Mortifiant.

« Quelles sont les conclusions de la dernière assemblée de l'ONU ? lui demanda Jean-Marc Antony.

— D'après la radio, on annonce une coopération pleine et entière entre tous les pays adhérents. En théorie du moins. Les visiteuses célestes sont devenues une cause internationale prioritaire. »

Un sourire fleurit sur les lèvres rainurées du vieil ufologue.

« Elles ont eu le mérite d'interrompre certains conflits. Et d'ébranler les grandes religions. Les nouveaux cultes se multiplient. »

Basile s'assit sur le coin de la grande table. La fatigue se déployait en lui comme une boue épaisse et râpeuse. Il avait mal dormi dans la chambre allouée par son hôte. La mauvaise qualité de la literie et le froid vif n'étaient pas les seuls responsables de son insomnie. Il régnait dans la bâtisse une atmosphère lugubre, comme si la vie l'avait désertée depuis longtemps.

« J'ai croisé quelques-uns de ces cinglés devant les bulles », reprit Basile.

Jean-Marc Antony haussa les épaules avec une moue qui lui allongea le visage et lui donna l'air d'une gargouille.

« Pour la grande majorité des gens, les ufologues appartiennent à cette catégorie. On est toujours le cinglé de quelqu'un. »

Basile acquiesça d'une inclinaison du torse. Il se souvint des yeux agrandis par l'étonnement et l'horreur de sa dernière conquête lorsqu'il lui avait avoué sa passion. Elle s'était rhabillée en hâte, avait ramassé ses affaires, son sac, et était sortie en claquant la porte derrière elle après lui avoir hurlé de ne plus chercher à la revoir. De même, s'il évitait d'aborder le sujet en famille, ses parents, son frère, ses sœurs, ses neveux et nièces le regardaient comme un type peu fréquentable, voire comme un pestiféré. Bien qu'il l'eût payé au prix fort, il n'avait jamais renoncé à sa passion. Il y avait sans doute une part d'absurdité dans son obstination. Une logique enfermante. Il n'aurait pas supporté de se rendre compte qu'il s'était trompé de chemin, qu'il avait perdu son temps, qu'il avait sacrifié tout un pan de son existence pour des chimères. Les bulles semblaient enfin lui donner raison, justifier ses décisions, mais, tant qu'il n'aurait pas établi la communication avec elles, il lui resterait un sentiment d'inachevé, un goût d'amertume.

« Ma santé me l'a jusqu'alors interdit, mais il ne sera pas dit que je partirai de ce monde sans avoir vu de près une de ces satanées sphères, reprit Jean-Marc Antony. Pouvez-vous m'accompagner jusqu'à celle de Saint-Martin-de-Londres ?

— Je n'ai pas de voiture.

— Moi non plus. Nous irons à pied.

— Vingt kilomètres, c'est beaucoup pour vous, non ? »

Le vieil homme se leva avec une brusquerie qui fit craquer ses articulations.

« Je m'en sens tout à fait capable. »

Il se rendit près de la fenêtre pour contempler à son tour les ondulations pétrifiées du plateau. Il portait l'un de ses sempiternels costumes au velours tabac élimé, un pull informe, une chemise à carreaux au col disproportionné et des chaussures montantes au cuir craquelé. De lui émanait une odeur indéfinissable, un mélange de poussière, lavande et antimite.

« Je me suis fait livrer de quoi nous restaurer en chemin. Je vous demanderai seulement de porter le sac de provisions, mon jeune ami : mon arthrose aux épaules…

— Nous partons quand ? demanda Basile, conscient qu'il ne servirait à rien d'essayer d'infléchir la décision de son interlocuteur.

— Tout de suite : nous avons une belle journée devant nous. »

Apparue près de Saint-Martin-de-Londres, dans le département de l'Héraut, au lieu-dit le Roc Blanc, la F989 avait atteint le diamètre respectable de deux cents mètres. On déplorait dans les environs la disparition de deux enfants, une fillette habitant le centre d'un village distant de deux kilomètres, un garçon venant d'une ferme isolée située trois kilomètres plus loin à l'ouest.

Jean-Marc Antony avait tant arpenté le causse au cours de son existence qu'il s'y orientait sans marquer la moindre hésitation. La régularité et la vigueur de son pas surprenaient Basile, qui peinait à suivre le rythme sur les pentes parfois raides du plateau.

Seule sa respiration sifflante trahissait par instants ses quatre-vingt-douze ans. Le soleil de printemps réchauffait peu à peu l'air balayé par un vent sec.

Peu avant midi, ils croisèrent sur un sentier un couple de marcheurs au teint hâlé, la cinquantaine sportive, avec la panoplie du parfait randonneur. Il restait, selon ces derniers, six ou sept kilomètres jusqu'à la bulle de Roc Blanc. Ils en revenaient et n'y avaient pas rencontré âme qui vive. Même s'il bouleversait l'existence des êtres humains, le phénomène devenu banal ne suscitait plus la curiosité.

« On s'est même habitué à la disparition des enfants, conclut la femme après avoir bu une gorgée d'eau à sa gourde métallique.

— Rien d'autre à faire que se résigner, ajouta l'homme.

— Vous n'avez pas d'enfants vous-mêmes ? demanda Jean-Marc Antony.

— Ils sont grands ! s'exclama la femme avec un large sourire. Et ils n'ont pas l'air décidés à nous donner des petits-enfants. On ne peut pas dire que les dames blanches favorisent la démographie, hein. »

Basile s'assit sur un rocher et scruta le visage de son vieil ami ufologue pour tenter d'y déceler des signes de fatigue. Il ne remarqua rien d'inhabituel dans le lacis de ses rides ni dans ses yeux aux couleurs passées. Il observa ensuite la femme et l'homme en train de converser avec Jean-Marc. Il aurait pu être l'un d'eux, empêtré dans ses contradictions écologistes et consuméristes, content d'avoir traversé les années en conservant sveltesse, vigueur et pouvoir d'achat. Il aurait pu, comme son frère et ses sœurs, fonder une famille avec une femme d'origine française de préférence, dans le but inavouable de blanchir sa descendance. Il prit conscience que l'ufologie, « cette chasse stupide aux petits bonshommes verts », selon sa mère, « cette occupation puérile », selon son père, lui avait permis de ne pas reproduire les mécanismes inconscients qui régissaient les conduites des membres de sa famille et de la plupart de ses congénères. L'éventualité de vies exobiologistes intelligentes remettait à leur juste place les problèmes ordinaires agitant l'humanité, ces histoires mesquines de territoires, de religions, de société, de dominations économiques ou militaires. Il se réjouit tout à coup de sa double marginalité, doux dingue aux yeux de sa famille, décalé parce que noir dans les milieux ufologues.

« La voilà. »

L'index tremblant de Jean-Marc Antony désignait la forme blanche au-dessus de la ligne verte d'une forêt. Après avoir pique-niqué au pied d'une colline pelée, ils avaient atteint la départementale 122, qu'ils longeaient depuis trois ou quatre kilomètres. Jean-Marc avait commencé à donner les premiers signes de fatigue – allure heurtée, respiration rauque, pauses de plus en plus fréquentes. L'inquiétude de Basile augmentait : il avait vérifié à plusieurs reprises l'écran de son téléphone portable, espérant récupérer un bout de réseau qui aurait échappé à la perturbation magnétique provoquée par les bulles, mais le miracle ne s'était pas produit, et il n'aurait aucun recours s'il arrivait quelque chose à son vieux compagnon. Sa seule possibilité serait de foncer jusqu'à la ferme la plus proche, un aller et retour qui risquait de lui prendre trop de temps.

Il leur fallut encore presque une heure pour parcourir le dernier kilomètre. Des branches d'arbre qui obstruaient le sentier traversant la forêt les avaient contraints à de nombreux détours. Jean-Marc toussa dix longues minutes, recroquevillé sur une souche ; Basile crut qu'il n'allait pas se relever.

La F989 trônait au milieu d'une clairière encadrée par des rochers lisses et arrondis comme autant de répliques grisâtres et réduites de la gigantesque sphère.

« Sacré morceau…

— Son diamètre doit maintenant atteindre les deux cent vingt mètres », confirma Basile.

Ils étaient seuls face à la bulle. Aucun bruit n'effleurait le silence, comme si le vent et les oiseaux, intimidés par la forme blanche, n'osaient plus souffler ni siffler. Le soleil amorçait sa course descendante, drapé dans un voile mordoré annonciateur du crépuscule.

« Elle vient d'un autre monde. »

L'émerveillement pointait dans la voix et le regard du vieil homme. Il redevenait tout à coup l'enfant qu'il avait été presque un siècle plus tôt. Un soir, il avait expliqué à Basile d'où lui était venue sa passion pour l'ufologie : il avait vu, à l'âge de sept ans, une lumière éclatante se déplacer à grande vitesse au-dessus de sa tête, et il avait ressenti un tel vertige, une telle émotion, qu'il avait décidé de consacrer son existence à l'exploration des phénomènes non expliqués.

« Certains scientifiques penchent plutôt pour une mutation génétique ou chimique de type cryptogame, avança Basile.

— De sombres crétins ! Comment un champignon pourrait-il faire le tri entre les êtres humains de moins de quatre ans et ceux de plus de quatre ans ?

— De la même façon que certains parasites choisissent l'organisme dans lequel ils trouveront les conditions favorables pour se développer. »

Jean-Marc Antony évacua son agacement d'un soupir bruyant.

« Les scientifiques rechignent à reconnaître l'existence d'une vie extraterrestre intelligente. Ce serait admettre que l'être humain n'est pas le summum de l'évolution et remettre en cause nos misérables connaissances. Remettre en cause leur position dominante en haut de l'échelle du savoir. »

Il s'avança à pas lents vers la bulle.

« Rien ne nous prouve non plus qu'elles sont intelligentes, lança Basile dans son dos.

— Je suis persuadé que si, répliqua le vieil homme sans se retourner. Tout comme vous d'ailleurs, ou vous n'auriez pas cherché à établir le contact. »

Au fur et à mesure qu'ils s'en approchaient, la dame blanche se dévoilait dans toute sa majesté. Elle n'était pas parfaitement sphérique, mais légèrement allongée, aplatie sur la partie supérieure, comme un dirigeable géant aux extrémités arrondies. Sa hauteur produisait un effet suffocant d'écrasement qui incita les deux visiteurs à maintenir avec elle une distance d'une cinquantaine de pas.

Jean-Marc but de l'eau au goulot de sa bouteille puis s'essuya les lèvres d'un énergique revers de main.

« Il va falloir encore avancer, je dois la toucher.

— Je l'ai déjà fait, et ça ne m'a apporté aucune information notable », objecta Basile.

Le vieil homme lui lança un regard en coin chargé d'une réprobation teintée d'ironie.

« D'une part, mon expérience ne sera pas nécessairement la vôtre, d'autre part, je croyais vous avoir enseigné qu'il convient toujours de garder un regard neuf sur les interlocuteurs et les événements. »

La remarque frappa Basile de plein fouet : il s'était forgé, ces derniers temps, des certitudes qui le ligotaient, qui le paralysaient.

Un mouvement attira son attention. Il pensa un instant à une illusion d'optique avant que la silhouette n'émerge à nouveau des rochers situés à droite de la bulle et n'avance dans leur direction.

« On vient », murmura-t-il.

Sa voix tira Antony de sa contemplation.

« On dirait un enfant. »

C'était un enfant, en effet, une fillette à la longue chevelure dorée, vêtue d'un ensemble turquoise brodé de motifs argentés. Elle marchait d'un pas rapide en direction de la F989.

« Qu'est-ce qu'elle peut bien fiche dans le coin ? » marmonna le vieil homme.

La réponse s'imprima dans l'esprit de Basile avec la même violence qu'un fer chauffé à blanc sur sa peau.

« Elle va se jeter dans la bulle.

— Il faut… »

La voix de Jean-Marc Antony s'étrangla. Il s'affaissa sur le sol avec la légèreté d'une feuille morte. Alarmé par sa pâleur soudaine, Basile s'accroupit près de lui.

« … à tout prix l'en empêcher, poursuivit le vieil homme d'une voix hachée. Ne vous occupez pas de moi. C'est seulement un étourdissement, ça va aller. »

Basile hésita quelques secondes, puis, voyant que la fillette continuait de se rapprocher, il se releva et fonça dans sa direction.

Elle semblait ne pas avoir remarqué sa présence. Ses yeux bleu pâle étaient rivés sur la sphère. Elle marchait de plus en plus vite, les bras tendus vers l'avant, comme ces enfants qui, à la sortie de l'école, viennent de repérer leur mère ou leur père. Basile accéléra l'allure pour l'intercepter avant qu'elle n'arrive près de la dame blanche. Elle le contourna en gardant une distance suffisante pour qu'il ne puisse pas se saisir d'elle.

« Stop ! »

Il pensait que le son de sa voix briserait l'envoûtement, mais la fillette ne s'arrêta pas.

« Reviens ! Tu n'as rien à faire là ! »

Il s'élança, la rattrapa à une vingtaine de mètres de la bulle et la saisit par le bras.

Il eut l'impression d'être entré en contact avec une ligne à haute tension. Une lumière insupportable lui blessa les yeux.

Une douleur fulgurante le contraignit à lâcher prise. Le sol vacilla puis se déroba sous lui.

Lorsque Basile reprit connaissance, l'ombre du crépuscule s'étendait sur la clairière. Il eut besoin d'un long moment pour renouer avec le fil de ses souvenirs. Il fouilla les environs des yeux. La fillette avait disparu sans laisser de trace.

Son regard se posa sur une forme inerte une cinquantaine de mètres plus loin.

Jean-Marc Antony.

Il se releva et se rendit d'une démarche chancelante près du vieil homme. Son immobilité totale, sa pâleur mortuaire et ses yeux fixes le dispensèrent de vérifier le pouls. Le vague sourire qui flottait sur les lèvres entrouvertes et bleuâtres de son père spirituel lui interdit de sombrer dans le désespoir.

Jaya

« Il faut empêcher ça ! À tout prix ! »

La voix criarde de Claire Sorza vrillait les nerfs de Camille ; elle s'était levée trois fois au cours de la nuit pour tenter d'apaiser Nathan qui depuis deux jours souffrait d'une mauvaise bronchite. Catel, réveillée par le remue-ménage, avait sollicité un bout de nuit dans le lit de ses parents. Camille n'avait pas eu le courage de s'y opposer. Lucho n'était toujours pas rentré, et elle ployait de plus en plus sous le poids du découragement. Où avait-il dormi cette fois ? Sur le trottoir ? Dans une cellule de dégrisement ? Dans un autre lit ? Depuis que le ministère avait dissous le commando Bulles, Lucho sombrait dans une dépression qui ressuscitait ses vieux démons. Le gouvernement français avait rapatrié ses troupes depuis les différentes zones de conflits où elles avaient été engagées, craignant une attaque imminente des dames blanches sur le territoire national. L'armée se tenait prête à intervenir à tout moment contre un éventuel ennemi qu'elle s'était montrée incapable de détruire avec les bombes les plus puissantes, une politique que Camille et une bonne partie de l'opinion jugeaient grotesque.

« Tu te rends compte, Camille ? On parle de sacrifier des enfants pour tenter de détruire les bulles.

— Comment ça ? »

L'esprit embrumé, elle n'avait pas vraiment prêté attention aux propos de Claire Sorza. La toux de Nathan l'inquiétait, les incessantes sollicitations de Catel l'agaçaient, l'état de Lucho la rongeait. Elle n'était pas d'humeur ce matin à tenir une conversation avec sa consœur.

« Ils vont utiliser les enfants d'un orphelinat en Inde. »

Camille s'efforça de remettre un minimum d'ordre dans ses pensées. Elle ne trouva rien d'autre à dire que :

« C'est complètement dingue !

— L'info devait rester secrète, mais un employé de l'ONU a vendu la mèche au *Washington Post*, contre un bon paquet de dollars, je suppose.

— Qui a pu avoir cette idée ? »

Claire Sorza marqua un temps de silence. Un bruit prolongé d'aspiration domina les grésillements de la ligne téléphonique.

« Tu as repris à fumer ? demanda Camille.

— Tout le monde a repris à la rédaction. On note une forte progression de la consommation de tabac dans le monde entier. La même courbe, quasiment, que celle de la multiplication des bulles. Et je ne dis pas ça pour me trouver des excuses. »

Le rire forcé de Claire s'acheva en une déchirante quinte de toux. Catel, assise à la table devant son bol de céréales, levait sur sa mère un regard excédé. Camille lui fit signe qu'elle s'occuperait d'elle dès qu'elle en aurait fini avec sa correspondante. Jolie, futée, teigneuse, Catel s'imaginait que le monde entier tournait autour de sa personne, que la vie des autres n'avait de sens que si elle était utile à la sienne. Elle venait d'atteindre ses sept ans – l'âge de raison, en principe.

« J'ai essayé de mener mon enquête, mais je n'ai pas réussi à savoir d'où est venue l'idée. Ni même quel pays l'a proposée. En gros, puisque les bombardements ont échoué, on va tenter d'exploiter le fait que les bulles capturent les enfants pour les faire exploser de l'intérieur.

— Ça veut dire que…

— Ce sont des enfants suicides équipés d'explosifs et de détonateurs minutés. Des enfants bombes. »

Camille fixa sa fille dont l'air exagérément boudeur traduisait la contrariété. Son angoisse de mère s'était estompée depuis que Catel avait fêté ses quatre ans. La F729, proche de leur domicile de Bonneuil-sur-Marne, ne prendrait pas la chair de sa chair comme elle avait capturé une dizaine d'enfants du secteur. Curieusement, elle n'éprouvait pas la même terreur pour Nathan, comme si elle s'était peu à peu insensibilisée.

« Pour éviter les problèmes avec les familles, ils ont opté pour les orphelins, poursuivit Claire. Ils vont procéder à une dizaine d'essais simultanés sur des dames blanches du Rajasthan.

— C'est monstrueux. »

Camille avait protesté par réflexe. Au fond d'elle, germait déjà la pensée que, puisqu'il fallait combattre le fléau des bulles, il valait mieux sacrifier des orphelins que des enfants qui avaient encore leurs parents. Une pensée inavouable, purement égoïste, elle en était consciente, mais tenace, visqueuse, impossible à refouler.

« Difficile d'alerter l'opinion mondiale, reprit Claire. Les réseaux sociaux sont pratiquement tous désactivés, les liaisons aériennes n'ont toujours pas repris, les voyages sont devenus lents, hasardeux. Je ne sais pas comment on peut protester de manière efficace contre ce projet : le temps de rassembler les opposants, les autorités indiennes auront déjà procédé aux essais, délibérément sacrifié des gosses avec la bénédiction des autres nations. »

Et si c'était le seul choix ? Et si le sacrifice de quelques-uns permettait au reste de l'humanité de reprendre le cours d'une vie normale ? Camille avait beau se trouver ignoble, elle ne pouvait juguler le flot de ses pensées ; ses émotions, comme des serpents constrictors, étouffaient sa raison.

« J'ai téléphoné à Jaya, notre correspondante à Delhi. Elle tente de son côté de mobiliser la population locale. »

Elle n'y parviendra pas, songea Camille. Les hommes, où qu'ils habitent, ne songent qu'à oublier les dames blanches et la peur insidieuse qu'elles inspirent. Et si l'unique solution réside dans ces orphelins transformés en kamikazes, ils l'accepteront comme un moindre mal, d'autant qu'elle ne les atteint pas directement.

Sa consœur ne pouvait pas comprendre : ses enfants avaient tous dépassé l'âge fatidique de quatre ans.

« Tiens-moi au courant, Claire. »

Cette dernière hésita quelques secondes avant de demander dans un souffle :

« Ça va, Camille ?

— Oui, pourquoi ?

— Je te sens lointaine, tracassée…

— Mon dernier est malade et m'a fait passer une mauvaise nuit.

— Et avec ton mari ?

— Il est un peu désœuvré, mais… ça peut aller.

— Tu comptes reprendre le travail bientôt ? »

La question souleva en Camille un nouveau tourbillon de pensées. La fin de son congé parental approchait, et elle s'interrogeait depuis plusieurs mois sur son avenir. La relation avec Lucho se dégradant de semaine en semaine, elle éprouvait l'envie grandissante, presque oppressante, de sortir de la maison. Hayet Mehid l'avait appelée dix jours plus tôt pour lui affirmer que le magazine avait besoin d'elle, de ses compétences, de son talent, et, comme elle n'avait pas mené à terme le roman qu'elle avait commencé à écrire – sur lequel elle portait désormais un regard désabusé –, elle envisageait sérieusement de reprendre sa place à la rédaction de *Femme(s)*. Deux paramètres l'empêchaient de prendre une décision définitive : elle ne pouvait pas compter sur l'appui de Lucho, et elle rechignait à confier ses enfants à une nounou.

« Sans doute. »

Jaya Ashipoor entreprit de franchir le barrage formé par les soldats, mais ceux-ci resserrèrent les rangs et la menacèrent du canon de leurs armes. Derrière elle, le groupe famélique qu'elle avait rassemblé les jours précédant la date de l'expérimentation se pétrifia. Composé d'hommes et de femmes de la bourgeoisie indienne, d'Européens et d'Américains travaillant dans les ambassades ou les centres culturels de Delhi, il comptait cinq cents membres en tout et pour tout, un pourcentage microscopique en regard d'une population d'un milliard trois cents millions d'habitants. Jaya s'était aperçue, lorsqu'elle avait tenté d'alerter l'opinion, que les Indiens témoignaient d'une indifférence désespérante pour le sort de ces dix orphelins promis à une mort atroce.

Les quatre dames blanches, l'IN107, l'IN869, l'IN2072 et l'IN3456, étaient apparues à quelques mois d'intervalle dans un périmètre restreint du désert rocailleux du Rajasthan. Distantes les unes des autres de plusieurs centaines de mètres, surnommées les aglomères, elles formaient le groupe le plus compact observable sur Terre. Elles grandissaient régulièrement après avoir résisté à la pluie de missiles conventionnels expédiée par l'armée indienne les années précédentes. Les explosions avaient criblé le terrain de cratères profonds, dentelés, craquelés, au-dessus desquels elles avaient flotté avant de se reposer en douceur sur le sol. Comprenant qu'il n'arriverait à aucun résultat par les armes, le gouvernement s'était contenté de boucler le territoire pour éviter aux habitants ou aux voyageurs d'inhaler un air chargé de particules toxiques – Jaya soupçonnait ses dirigeants d'avoir recouru aux missiles à têtes nucléaires.

« Vous protégez des assassins d'enfants ! » vociféra la journaliste.

Les soldats ne bronchèrent pas. De l'autre côté du cordon, se tenaient les officiers supérieurs, les représentants du gouvernement, les deux artificiers venus d'Israël, les quatre artificiers indiens, les trois psychologues, les observateurs étrangers, les commandos d'élite chargés de surveiller les environs. Jaya distinguait les ombres des snipers disséminés dans les rochers. Ils n'hésiteraient pas à tirer sur tout individu qui aurait l'idée saugrenue de perturber l'opération. L'aval de l'ONU dispensait le gouvernement indien des habituelles précautions. Narendra Modi, le Premier ministre dont le parti, le BJP, avait gagné les dernières élections, ne s'était pas déplacé, même si le Congrès, le parti d'opposition, avait donné son accord pour le « recours exceptionnel aux cobayes humains ». Les hommes politiques ne voulaient pas être couverts du sang des innocents, au cas où l'expérience tournerait mal ; ils jureraient, la main sur le cœur, que les militaires, ces incompétents, avaient mal interprété leurs consignes.

Jaya grimpa sur une éminence rocheuse pour avoir une vue d'ensemble de la scène. Elle regrettait d'avoir passé un jean, une chemise à manches longues et des chaussures montantes. Les rayons du soleil tombaient sur le désert comme des colonnes de plomb fondu. Le Rajasthan connaissait une sécheresse qui n'avait pas été relevée depuis plus d'un siècle. Les trois mois d'attente avant le début de la mousson seraient interminables, et encore fallait-il qu'elle se déclenche au moment prévu : on avait constaté un retard dramatique ces trois dernières années. Le salwar aurait été mieux adapté par une telle canicule – sans doute plus de cinquante degrés –, mais les vêtements occidentaux, tout comme ses cheveux coupés court, s'ils lui attiraient les regards concupiscents des hommes, goguenards des jeunes et outrés des femmes, concouraient à l'affirmation de l'indépendance de Jaya. C'était sa manière de lutter contre le retour à la tradition de la société indienne accéléré par les triomphes répétés de la droite nationaliste hindoue.

Les observateurs étrangers tentaient en vain de se rafraîchir à l'aide des éventails en bois de santal remis par les serviteurs en uniforme protocolaire. Les artificiers indiens enfilèrent les gilets bourrés d'explosifs aux enfants alignés face aux trois psychologues qui supervisaient l'opération d'un air important – d'autant plus important qu'ils n'étaient d'aucune utilité. Les spécialistes israéliens vérifièrent ensuite les branchements et programmèrent les minuteurs. Les enfants ne bougeaient pas, ne protestaient pas, comme indifférents à ce qui se passait autour d'eux. Jaya conclut qu'on leur avait administré un sédatif.

Bien qu'on leur eût rasé le crâne, comme à la plupart des orphelins du pays, bien qu'ils fussent vêtus des mêmes uniformes, elle identifia sept filles et trois garçons. Leur teint sombre indiquait qu'ils appartenaient à une tribu d'un État du Sud – Kerala, Tamil Nadu, Karnataka –, les intouchables les plus méprisés de l'Inde. On les avait parfaitement choisis : l'opinion ne pleurerait pas la mort de dix orphelins issus de tribus errantes.

« Il est encore temps d'arrêter cette folie ! » cria Jaya.

Elle sollicita du regard les autres protestataires restés en contrebas. Ils ne réagirent pas. Elle se rendit compte que, mus par leurs automatismes humanistes, ils n'y avaient jamais cru dans le fond. Ils regrettaient de s'être laissé convaincre, ils rêvaient de retrouver la climatisation de leurs voitures ou de leurs logements. Michaël Brighton lui-même, le secrétaire d'ambassade anglais qui la couvait d'habitude d'un regard ardent, évitait de la fixer, réfugié dans l'ombre de son parapluie blanc.

Jaya voulut ajouter quelque chose, mais des larmes lui vinrent aux yeux et sa gorge s'obstrua. Elle se contenta de tirer d'une poche de sa chemise ses lunettes de soleil qui dissimulaient un appareil photo miniature – vingt millions de pixels tout de même. Les militaires toléraient la présence du groupe d'opposants au nom de la démocratie, à condition que personne ne se munisse d'un appareil photo ou d'une caméra. Si l'opération était un succès, l'opinion ne prêterait aucune attention aux articles plus ou moins virulents publiés dans les journaux. En revanche, l'impact émotionnel des images risquait de soulever une indignation générale, susceptible d'ébranler le gouvernement, voire de le renverser.

Jaya ferma l'œil droit pour ne pas être perturbée

par le décalage entre les deux verres, l'un, le gauche, affichant la scène capturée par l'objectif, l'autre restant une simple lentille teintée. Elle feignit de maintenir la monture d'écaille au-dessus de son nez pour presser l'imperceptible déclencheur et prendre une première série en vue large avec les dames blanches dans le lointain. Puis elle actionna le zoom installé dans une branche et fit des plans rapprochés des artificiers en plein travail, des psychologues et des enfants. Ses réflexes de journaliste mettaient une distance avec ses émotions, avec sa colère. Elle en oubliait la canicule, le vent brûlant, la poussière, pour se concentrer sur les images. Elle craignait seulement que le système électronique des lunettes soit perturbé par le magnétisme des bulles, malgré le boîtier fabriqué dans une nanomatière à la fois ultralégère et protectrice. Puisqu'elle ne pouvait pas mettre fin à l'expérience, puisque personne ne le souhaitait réellement, elle laisserait au moins un témoignage qui rendrait hommage aux enfants sacrifiés.

Les artificiers se reculèrent après avoir achevé leur travail. L'officier supérieur du détachement aboya une série d'ordres avec une emphase que Jaya jugea ridicule. Les soldats du commando encadrèrent les orphelins et les contraignirent à marcher en direction des bulles. Les enfants avancèrent d'abord d'une allure tranquille. Le petit groupe soulevait derrière lui une poussière rouille qui gênait la visibilité. Les officiers et les observateurs étrangers suivaient leur progression à l'aide de jumelles fournies par les huissiers. Jaya mitraillait la scène sans interruption en espérant que Rajiv, le génial bricoleur d'Old Delhi qui lui fournissait ses gadgets technologiques, avait doté l'appareil d'un disque dur d'une contenance de plusieurs gigaoctets.

Les soldats, prévenus par talkie, s'immobilisèrent et abandonnèrent les enfants à leur sort. Jaya vit les minuscules silhouettes accélérer progressivement l'allure. Fascinée malgré elle, elle poussa le zoom au maximum pour les accompagner dans leur course en direction des bulles. Trois d'entre eux se détachèrent de la petite colonne et foncèrent en direction de l'IN107, la plus ancienne et la plus grande des aglomères. La journaliste se focalisa sur eux, pestant contre l'épaisse poussière rouge qui s'élevait dans leur sillage. Ils ressemblaient maintenant à des fourmis lancées à l'assaut d'un énorme rocher. Ils disparurent tout à coup. Elle tenta de les retrouver, mais elle ne capta plus que les volutes de poussière dispersées par le vent. Elle fouilla les abords de la dame blanche pendant quelques secondes avant de prendre conscience que les trois enfants s'étaient volatilisés. Comme elle n'aurait pas le temps de récupérer les autres orphelins dans son téléobjectif, elle resta concentrée sur l'IN107.

Le cœur battant, elle attendit l'explosion.

Elle n'entendit rien. La matière blanche trembla pendant quelques secondes, puis la bulle prit une couleur grisâtre, se rétracta sur elle-même, perdit peu à peu la moitié de son volume. Les responsables de l'opération poussèrent des clameurs de triomphe lorsque les trois autres aglomères, ébranlées à leur tour par les explosions, parurent se dégonfler comme des ballons crevés.

Jaya prit une ultime série de photos avant d'être à nouveau submergée par ses émotions. Incapable de tenir sur ses jambes, elle se laissa choir sur le sol et autorisa enfin ses larmes à couler.

Alicia

« On ne peut rien faire pour les en empêcher », murmura Claire d'un air sombre.

Les informations provenant des différentes régions du monde se révélaient fragmentées, peu fiables pour la plupart. De ce puzzle où manquaient un certain nombre de pièces, on pouvait déduire que l'expérience menée dans le Rajasthan avait abouti à un résultat concret bien que mitigé : les dames blanches avaient paru ébranlées par les enfants bombes, puis, après avoir pris une teinte grise et dégonflé de manière spectaculaire, elles s'étaient stabilisées et avaient recouvré leur blancheur originelle. En revanche, elles ne s'étaient pas effritées ni fissurées, conservant leur solidité initiale, leur inviolabilité, et donc, leur mystère. On notait une diminution apparemment durable de leur volume et une réduction sensible de leur activité magnétique, un progrès encourageant en regard de l'inefficacité totale des bombardements et des explosions souterraines. Le gouvernement de Delhi prévoyait de lancer bientôt une deuxième vague de kamikazes contre les aglomères.

Camille et sa consœur avaient assemblé tous les articles papier qu'elles avaient pu trouver, francophones et anglophones, pour tenter d'en dégager une cohérence. Jaya Ashipoor leur avait envoyé les journaux de Delhi quelques jours après l'expérience en leur promettant bientôt des photos-choc, puis elle n'avait plus donné de nouvelles, ne répondant ni aux appels ni aux courriers. Camille avait réussi à joindre le rédacteur en chef de l'un des journaux pour lesquels elle travaillait. Il lui avait répondu que mademoiselle Ashipoor n'avait pas remis les pieds au siège du *Sunday Pioneer* depuis deux bonnes semaines et qu'elle n'avait pas l'habitude de s'absenter de la sorte sans prévenir.

« Les gouvernements essaient d'étouffer l'affaire, avança Claire. Si elle est vraiment parvenue à prendre des photos, elle court un grand danger. »

Camille relut un article envoyé par Jaya signé par une certaine Durga Shoor qui était selon toute probabilité un pseudo de leur consœur indienne – Jaya, signifiant victoire, n'étant qu'un des nombreux noms de la déesse Durga. Elle reprenait peu à peu le rythme du travail, partant de plus en plus tôt le matin et rentrant le soir de plus en plus tard, souvent après le coucher des enfants. Alicia, la nurse d'origine équatorienne recrutée parmi six ou sept postulantes, déployait une autorité enrobée de douceur qui convenait mieux aux enfants que ses propres sautes d'humeur. Une voisine, mère d'une fille de huit ans, conduisait Catel à l'école et la ramenait à la maison, ce qui permettait à Alicia de demeurer en permanence aux côtés de Nathan, qui n'entamerait sa scolarité qu'après ses quatre ans révolus.

Lucho disparaissait parfois pendant des jours. Camille songeait à demander le divorce. Lorsqu'elle lui en avait touché deux mots dans le petit couloir entre la salle de bains et la chambre, il était sorti de ses gonds avec une violence effrayante, défonçant à coups de poing le panneau coulissant de la penderie. La peur, désormais, tordait le ventre de la jeune femme chaque fois qu'elle entendait le cliquetis de la clef dans la serrure et les craquements des lattes du parquet. Son orgueil lui interdisait d'en parler à sa famille ou à ses consœurs.

« Imaginons que l'expérience réussisse, poursuivit Claire. On compte plus de deux cent cinquante mille bulles sur Terre. En imaginant que trois ou quatre kamikazes soient nécessaires pour en détruire une, il faudra trouver un million d'enfants. Un million d'orphelins.

— Selon les dernières statistiques, il y a au minimum trente millions d'orphelins de moins de cinq ans dans le monde. » Camille se rendit compte que son argument sonnait comme une justification, comme une capitulation. « Ce n'est donc pas le problème, ajouta-t-elle.

— Quel est le problème, alors ? »

Camille laissa ses yeux courir sur la fin de l'article en picorant quelques mots au hasard : *shame... blood... childs...*

« Le problème, ce sont les dames blanches, finit-elle par répondre. On n'a pas trouvé le moyen de les arrêter et, si on les laisse proliférer, elles mettront l'ensemble de l'humanité en danger. »

L'incrédulité et l'indignation agrandirent les yeux et tendirent les traits de Claire.

« Tu es en train de me dire que tu approuves l'idée des enfants bombes ? »

Camille se renversa sur la chaise en écartant les bras.

« Qui pourrait se réjouir de la mort d'enfants ? Mais que peut-on faire d'autre ? Les bulles ont résisté à tous les traitements et menacent de nous submerger. »

Claire contourna le bureau pour se planter en face de sa consœur.

« Ce sont des gosses, Camille. Des gosses.

— Il semble, hélas, qu'ils soient les seuls soldats efficaces dans cette guerre.

— Des soldats, des mômes de moins de quatre ans ?

— Personne d'autre qu'eux ne peut s'introduire dans les bulles. Propose une autre solution.

— Tu sais bien que je n'en ai pas.

— Personne n'en a. Ni les chefs d'État, ni les scientifiques, ni les militaires. J'espère qu'on en trouvera une, mais, pour l'instant, seuls les enfants bombes obtiennent des résultats.

— Tu parles d'un résultat : les dames blanches n'ont pas été détruites.

— Elles ont diminué de volume, leur activité magnétique a baissé, c'est un début. »

Claire posa les mains sur le bureau et se pencha vers son interlocutrice.

« Qu'est-ce qui a pu te faire changer à ce point ? »

Camille se fendit d'un soupir excédé avant de murmurer :

« La maternité, je suppose.

— N'importe quoi. La mienne ne m'a pas rendue conne. »

Claire s'était redressée, comme frappée par sa propre violence verbale.

« Je suppose qu'on a tous nos domaines de connerie, répliqua Camille avec froideur. Toi, la grande spécialiste des violences conjugales, tu es bien restée des années avec un homme qui te… »

La sonnerie du téléphone l'interrompit. Elle décrocha. La voix hachée d'Alicia.

« Madame… Madame…

— Quoi ?

— C'est Nathan. »

Un étau de glace comprima le cœur de Camille.

« Eh bien quoi, Nathan ?

— Je ne le retrouve pas, il a disparu. »

Des sanglots brisèrent la voix de la nurse.

« Vous avez fouillé la maison ? »

Alicia suffoqua pendant quelques secondes, incapable de parler.

« Reprenez-vous !

— J'ai vérifié toutes les pièces, madame. Je ne l'ai pas trouvé.

— Comment a-t-il pu vous échapper ?

— J'étais dans la cuisine, je préparais le déjeuner, il était dans le salon en train de regarder un vieux DVD.

— Les portes étaient bien fermées à clef ?

— Comme d'habitude, madame.

— Celle du sous-sol également ? »

La respiration oppressée de la nurse domina les grésillements.

« Je ne sais pas, madame.

— Qu'est-ce que vous attendez pour aller vérifier ? Je reste en ligne. »

Camille perçut les bruits décroissants des pas d'Alicia, puis, à l'issue d'une attente qui lui sembla interminable, le souffle de la jeune Équatorienne résonna de nouveau dans le combiné.

« Elle est ouverte, madame.

— Ça fait combien de temps qu'il a disparu ?

— Environ quinze minutes.

— Foncez vers la dame blanche, la F729. Vous savez où elle se trouve ?

— Vous pensez que…

— Je saute dans la voiture et je vous rejoins.

— Bien, madame. »

Camille se leva avec une telle précipitation que les pages des journaux étalées sur son bureau glissèrent et tombèrent en pluie de chaque côté de sa chaise.

« Qu'est-ce qui se passe ? demanda Claire.

— La dame blanche près de chez moi, la F729, elle a peut-être capturé mon fils. »

Camille poussa la vieille voiture dans ses derniers retranchements sur l'A4, par chance dégagée, prit ensuite l'A86 jusqu'à la sortie 22, puis la voie expresse jusqu'à Créteil-Pointe-du-Lac, fila directement, à travers Bonneuil jusqu'à la zone de Morbras où se trouvait la F729, à quelques centaines de mètres de sa maison située rue du Moulin-Bateau.

Elle se gara près de la palissade métallique dressée par la mairie quelques années plus tôt et dont les pans éventrés, défoncés, avaient perdu depuis longtemps leur caractère dissuasif. Les curieux, plus ou moins jeunes, y avaient pratiqué un peu partout des brèches qui n'avaient pas été rebouchées. De même, le large panneau censé prévenir les habitants du danger représenté par la dame blanche était entièrement barbouillé de tags. Là, comme partout ailleurs, on s'était habitué à la présence de la visiteuse et, si les autorités municipales avaient déploré avec une émotion appuyée les disparitions de six enfants, elles avaient fini par abdiquer, gagnées elles aussi par le découragement.

Camille chercha des yeux la silhouette de Nathan le long de la barrière. Les lieux étaient déserts. Les nuages noirs roulant dans le ciel d'un bleu électrique et les rafales d'un vent violent annonçaient un orage imminent. Aucune trace non plus d'Alicia. Elle hésita encore quelques secondes puis, incapable d'attendre plus longtemps, elle franchit la brèche la plus proche. Veillant à ne pas s'accrocher aux dents rouillées de la feuille métallique descellée, elle passa dans le vaste espace en friche qui s'étendait autour de la dame blanche. Le lierre et les ronces avaient conquis les lieux et recouvert les vestiges des constructions entamées quelques années plus tôt.

« Nathan ? »

La voix de Camille se désagrégea dans le silence. Un visage tragique lui revint en mémoire, tandis qu'elle progressait en direction de la F729 : Élodie Mangin, la première mère à avoir signalé la disparition de son enfant. Elle se souvint de leur conversation, du ton résigné de son interlocutrice. Devait-elle vraiment connaître le même destin que la jeune femme des Deux-Sèvres ? Ou qu'Émeline, la Française exilée dans le Nevada ? Une éventualité qu'elle repoussa de toutes ses forces. Comme elle n'était pas équipée de bonnes chaussures, ses pieds se tordaient dans les anfractuosités du sol dissimulées par le tapis végétal. Elle calcula le temps qu'il aurait fallu à Nathan pour arriver jusqu'à la bulle : une demi-heure au minimum. Et puis, un petit garçon marchant seul dans la rue attirait forcément l'attention des passants ou des commerçants. Les chances étaient donc minimes qu'il eût rejoint la dame de Morbras.

Camille traversa les trois cents mètres du terrain vague. La F729 la surprit par son gigantisme. Elle ne l'avait pas observée depuis bientôt deux ans, même si elle apercevait son sommet arrondi et suivait vaguement sa progression de la fenêtre de sa chambre. La dame blanche avait pratiquement triplé de volume, trônant sur son royaume chaotique comme une reine obèse et insatiable. Elle avait conservé sa blancheur éclatante des premiers temps. Aucune branche de lierre ni aucun autre parasite ne s'aventurait sur ses flancs rebondis. Autour d'elle régnait un silence ouaté qui filtrait la rumeur de la ville.

Camille s'attendit à percevoir les vibrations brûlantes décrites par Élodie Mangin et Émeline, mais elle ne ressentit rien d'autre que les pulsations de sa propre colère. Elle ne supportait pas l'idée que cette stupide sphère pût arracher en toute impunité des enfants à leurs parents. Quoi qu'en pensent les idéalistes, on nc pouvait pas communiquer avec une forme de vie aussi différente, aussi imperméable. Quoi qu'en dît Claire Sorza, on n'avait pas d'autre choix que d'éliminer les envahisseuses et, donc, de continuer à utiliser les orphelins kamikazes.

« Nathan ? »

Aucune réponse. Camille fit le tour de la dame blanche. De l'autre côté, s'étirait le ruban grisâtre de la Marne bordé par une végétation dense. Quelques barques pourrissaient sur les grèves boueuses. Sur la rive opposée, derrière la palissade en partie effondrée et le rideau d'arbres aux frondaisons épaisses, se devinaient les pavillons de Saint-Maur-des-Fossés. Personne de ce côté-là. Les ahanements synchronisés et décroissants d'un groupe de rameurs couvrirent quelques instants les friselis des ramures et des herbes. Elle admit que ses recherches ne donneraient rien et entreprit de rebrousser chemin.

Une jeune femme brune essoufflée l'attendait près de la voiture. Camille comprit, à l'air désespéré de la nurse, qu'elle non plus n'avait pas retrouvé Nathan.

Lucho rentra à trois heures du matin, empestant l'alcool, le tabac et le parfum bon marché. Il dégrisa presque instantanément lorsqu'il découvrit Camille, Catel et Alicia assises dans le canapé du salon. Il comprit, à leurs visages tragiques, qu'un événement grave s'était produit.

Camille se leva, se planta devant son mari et plongea dans les siens ses yeux rougis par le chagrin et la colère.

« Où étais-tu ? »

Il n'eut pas le temps de répondre ; elle lui grêla le torse de coups de poing. Il lui saisit les poignets et lui bloqua les bras.

« Qu'est-ce qu'il y a ?

— Salaud ! Tu n'étais pas là pour protéger ton fils, pour empêcher la dame blanche de… »

Elle se laissa choir sur le canapé comme un pantin aux fils brisés.

« De quoi ? »

Elle garda le silence, mais un brouillon de compréhension se forma dans l'esprit embrumé de Lucho. Il en chercha la confirmation dans le regard d'Alicia.

« Nathan ? »

La nurse hocha la tête, un mouvement qui décrocha les larmes perlant à ses cils.

« Quand ?

— Il a disparu de la maison vers midi, monsieur. On a cherché partout, mais on ne l'a pas retrouvé.

— Vous étiez payée pour le surveiller en permanence, bordel de merde ! »

La colère roulait dans la voix de Lucho.

« Je… je préparais le repas dans la cuisine, il regardait la télévision, je pensais que toutes les portes étaient fermées. Quand je suis allée le chercher dans le salon, il n'était plus là.

— Les portes n'étaient pas fermées ?

— Pas celle de la cave. »

Alicia baissa la tête. Catel lui prit la main et s'allongea sur ses cuisses.

Lucho se souvint qu'il était entré dans la cave la nuit précédente, qu'il en était ressorti avec une bouteille de vieux rhum pour rejoindre un ancien collègue qui l'attendait dans la rue. Il n'avait pas pu refermer la porte à clef puisqu'il était passé dans le jardin sans revenir sur ses pas. Vidé tout à coup de ses forces, il tituba et dut s'asseoir sur une chaise.

« Il s'est peut-être perdu dans les rues de Bonneuil. »

Sa voix lui parut lointaine, étrangère, épaisse, comme si elle traversait un puits débordant de vase. La flambée de colère qui s'était déployée en lui quelques secondes plus tôt avait cédé la place à un désespoir fulgurant, suffocant.

« On a téléphoné à tous les commissariats des environs. » Camille fixait avec une étrange intensité la photo de Nathan dans l'un des cadres posés devant les livres de la bibliothèque. « Personne ne les a appelés pour leur dire qu'ils avaient récupéré un garçon de trois ans. Ou simplement qu'ils l'avaient vu. »

Lucho posa sa tête entre ses mains et contint comme il le put une soudaine et violente envie de vomir. Ces putain de bulles lui avaient volé une bonne partie de sa vie, et elles venaient de lui donner le coup de grâce.

Sam

« COMMENT m'avez-vous trouvé ? »

Basile Traoré examina la visiteuse éclairée par la lumière rouille du soleil couchant. Il tenta de se remémorer son visage, mais quinze années s'étaient écoulées depuis leur dernier contact. Elle lui avait affirmé qu'il lui avait écrit un long courriel du temps où elle était journaliste au magazine *Femme(s)*. Il en avait envoyé beaucoup après l'apparition des premières bulles, tant qu'il ne pouvait pas se souvenir d'un en particulier. En revanche, il n'avait pas oublié le nom de son interlocutrice, Camille Grosjean, ni l'article qu'elle avait consacré aux dames blanches, l'un des premiers du genre.

« Je suis tombée sur votre courriel en remettant de l'ordre dans mes archives. Comme l'Internet ne fonctionne pratiquement plus, j'ai consulté les bons vieux annuaires téléphoniques, et j'ai fini par vous y trouver. Aussi bête que ça. »

Même si les épreuves avaient creusé et haché le visage de Camille, sa beauté originelle s'inscrivait en filigrane sur ses traits durcis par l'âge et la souffrance. Basile, lui, arborait une épaisse barbe blanche qui offrait un contraste saisissant avec le brun foncé de son front et de son crâne lisse.

« Pourquoi vouliez-vous me rencontrer ? »

Elle se recroquevilla dans le fauteuil, comme si elle ployait un peu plus sous le poids de son fardeau.

« Je ne sais pas au juste. Sans doute que je cherche des réponses.

— Des réponses à quoi ? »

Elle désigna la bulle posée au milieu du plateau ocre qui occupait une bonne partie de la baie vitrée.

« Mon fils a disparu, avalé par l'une de ses congénères, la F729, mon mari s'est suicidé, ma fille n'a pas encore atteint ses vingt ans et souffre d'une dépression chronique sévère. Les dames blanches ont empoisonné ma vie. Comme si j'avais payé au prix fort le fait d'être devenue madame Bulle à la rédaction *de Femme(s).* »

Basile se leva et s'approcha de la fenêtre. Cela faisait quatre ans que la F1674 n'avait pas changé de volume. Elle était apparue six ans après la mort de son mentor Jean-Marc Antony et son installation dans la maison héritée du vieil ufologue. Il lui rendait visite chaque jour pour tenter d'amorcer un contact, mais elle refusait de lui fournir le moindre indice, la moindre ouverture. Elle et ses sœurs gardaient obstinément leur secret. Il n'avait pas vu d'enfant s'en approcher, ce qui ne signifiait pas pour autant qu'elle n'en avait pas capturé : il avait entendu parler de disparitions de fillettes et de garçons dans les fermes des environs, sans parvenir à démêler le vrai du faux dans ces témoignages souvent imbibés d'alcool.

« Vous n'êtes pas la seule femme au monde à avoir connu ce genre de drame. »

Il regretta la platitude de sa réponse, mais il n'en avait pas d'autre à fournir, aussi désemparé qu'elle, que tous les autres humains.

« Ça ne me console pas, murmura-t-elle d'une voix fêlée par la colère et la déception.

— J'ai consacré près de vingt ans de ma vie au phénomène, et je ne suis pas plus avancé qu'au premier jour. Je sais seulement que nous n'avons pas réussi à les détruire ni à enrayer leur progression. » Il se retourna et désigna le journal étalé sur son bureau. « D'après cette feuille de chou, on en compte près de deux millions sur Terre, et il en arrive d'autres. Elles perturbent maintenant nos réseaux électriques. Les coupures sont de plus en plus fréquentes et longues.

— Les fermetures progressives des centrales nucléaires n'y sont peut-être pas étrangères.

— Possible, mais, ici, nous sommes alimentés par une centrale hydraulique, et nous rencontrons les mêmes difficultés qu'à Paris et dans les autres grandes villes. Nos besoins ont pourtant baissé. Comment êtes-vous venue jusque chez moi ?

— Vingt heures de train entre Paris et Toulouse, puis le covoiturage. On m'a déposée à un kilomètre de chez vous. Le voyage s'est révélé pénible. Les places assises sont chères, ardemment disputées, les gens se querellent au moindre prétexte et en viennent parfois aux mains. »

Basile retourna s'asseoir à son bureau. Il avait fini par s'habituer à l'atmosphère monacale de la maison, voire par l'apprécier. Il n'avait pas eu le choix : l'austère bâtisse du Larzac et la petite rente mensuelle versée par l'assurance-vie de Jean-Marc compensaient la perte de ses revenus et la rupture définitive des liens avec sa famille. Il menait une existence solitaire, consacrant une partie de son temps à l'entretien des bâtiments et une autre, la plus importante, à l'étude des dames blanches. Ses seuls contacts avec le monde extérieur étaient le téléphone fixe, la tournée du facteur et la visite hebdomadaire de l'épicier ambulant qui lui fournissait ses provisions.

Il tourna une page du journal.

« Les bulles n'ont pas que des effets négatifs. On affirme, dans cet article, que la plupart des guerres se sont arrêtées sur le globe. Les êtres humains ont besoin d'ennemis : ils sont focalisés sur les dames blanches au point d'oublier de se battre entre eux. Les grandes religions ont elles-mêmes reculé. Plus personne n'espère ou ne revendique l'intercession de Dieu.

— Et vous, que croyez-vous ? »

Basile hocha la tête avec un sourire.

« Je persiste à penser, et c'est sans doute naïf de ma part, que nous ne devrions pas regarder les dames blanches comme des ennemies.

— Malgré tous les enfants qu'elles nous enlèvent ? coupa Camille d'une voix vibrante d'indignation.

— Nous les combattons, nous vidons les orphelinats du monde entier pour leur expédier des vagues incessantes de kamikazes, mais leur expansion se poursuit.

— Elle s'est ralentie de manière significative dans certains coins, ce qui tendrait à prouver que nous sommes sur le bon chemin.

— À quel prix ? Le sacrifice de centaines de milliers d'enfants. Nous nous sommes abaissés au niveau des adorateurs de Baal. Que se passera-t-il quand nous n'aurons plus d'orphelins à notre disposition ? »

Camille garda le silence. Les hommes politiques qui avaient osé formuler la question avaient perdu tout crédit auprès de leurs électeurs. On feignait de croire que le vivier d'orphelins était inépuisable.

« Vous êtes restée journaliste au magazine *Femme(s)* ? » reprit Basile.

Camille se leva, s'avança à son tour vers la fenêtre et fixa la F1674 avec une tristesse mêlée de colère. Elle ne pourrait faire son deuil de Nathan tant qu'elle ne saurait pas quel sort la dame blanche avait réservé à son fils, même s'il fallait pour cela sacrifier des milliers d'autres enfants. Elle ne parvenait pas à bâillonner la petite voix qui lui soufflait qu'elle appartenait à une humanité devenue aussi monstrueuse que les anciens Carthaginois et Phéniciens offrant leurs nouveau-nés aux dieux. La peur et la douleur engendraient un égoïsme sans borne.

« J'ai voulu changer de rubrique, ma direction a refusé, j'ai donné ma démission. Je survis grâce à la pension de réversion de mon mari, un ancien militaire.

— Nous sommes donc tous les deux rentiers ! » s'exclama Basile avec un petit rire.

Camille lui lança un regard interrogateur pardessus son épaule.

« Un vieil ami m'avait déclaré héritier de sa maison et bénéficiaire de son assurance-vie. Je vivote grâce à la petite rente qui m'est versée tous les mois.

— Il n'avait pas de famille ?

— Une fin d'embranchement, un rameau solitaire. Un maître et un ami. Il est mort devant une bulle située à une vingtaine de kilomètres d'ici. »

Camille admira le paysage grandiose qui se dévoilait devant la maison, les perspectives infinies, les échines rocheuses, les courbes douces, les tons bruns et ocre, les taches vertes, le bleu pâle du ciel.

« Qu'est-ce qui vous fait dire que les dames blanches ne sont pas nos ennemies ? »

Basile haussa les épaules.

« Je n'ai pas d'élément concret à vous proposer, seulement des convictions : elles n'ont pas d'intentions, amicales ou inamicales, ce qui ne signifie pas qu'elles ne sont pas dangereuses. Bien qu'elles ne soient pas humaines, nous leur prêtons des sentiments humains et nous réagissons de la même façon que face à un groupe humain hostile. Nous devons bannir tout réflexe anthropomorphique et tenter de comprendre leur mode de fonctionnement.

— Comment ? Elles ne livrent aucune information… »

Basile se massa la nuque. Ces années de recherches sans résultat lui pesaient sur les épaules comme un joug.

« Je cherche depuis vingt ans le moyen d'entrer en communication avec elles. Je me suis basé sur les témoignages des gens qui affirment avoir perçu des vibrations et une chaleur intense émises par les bulles. Une expérience que j'ai moi-même vécue et dont vous aviez parlé dans votre premier article… »

Camille approuva d'un hochement de tête. De nombreuses personnes interrogées lui avaient parlé de ce genre de perceptions, et elle avait ressenti les mêmes symptômes dans le Nevada, mais certains scientifiques les considéraient comme de simples hallucinations, d'autres comme des perturbations psychologiques liées à l'activité magnétique des bulles.

« Les dames blanches sont une énigme, sans doute la plus grande énigme posée à l'humanité depuis la nuit des temps, reprit Basile. Elles nous invitent à nous défaire de nos conditionnements. »

Les yeux de Camille se posèrent de nouveau sur la bulle. Elle contint comme elle le put une nouvelle envie de pleurer. Combien de larmes avait-elle versées depuis la disparition de Nathan ?

« On ne peut pas se défaire des émotions, de la souffrance, fit-elle d'une voix sourde.

— Sans doute pas, mais on peut les empêcher de nous manipuler. Les émotions nous emprisonnent, nous interdisent l'ouverture. Même chose pour nos gouvernants : ils ont tellement peur de déplaire à leurs opinions qu'ils réagissent de manière exagérément émotionnelle. Seuls quelques scientifiques et ufologues des cinq continents, avec qui je suis en contact régulier, essaient de réfléchir autrement. Nous mettons en commun nos données. » Basile désigna le téléphone filaire posé sur un coin de son bureau. « Grâce à cet appareil qu'on pensait à jamais disparu. Grâce, également, au bon vieux courrier postal. Nous consignons toutes nos démarches, nos expérimentations, nous bannissons les jugements, nous procédons par élimination. Depuis que le téléphone est redevenu un outil fondamental, les factures téléphoniques grèvent d'ailleurs une bonne partie de mon budget. »

Basile rejoignit Camille devant la baie vitrée. La présence de l'ancienne journaliste le troublait, lui qui avait passé ces quinze dernières années sans qu'une seule femme ne partage son intimité. Des souvenirs d'étreintes passionnées, de peaux à la douceur ensorcelante, d'odeurs enivrantes, de souffles chauds, remontaient des brumes de sa mémoire.

« Comment voulez-vous réagir autrement que par l'émotion à la disparition d'enfants ? demanda Camille.

— Tous les enfants ne méritent pas la même émotion, apparemment. Ou nous protesterions avec vigueur contre le recours systématique aux orphelins kamikazes.

— Que pouvons-nous faire d'autre ? murmura-t-elle, consciente que son argument sonnait comme un aveu de culpabilité. Les enfants équipés de caméras qui ont été offerts aux bulles n'ont fourni aucune image, aucune indication.

— L'activité magnétique. Si nous… » Basile hésita : il risquait de fâcher son interlocutrice, et il rechignait à dissiper le trouble délicieux qui se glissait entre eux. « Si nous considérions la présence des dames blanches comme une chance, et non comme une épreuve, si nous les regardions comme des protectrices, et non des prédatrices…

— Elles se seraient arrangées pour nous en avertir, coupa Camille d'un ton sec. Leur hermétisme ne présage rien de bon. Elles se contentent de se multiplier et d'avaler autant d'innocents qu'elles le peuvent. »

Basile n'insista pas. La disparition de son fils l'avait profondément meurtrie et il n'avait aucune chance de la convaincre lors leur première rencontre. D'autres occasions se présenteraient, si le trouble qu'il ressentait également chez elle n'était pas pure imagination de sa part.

« Vous avez un endroit où dormir ? Je suppose que vous n'avez pas envie d'en reprendre pour vingt heures de train aujourd'hui. »

Elle leva sur lui un regard étonné, comme si elle n'avait pas encore réfléchi à la question.

« Vous supposez bien, répondit-elle avec un sourire. Dois-je interpréter cela comme une invitation ?

— Vous interprétez bien : vous pouvez rester ici aussi longtemps que vous le souhaitez.

— Un ou deux jours devraient me suffire, mais merci beaucoup. »

Il l'installa dans la chambre du premier étage qui donnait sur la partie du plateau où trônait la dame blanche, celle-là même qu'il avait occupée lorsqu'il rendait visite à Jean-Marc Antony. Il avait entrepris de la restaurer, couvrant les murs et le plafond d'un placage isolant qu'il n'avait pas encore repeint. Après avoir sorti des draps et une serviette propres, il aida son invitée à faire le lit tout en se disant, pensée incongrue, que cela ne servait sans doute à rien.

Ils s'embrassèrent après le dîner, les yeux et les joues déjà enflammés par le vin, brisant les chaînes de leurs solitudes avec une frénésie d'adolescents. Camille n'avait pas rencontré d'homme depuis la mort de Lucho, tout emplie de sa douleur de mère. Elle ne savait pas, et ne cherchait pas à le savoir, pourquoi elle se laissait aller dans les bras de Basile Traoré. Elle savourait seulement l'instant, elle goûtait le contact de ses lèvres sur les siennes, les effleurements qui enchantaient sa peau, elle aimait l'énergie qui montait de son ventre et lui réchauffait tout le corps.

Ils firent l'amour dans la chambre de Basile avec une fougue mêlée de douceur et de tendresse. Amant attentif, patient, il lui permit de découvrir, sur les rives de la cinquantaine, des zones d'elle-même qu'elle n'avait jamais explorées. Ils dormirent peu, passant une grande partie de la nuit à parler, dans cet abandon à la fois déstabilisant et magnifique que procurent l'intimité physique et l'euphorie de l'étreinte.

Au petit matin, ils décidèrent d'assister au lever du soleil, enfilèrent des peignoirs – Basile trouva Camille terriblement séduisante dans son vieux peignoir rayé trop grand pour elle – et grimpèrent sur un promontoire rocheux situé à proximité de la F1674.

Camille se laissa peu à peu gagner par la paix du jour naissant. Elle n'avait pas ressenti une telle sérénité depuis la mort, non, la disparition de Nathan, pénétrée par le silence majestueux et la lumière diffuse de l'aube. Les étoiles s'éteignaient l'une après l'autre dans un ciel encore livide.

« Tu entends ? » demanda Basile à voix basse.

Entendre quoi ?

Elle se concentra sur les bruits, ne perçut rien d'autre que le friselis des herbes qui ondulaient au gré des souffles de vent. Elle frissonna, resserra les pans de son peignoir, voulut interroger Basile, mais celui-ci, les paupières baissées, semblait plongé dans une profonde méditation. Elle ferma à son tour les yeux et prêta attention aux sensations qui se déployaient en elle.

Elle perçut les vibrations au bout de quelques minutes, se retrouva dans le Nevada vingt-cinq ans plus tôt, entendit à nouveau Sam Tsosie, le chaman navajo qui évoquait la nécessité de transformation, se souvint avec une acuité douloureuse de la chaleur insupportable se diffusant dans son corps.

Elles sont les geais bleus, les messagères du changement, il nous faut partir vers le nouveau monde, vos enfants ne vous ont jamais appartenu…

Elle prit conscience que Basile avait raison : les réponses gisaient au plus profond d'elle, mais sa souffrance l'avait emprisonnée, empêchée de s'ouvrir à la nouveauté, au changement.

Catel

CATEL ne décolérait pas contre sa mère qui avait refusé de faire le trajet pour voir Ulysse, son petit-fils. Même si les voyages étaient devenus longs et compliqués, même si leurs relations s'étaient distendues depuis que Camille avait vendu la maison de Bonneuil pour s'installer à Millau, elle ne lui trouvait aucune excuse. Ulysse allait sur ses cinq mois, et il n'avait encore jamais rencontré sa grand-mère.

Catel tournait en rond dans le petit appartement du 14e arrondissement qu'elle partageait avec Raphaël, le père d'Ulysse. Elle devrait encore patienter un mois avant de reprendre le travail. Chargée du recrutement à la Poste, elle aurait du grain à moudre à son retour, le service public embauchant à tour de bras pour répondre à l'incessante augmentation du trafic postal. Le courrier était redevenu le moyen d'échange le plus sûr, le téléphone connaissant à son tour quelques ratés. Les directions des services postaux de tous les continents s'étaient accordées pour acheminer les lettres et les colis dans les délais les plus brefs. Catel avait croisé Raphaël dans les couloirs du siège de la rue de Vaugirard. Lui-même appartenait au groupe chargé de réfléchir en permanence sur les moyens d'optimiser les communications, comprenant les pigeons voyageurs, les coursiers et le télégraphe.

Le coup de foudre.

Ils avaient décidé de vivre ensemble à peine deux mois après leur rencontre, puis, presque aussitôt, d'avoir un enfant. Les tendances de Catel à la dépression n'avaient pas découragé Raphaël, homme placide, voire lointain, et rassurant. Les médicaments prescrits par son médecin suffisaient en général à stabiliser l'humeur de la jeune femme. Les diverses thérapies qu'elle avait suivies avaient attribué une grande partie de ses troubles au métier et à la mélancolie de son père, ainsi qu'à la disparition de son petit frère dont elle s'estimait, à tort, responsable. Si sa grossesse s'était déroulée sans anicroche, l'accouchement s'était révélé long et douloureux malgré la péridurale, et elle avait puisé dans les yeux inquiets de Raphaël le courage d'aller au bout de la délivrance. Elle avait ressenti une joie indescriptible en serrant le petit être luisant et palpitant dans ses bras. Une voix, le fantôme de Nathan peut-être, lui avait soufflé de ne pas trop s'attacher à son fils.

Elle contemplait des heures Ulysse en train de dormir, comme si elle craignait qu'une bouche invisible le gobe. Non seulement l'attachement n'avait pas diminué, mais il avait grandi au point de devenir douloureux. Même si la prolifération des dames blanches avait pour l'instant épargné Paris *intra muros*, l'inquiétude planait au-dessus d'elle comme un oiseau de mauvais augure. Elle savait, dans le fond, que la douleur jamais apaisée de sa mère risquait de la contaminer, d'accentuer son angoisse. Il valait sans doute mieux qu'elles ne se voient pas pour le moment. Peut-être fallait-il attendre de fêter les quatre ans d'Ulysse, cette étape à partir de laquelle il ne courrait plus aucun risque.

L'âge du soulagement.

Ulysse ne connaîtrait jamais les joies de la campagne ou de la mer avant son quatrième anniversaire, le prix à payer pour garantir sa sécurité et la tranquillité de ses parents. La nounou, déjà choisie, aurait pour consigne stricte de ne jamais s'aventurer de l'autre côté du périphérique.

Après qu'Ulysse se fut endormi, elle alluma machinalement la télévision. Elle tomba sur l'une des chaînes hertziennes que seules les grandes métropoles réussissaient encore à capter. Intriguée par l'air grave, presque tragique, du présentateur, elle augmenta le son en veillant à ne pas réveiller son fils.

« … la lutte contre les envahisseuses d'origine extraterrestre s'intensifie sur tout le globe… »

Des images de la sphère blanche devenue emblématique – l'US5672, posée en plein milieu de Central Park, à New York – illustraient les propos du présentateur.

« … Dans son dernier discours, Théodore Valky, le secrétaire général de l'ONU, a rendu un vibrant hommage aux deux millions d'orphelins qui ont donné leur vie lors de cette guerre cruciale pour la survie de l'humanité. Il a précisé qu'à ce jour les nations coalisées n'avaient pas trouvé d'autre moyen pour ralentir la progression des dames blanches que d'utiliser des enfants, seuls soldats opérationnels sur ce champ de bataille d'un genre nouveau. Les experts de tous les pays se sont réunis pour mettre au point des explosifs plus efficaces. Les derniers essais se sont révélés encourageants : les nouveaux explosifs ont réduit de plus de deux tiers le volume des cibles choisies, qui ont mis plus d'un mois à recouvrer leur couleur originelle. Toujours selon Théodore Valky, nous devons persister dans cette voie. Mais la Terre ne comptera bientôt plus suffisamment d'orphelins ayant l'âge requis, entre deux et quatre ans je vous le rappelle, ce

qui nous oblige à repenser entièrement notre politique de recrutement. En ce sens, l'ONU prépare une loi qui s'appliquera à l'ensemble des nations et à laquelle aucun membre permanent ne s'opposera : la loi d'Isaac… »

L'histoire d'Isaac, l'enfant unique d'Abraham que Dieu le contraint à sacrifier pour mettre sa confiance à l'épreuve, revint à l'esprit de Catel. Elle se pétrifia dans le canapé, les yeux rivés sur le berceau d'Ulysse qu'elle voyait par l'entrebâillement de la porte de sa chambre.

« *Cette loi imposerait à chaque famille de confier un enfant à son troisième anniversaire aux brigades chargées du recensement et de l'acheminement.* »

Le présentateur marqua une pause pour conférer à ses paroles la solennité requise. Les pensées de Catel s'emballèrent. À l'idée qu'on vienne sonner à la porte de l'appartement pour réclamer son fils, elle essuya une violente attaque de panique. Elle se leva, courut dans la chambre d'Ulysse, se pencha sur le berceau pour s'assurer qu'il respirait toujours, se contint pour ne pas le prendre dans ses bras, resta un long moment près du berceau, oppressée, incapable de bouger.

La voix grave du présentateur continuait de résonner comme un bourdonnement menaçant.

« … *Tout porte à penser que, étant donné l'urgence de la situation, la loi sera rapidement votée. Nous ne connaissons pas encore les modalités précises du recrutement. Toutes les familles étant concernées, on leur recommanderait de ne pas concevoir un seul enfant, mais deux ou mieux trois, afin de compenser la perte du membre de la fratrie désigné pour le recrutement. Théodore Valky a insisté sur la nécessité du sacrifice pour que l'humanité puisse continuer d'espérer. Selon les diverses commissions consacrées au phénomène des dames blanches, les envahisseuses ont pour dessein d'évincer toutes les formes de vie existantes sur la planète Terre. Nous devons maintenant mettre toutes nos forces dans la bataille pour gagner cette guerre, la plus importante sans doute dans l'histoire de l'humanité.* »

Catel fut traversée par le besoin urgent d'entendre la voix de sa mère. Elle se rendit près du téléphone en espérant que la liaison fonctionnerait encore entre Millau et Paris. Elle dut composer le numéro à quatre reprises avant d'entendre enfin la sonnerie à l'autre bout du fil. Le souffle de sa mère retentit dans le combiné.

« Maman, tu as entendu les infos ?

— Bonjour, ma fille. Comment vas-tu et comment va Ulysse ?

— Il va bien, il attend seulement la visite de sa grand-mère.

— Catel, tu ne vas pas remettre ça ? On en a parlé plus de vingt fois. »

Catel n'insista pas. Raphaël disait que c'était à eux de descendre dans le Sud, qu'ils loueraient une voiture lors de leurs prochains congés et qu'ils effectueraient le trajet en visitant les régions les plus touristiques. Elle s'y opposait : tant qu'Ulysse n'aurait pas atteint l'âge du soulagement, elle ne prendrait pas le risque de le placer à portée des dames blanches.

« Tu as entendu les infos ?

— On ne capte plus la télé dans le coin.

— Ils ont dit que… que… »

La peur étrangla la voix de Catel.

« Quoi ?

— Ils vont obliger chaque famille à fournir un enfant pour combattre les bulles blanches.

— Ils ont épuisé le vivier des orphelins, c'est ça ? »

Le ton détaché de sa mère horripila Catel.

« Ça n'a pas l'air de te faire beaucoup d'effet. Tu ne te sens plus concernée, je suppose…

— Il ne s'agit pas de ça. Basile avait prédit que ça finirait par arriver. C'est seulement arrivé plus tôt que prévu. »

Le simple fait d'entendre sa mère prononcer le prénom de Basile soulevait en Catel un tourbillon de colère : c'était lui, l'ufologue aux idées farfelues, néfastes, qui avait poussé sa mère à s'éloigner des siens et à s'installer dans le Sud.

« Vous avez le choix, reprit Camille. Entrer en résistance avant qu'on vous arrache vos enfants et qu'on les donne en pâture aux dames blanches. Ou considérer que c'est pour eux une grande chance et les préparer au départ dans la joie, dans la sérénité.

— C'est toi qui dis ça, maman, toi que la perte de Nathan a fait souffrir comme une damnée ! »

S'ensuivit un long moment de silence, au point que Catel crut la liaison interrompue.

« Ma souffrance m'a rendue injuste, reprit Camille. Indifférente au sort de centaines de milliers d'enfants. Complice. Nous avons pensé nous en sortir sans trop de dommages en sacrifiant les plus vulnérables d'entre nous, ceux qui n'avaient pas de liens familiaux, mais nous avons mis en place un mécanisme qui, tôt ou tard, nous frappera au plus profond, au plus douloureux, de nous-mêmes.

— C'est toi qui parles ou Basile ? »

Le coup de griffes de Catel n'eut pas l'effet escompté.

« Moi, répliqua Camille d'une voix égale. Et c'est Basile qui m'a aidée à ouvrir les yeux. Lui et quelques-uns de ses confrères pensent que nous nous sommes trompés de route, et les événements semblent lui donner raison.

— Qu'est-ce que tu en sais ? »

Des crachotements parasites couvrirent quelques secondes la voix de Camille. Catel se retourna pour accrocher son regard au bois blanc du berceau d'Ulysse.

« Bientôt, le dérèglement de l'activité magnétique nous obligera à en revenir au bon temps du télégraphe sans fil, s'exclama Camille avec un petit rire. Je disais que je n'ai aucune certitude, j'essaie seulement, comme Basile, de penser différemment. Peut-être que nous nous plantons, mais ça fait vingt-cinq ans que les bulles ont fait leur apparition et nos élites politiques, scientifiques et militaires n'ont trouvé aucune solution. On ne peut même pas les déplacer. Ils ont lancé un train à pleine vitesse contre l'une d'elles, elle l'a arrêté net sans bouger d'un millimètre.

— Les nouveaux explosifs semblent un peu plus efficaces.

— L'atome lui-même ne peut ouvrir les dames blanches. Il ne parvient qu'à réduire momentanément leur volume. »

Catel poussa un soupir excédé.

« Quelle solution proposez-vous ?

— Aucune pour l'instant. Nous continuons de chercher.

— Il faut bien que l'ONU fasse quelque chose en attendant qu'une idée miraculeuse jaillisse de vos cerveaux, persifla Catel.

— J'ai longtemps pensé que les enfants bombes étaient un mal nécessaire. Si tu le penses toujours, alors prépare-toi à perdre ton propre enfant.

— Tu es… » La colère se diffusa comme un feu dévorant dans le corps de Catel. « … monstrueuse ! Je n'aurais pas dû t'appeler. D'ailleurs, je ne t'appellerai plus tant que tu seras sous la coupe de cet homme.

— Il me donne beaucoup de bonheur.

— Au point de trahir la mémoire de papa ! »

Camille marqua un temps de silence avant de murmurer, d'une voix à peine audible :

« Ne parle pas de ce que tu ne connais pas. Je n'ai jamais oublié ton père. Mais mon corps et mon esprit réclament des attentions, et Basile est un homme très attentionné.

— Tu me dégoûtes ! » cracha Catel avant de raccrocher.

Elle pleura longtemps, agenouillée devant le berceau de son fils, le front appuyé sur le montant de bois.

« Déménageons. »

Raphaël jeta un regard réprobateur à Catel pardessus la carafe de vin.

« Je ne vois pas pour quelle raison : nous sommes à deux kilomètres du jardin du Luxembourg.

— On ne connaît pas le rayon d'action des dames blanches.

— Quand Ulysse marchera, il restera en permanence sous le regard de sa nounou.

— Sa nounou ne quittait pas mon petit frère des yeux, ça ne l'a pas empêché de finir dans l'estomac d'une bulle. »

La terreur avait planté ses griffes dans le ventre de Catel depuis qu'une dame blanche avait été découverte un matin dans le jardin du Luxembourg. D'un diamètre plutôt modeste d'une cinquantaine de mètres, première à apparaître dans Paris *intra muros,* elle avait semé un vent de panique dans la population de la capitale. Les bulldozers n'avaient pas réussi à la déplacer. Un cordon de soldats l'entourait en permanence. On ne voyait plus un seul enfant en bas âge dans les rues ni sur les places. Sa présence déréglait les émissions télévisées et radiophoniques ainsi que les liaisons électriques et téléphoniques. Selon Raphaël, le service de pigeons voyageurs que son groupe n'avait pas encore fini de mettre au point connaissait déjà un succès retentissant. Les membres du gouvernement y recouraient de façon massive, appréciant la sûreté et la rapidité du système. La poste avait engagé des tireurs d'élite pour éliminer les buses et autres rapaces attirés par la prolifération des messagers ailés au-dessus des toits de Paris. De même, afin de pouvoir communiquer à distance, on avait équipé de sémaphores les sites les plus élevés de la ville – la tour Eiffel, la tour Montparnasse, la basilique du Sacré-Cœur, l'arche de la Défense et plusieurs tours érigées avant l'avènement des dames blanches.

« Qui nous dit qu'une autre bulle n'apparaîtra pas près du nouvel appartement où nous nous installerons ? objecta Raphaël.

— Il leur faut apparemment des espaces verts pour se poser. Nous sommes à moins de quatre cents mètres du parc Montsouris. Choisissons un endroit loin de toute verdure. Le 18e arrondissement par exemple. »

Raphaël se servit un verre de vin. Catel constata qu'il buvait de plus en plus, tout comme son père, l'artificier miné par ses années de guerre.

« Tout le monde tient le même raisonnement. Le prix du mètre carré flambe dans les arrondissements du nord de Paris. Avec la somme que nous tirerions de notre appartement, nous pourrions à peine nous offrir un studio. Ne t'inquiète pas : nous prendrons toutes nos précautions jusqu'aux quatre ans d'Ulysse. »

Catel garda le silence. Curieux, et inquiétant, comme les mécanismes se répétaient d'une génération à l'autre. Les précautions de sa mère n'avaient pas empêché son frère de disparaître, comme ses peurs ne protégeraient pas Ulysse de l'appétit des dames blanches ; son père avait sombré dans une ivrognerie parfois violente comme Raphaël glissait peu à peu dans un alcoolisme insidieux.

« Le mieux que nous ayons à faire pour participer à la guerre contre ces satanées bulles, c'est de concevoir un autre enfant, ajouta Raphaël après avoir ingurgité une généreuse gorgée de vin. Et même deux autres.

— Pourquoi tu dis ça ? »

Même si elle la connaissait déjà, Catel n'avait pas envie d'entendre la réponse à cette question.

Mario

« MARIO, un ami ufologue venu me rendre visite. Contrairement à ce que pourrait laisser supposer son prénom, Mario est allemand, et il parle parfaitement français. »

Camille serra la main de l'individu qui s'était levé à son arrivée, un homme brun aux bras épais, au cou et aux épaules larges.

Une chaleur torride accablait le plateau, et la marche entre l'arrêt de bus et la maison de Basile l'avait mise en nage. Elle avait effectué une grande partie du trajet debout dans l'allée centrale du car : les dysfonctionnements électroniques et électriques ayant entraîné un recours massif au pétrole et aux gaz de schiste, dont les réserves s'épuisaient rapidement, les prix à la pompe s'envolaient et les transports en commun étaient pris d'assaut. Une odeur insidieuse de gaz l'avait accompagnée tout au long du voyage. Aucun homme, jeune ou mûr, ne lui avait offert sa place. La société tout entière s'enfonçait dans une indifférence désespérante, comme abasourdie par le sacrifice des orphelins et la loi d'Isaac, officiellement promulguée un mois plus tôt. À l'aube des années 2040, une atmosphère de résignation et de désolation planait sur toutes les régions du monde.

Mario Götze venait de Bavière, un *land* qui recensait six cent quatre-vingts bulles dont les plus anciennes atteignaient les vingt-cinq ans. Il lui avait fallu presque deux semaines pour parcourir la distance entre Munich et Millau. Le train avait rencontré un problème de ravitaillement à la frontière, qui l'avait immobilisé trois jours sur la voie en rase campagne. Les directions allemande et française des chemins de fer s'étaient mutuellement rejeté la faute, mais n'avaient à aucun moment songé à distribuer nourriture et eau aux passagers. Des petits malins s'étaient organisés pour acheter des denrées dans les fermes environnantes et les revendre à un prix exorbitant à leurs compagnons d'infortune.

« L'air est aussi sale de chaque côté de la frontière, précisa Mario. Le gasoil perd chaque année en qualité.

— Bah, il n'y aura bientôt plus une goutte de pétrole, objecta Basile.

— Ce n'est pas une bonne nouvelle : on va intensifier les forages de gaz de schiste. On va cribler la terre de trous qui connaîtront forcément des fuites de méthane et accentueront l'effet de serre, on va utiliser des quantités d'eau phénoménales et assoiffer une grande partie de la population. »

Mario, qui transpirait beaucoup malgré la fraîcheur de la maison, s'essuyait régulièrement le front à l'aide d'un mouchoir en tissu. Quelque chose dans cet homme incommodait Camille, la furtivité de ses yeux d'un bleu très clair peut-être, ou encore sa façon d'assener ses arguments d'une voix tranchante comme une lame. Il semblait tout entier taillé dans un bloc de certitudes. Ses mains poupardes battaient l'air avec la régularité de métronomes. L'entrebâillement de sa chemise maculée d'auréoles laissait entrevoir une peau blanche parsemée de poils noirs. Basile et lui échangeaient des courriers et des coups de téléphone depuis une vingtaine d'années, mais ils ne s'étaient encore jamais rencontrés.

« Pourquoi, étant donné la longueur et la pénibilité du voyage, avez-vous décidé de rendre visite à Basile ? demanda Camille. Pourquoi maintenant ? »

Mario la fixa d'un air surpris, comme s'il prenait subitement conscience de sa présence.

« Je viens proposer à mon cher ami Basile une expérience que je ne peux pas effectuer en Allemagne. »

Il marqua un temps de pause et en profita pour boire une gorgée d'eau au verre que lui avait servi son hôte. Les craillements d'un vol de choucas brisèrent le silence tapi dans la maison.

« En Allemagne, reprit Mario, le gouvernement s'est arrangé pour interdire formellement l'accès aux dix mille *weiße frauen* recensées sur le territoire. Principe de précaution. Nous n'avons donc pas la possibilité de les approcher pour les étudier. Je me suis souvenu que mon cher ami Basile m'avait parlé d'une dame blanche près de sa demeure, et je me suis décidé à entreprendre le voyage pour mener à bien mon expérience. »

Basile se redressa sur sa chaise.

« Quelle expérience ?

— L'enfermement volontaire dans une *weiße frau*.

— Comment ? Elles ne capturent que les enfants. »

Mario exprima son agacement d'un claquement de langue.

« Nous le savons. Mais, lorsque leur volume augmente, elles emprisonnent également des arbres, des herbes, des rochers, parfois même des constructions. » Il désigna la F1674 par la fenêtre. « Je me suis dit que, si je me trouvais tout près d'elle au moment de sa dilatation, elle pourrait m'avaler au même titre que les éléments du paysage.

— Quel intérêt si vous ne pouvez pas revenir pour en témoigner ? »

L'argument de Camille lui valut un regard mi-méprisant, mi-courroucé qui l'horripila.

« La différence, c'est que je suis un adulte et que je serai équipé d'un système de communication.

— Il ne vous sera d'aucune utilité si vous êtes broyé sitôt introduit dans la bulle », insista Camille.

Un sourire éclaira le visage de Mario Götze et ressuscita de manière fugace l'enfant qu'il avait été un jour.

« J'accepte de prendre le risque. Je n'ai ni femme ni enfant, mes parents sont morts depuis longtemps ; ma sœur, ma seule famille, est au courant de ma démarche et m'y encourage.

— Quel moyen de communication prévois-tu ? intervint Basile. Les caméras et les téléphones mobiles installés sur les enfants bombes n'ont jamais fourni la moindre image ni le moindre échange.

— Un fil téléphonique enterré entre ta maison et la bulle. Relié à deux émetteurs récepteurs qui n'utilisent ni l'électricité ni l'électronique, et que j'ai moi-même fabriqués.

— Et si le fil se rompt au moment de la pénétration dans la bulle ? »

Mario éclata d'un rire frais et joyeux qui cadrait mal avec son personnage.

« Alors je crierai de toutes mes forces en espérant que vous m'entendrez !

— Personne d'autre que vous n'a eu l'idée de tenter cette expérience ? lança Camille.

— Pas à ma connaissance. Je crains que les volontaires ne soient pas très nombreux. Les militaires eux-mêmes ne s'y sont jamais essayés malgré leurs énormes moyens.

— La F1674 n'a pas évolué depuis sept ans… »

Basile se leva pour se verser à son tour un verre

d'eau. « Tu n'as aucune garantie qu'elle se dilate les jours ou les semaines qui viennent.

— D'après les statistiques en provenance de toutes les régions du globe, les *weiße frauen* se dilatent au moins une fois par cycle de huit années. C'est également parce que tu m'avais affirmé qu'elle n'avait pas bougé depuis sept ans que j'ai choisi la F1674.

— Moi qui croyais que c'était pour le plaisir de me rendre visite, lâcha Basile avec un petit rire.

— L'expression que vous utilisez est, je crois, joindre l'utile à l'agréable… »

Ils eurent besoin de deux jours pour installer le dispositif. Mario était écartelé entre sa tendance presque maladive à la perfection et la nécessité d'agir vite pour ne pas manquer une poussée inopinée de la dame blanche. Ils creusèrent, entre la maison et la F1674, une tranchée d'une profondeur d'un mètre au fond de laquelle ils enfouirent un câble à l'intérieur d'une gaine rigide. Comme ils ne disposaient que d'une pioche et d'une pelle, la chaleur étouffante et la dureté de la terre rendirent leur tâche pénible. Ils achevèrent la tranchée tout près de la base de la bulle, à l'endroit où se tiendrait l'Allemand. Ce dernier travaillait torse nu, et des rougeurs striaient sa peau rebondie sillonnée de rigoles de sueur. Basile avait la sensation déroutante, angoissante, que la dame blanche observait leur progression.

Pendant que les deux hommes s'échinaient, Camille parcourait les documents accumulés par son compagnon depuis plus d'une vingtaine d'années dans l'espoir d'y dénicher un élément qui aurait échappé à leur sagacité, les mettrait sur une nouvelle voie et leur permettrait d'éviter le sacrifice des enfants décrété par l'ONU. Les premiers courriels imprimés échangés avec d'autres ufologues et des scientifiques, les missives acheminées par la poste, les transcriptions des conversations téléphoniques, les témoignages et les notes personnelles formaient un ensemble de cinq mille pages difficiles à déchiffrer lorsqu'elles étaient emplies de l'écriture irrégulière de Basile. De cette masse de données émanait un sentiment de découragement, d'impuissance, que n'éclairait aucune lueur. L'assemblage des textes évoquait un constat minutieux de la fin d'un monde, de l'extinction programmée d'une espèce. Vingt-cinq ans pendant lesquels l'évolution s'était interrompue. L'humanité régressait à une vitesse sidérante, incapable de résoudre le problème posé par les visiteuses d'un autre monde – même si tous s'accordaient désormais sur l'origine extraterrestre des dames blanches. En un quart de siècle, on ne savait toujours rien d'elles, sinon qu'elles attiraient et capturaient les enfants de moins de quatre ans, qu'elles se multipliaient et qu'elles grossissaient de temps à autre. On avait décidé de les empoisonner, on avait expérimenté tous types d'explosifs, y compris les mini-bombes nucléaires d'une puissance équivalente à celle de Hiroshima, on avait entrepris de les consumer par le feu ou par l'acide, on les avait enfumées, on avait tenté de les tracter, de les déplacer, les Chinois avaient érigé autour de l'une d'elles un immense réservoir qu'ils avaient rempli d'eau, sans obtenir plus de résultat. Seules les explosions perpétrées par les enfants kamikazes parvenaient à les réduire et modifier pendant quelque temps leur apparence ; l'ONU s'était engouffrée dans cette minuscule ouverture et n'avait plus cherché à explorer d'autres voies.

À la fin du deuxième jour, ils relièrent les deux extrémités du câble aux émetteurs récepteurs fabriqués par Mario, des caisses de résonance en formes de conques amplifiées par un système sophistiqué de lamelles vibratoires. Ils en firent l'essai à la tombée de la nuit. Séparées d'une centaine de mètres, les voix, même chuchotées, résonnaient avec une étonnante clarté dans les cavités métalliques, comme si l'interlocuteur murmurait directement dans le creux de l'oreille de son correspondant.

À l'issue d'un dîner frugal, Mario annonça sa décision de dormir près de la bulle.

« Vous pensez qu'elle va se dilater cette nuit ? » demanda Camille.

L'Allemand lui décocha l'un de ces regards suffisants qu'elle abhorrait.

« Nous avons déjà eu de la chance qu'elle ne gonfle pas pendant nos travaux, répondit-il. Il serait stupide de manquer la prochaine opportunité maintenant que le dispositif est prêt.

— Combien de temps vous donnez-vous si elle ne bouge pas ? insista Camille, pincée.

— D'après mes calculs, elle se dilatera au plus tard dans les trois mois qui viennent.

— Vous êtes donc prêt à rester trois mois près de la dame blanche sans bouger ? »

Mario donna un coup de menton en direction de Basile.

« Nous nous sommes mis d'accord, mon cher ami Basile et moi. Il m'apportera mes repas et l'eau pour me nettoyer. Je ferai mes besoins sur place. Il videra le seau tous les jours. Je lui ai alloué une somme en prévision. »

Camille baissa la tête pour masquer son dépit, vexée plus qu'elle ne voulait se l'avouer de ne pas avoir été mise dans la confidence.

Mario installa un matelas gonflable et un duvet tout près de l'endroit où saillait le câble téléphonique. Basile apporta le jerrycan d'eau ainsi que le seau et un rouleau de papier hygiéniques. L'Allemand posa les mains sur la matière blanche et lisse de la bulle.

« Je vais enfin dormir à l'ombre d'une *weiße frau.* »

Les deux hommes admirèrent un moment le ciel étoilé, puis Basile regagna la maison. Il ne trouva pas Camille dans son lit. Elle s'était sans doute retirée dans la chambre d'ami, sa manière à elle d'exprimer sa contrariété. Il n'insista pas : les brouilles entre eux ne duraient jamais plus de quelques heures. Avec un peu de chance, elle viendrait le rejoindre au milieu de la nuit ; sinon, elle garderait pour elle sa mine revêche jusqu'au matin et renouerait le contact devant le petit-déjeuner.

Camille profita d'une éclaircie téléphonique pour prévenir sa fille qu'elle resterait un bon moment dans la maison de Basile, trois mois peut-être. Bien que sa fille lui parlât par onomatopées et grognements, elle devina que Catel et son mari s'installaient bientôt dans un appartement du nord de Paris. Elle n'en comprit pas les raisons précises, mais elle supposa que la présence d'une dame blanche dans le jardin du Luxembourg, à quelques centaines de mètres de leur ancien logement, n'était pas étrangère à leur décision.

L'expérience tentée par Mario Götze passionnait Camille. Son premier réflexe, le matin, était d'ouvrir les volets pour vérifier que la dame blanche ne l'avait pas avalé. Elle s'emparait des jumelles posées sur le rebord de la fenêtre, et était déçue de découvrir, dans les verres grossissants, la silhouette épaisse et pataude de l'Allemand à demi extraite du duvet entrebâillé.

« Rien de neuf ? »

La voix grave de Basile l'entraîna à se retourner et lui adresser un sourire. Leurs odeurs entremêlées l'enveloppaient comme une ombre.

« Je me demande combien de temps ça va durer… »

Le torse sombre, glabre et svelte de Basile offrait un contraste réjouissant avec le blanc froissé des draps.

« Des semaines, des mois peut-être.

— Tu y crois, toi, à cette histoire de cycles de huit ans ?

— Mario a beaucoup de défauts, mais c'est un homme rigoureux. On peut faire confiance à sa méthode. Ça te gêne qu'il soit là ? »

Camille s'assit à côté de Basile dans le lit et posa la tête sur son épaule.

« J'ai l'impression que tu es un valet en train de servir un roi fainéant ! »

Il éclata de rire.

« Je participe à une expérience où chacun se répartit les rôles. Le mien est de lui fournir ses moyens de subsistance et de vider régulièrement son seau hygiénique. Je ne me sens ni exploité ni diminué. »

Elle leva sur lui un regard agrandi par l'inquiétude.

« Où allons-nous, Basile ? Je veux dire : que va devenir l'humanité ?

— Bien malin qui pourrait le prédire. Ou nous sommes capables de nous adapter aux dames blanches, ou nous disparaissons. Quelle importance ? Après tout, la Terre n'appartient pas à une forme de vie particulière. L'homme lui-même est un parasite qui a réussi. Il est peut-être temps de céder la place.

— Tu disais pourtant que les dames blanches étaient bienveillantes… »

Basile fronça les sourcils.

« Bienveillantes, je ne sais pas. Mais je ne crois pas un seul instant qu'elles soient mues par une volonté exterminatrice. Si nous ne trouvons pas la clef qui nous manque, nous nous serons condamnés nous-mêmes à l'extinction, comme si nous n'étions plus dignes d'occuper cette planète. »

Deux semaines s'écoulèrent, rythmées par les trois repas quotidiens apportés à Mario – Camille se chargea de lui en fournir quelques-uns –, le lavage de ses vêtements, le renouvellement de son eau, le nettoyage de son seau hygiénique et la relecture attentive des archives de Basile. Les doutes épargnaient l'Allemand, persuadé que la *weiße frau* allait bientôt sortir de son sommeil. Par chance, les deux seuls visiteurs qui se présentèrent à la maison, l'épicier ambulant et le facteur, garèrent tous les deux leur fourgonnette dans la cour d'entrée d'où ils ne pouvaient pas apercevoir la bulle.

Les journaux auxquels s'était abonné Basile continuaient de commenter abondamment la résolution 4078 A de l'ONU, la loi d'Isaac. Chaque famille devrait désigner un enfant qui, à l'âge de trois ans, serait confié à une brigade de recrutement et acheminé vers un camp de rassemblement. Les états mettraient en place un service de contrôleurs chargés de vérifier l'authenticité des déclarations familiales – changements de situation, déménagements, décès… L'ONU conseillait à ses membres de prévoir des sanctions suffisamment dissuasives pour éviter les fraudes. On parlait dans certains pays, y compris en France, de considérer toute dissimulation comme une désertion et d'appliquer aux coupables la loi martiale, autrement dit la peine de mort.

Camille reçut une lettre de Catel, qui lui annonçait que Raphaël et elle prévoyaient de concevoir deux autres enfants pour accomplir leur devoir citoyen. Elle n'y répondit pas. La propagande de l'ONU relayée par l'État français s'était déjà imprimée dans les esprits. Catel n'entendrait rien tant qu'elle ne serait pas allée au bout de sa logique, tant qu'elle n'aurait pas vécu dans sa chair les affres de l'arrachement.

Camille songea avec amertume que l'un de ses petits-enfants serait happé par la terrible machine mise en place par les gouvernants, comme si la malédiction originelle des orphelins kamikazes retombait sur elle et l'ensemble des êtres humains. Elle ne nouerait aucun contact avec ses petits-enfants. La blessure de la disparition de Nathan ne s'était pas cicatrisée, et elle n'aurait pas la force de supporter un nouveau déchirement.

Ce matin-là, ce fut Basile qui ouvrit les volets. Camille contempla avec tendresse son corps nu sur lequel l'âge ne semblait avoir aucune prise. Elle avait découvert le véritable amour avec lui, elle était devenue femme dans ses bras, elle envisageait de revendre son appartement de Millau pour emménager dans la maison du causse.

« Du nouveau ! » s'écria Basile.

Elle sauta du lit pour le rejoindre devant la fenêtre. L'air frais du petit matin couvrit sa peau de frissons. La F1674 avait gonflé d'un bon tiers de son volume. Elle arracha les jumelles des mains de Basile et inspecta d'un regard fébrile la base de la dame blanche.

Aucune trace de Mario. L'Allemand avait disparu, tout comme le pan de paysage absorbé par la bulle.

Jason

« J'AI TROUVÉ du boulot, maman. »

Jason s'était engouffré dans la cuisine avec un sourire triomphal. Élodie ne put s'empêcher de le comparer une nouvelle fois à Léo. Il avait beau multiplier les efforts pour lui être agréable, il n'aurait jamais la grâce ni l'intelligence de son frère disparu. Elle l'avait conçu sur le tard, pensant qu'un nouvel enfant l'aiderait à oublier son premier fils, c'était le contraire qui s'était produit : les regrets n'avaient fait qu'empirer. D'autant qu'Ethan, le géniteur de Jason, un homme hâbleur et sans envergure, originaire de Toulon, avait eu un accident de voiture qui l'avait laissé sept mois dans le coma avant que les médecins de l'hôpital, jugeant son cas désespéré, ne décident de débrancher les appareils qui le maintenaient en vie.

Quelque chose avait empêché Élodie de s'attacher à Jason – son aspect ingrat, sa maladresse, son désir forcené de lui plaire, ses difficultés d'élocution, son odeur ou encore sa façon de manger. Peut-être, également, avait-elle épuisé son gisement maternel avec Léo, et son cœur s'était-il desséché, transformé en pierre. Les gestes, les émotions et les réflexes d'amour ne lui venaient pas, comme si son cerveau et son corps les avaient occultés. Elle se demandait souvent pourquoi la vie s'était montrée si cruelle avec elle, pourquoi elle avait enlevé Léo et épargné Jason.

« Quel genre de travail ?

— Je vais intégrer la brigade de recrutement basée à Toulon. »

Élodie eut besoin d'une bonne trentaine de secondes pour établir le lien avec l'article qu'elle avait lu quelques jours plus tôt dans *Provence Nouvelle*. Ne captant plus la télé ni la radio depuis que des dames blanches étaient apparues dans les parcs Borély et du Grand Séminaire, elle s'était abonnée à l'un des multiples quotidiens qui fleurissaient à Marseille, comme dans toutes les grandes villes de France.

« Tu feras partie de ceux qui iront de logement en logement pour récupérer les enfants kamikazes, c'est ça ? »

Jason sourit. Il n'avait visiblement aucune idée des conséquences de son futur travail.

« On touchera deux mille cinq cents euros par mois pendant la formation, puis trois mille cinq cents. Avec logement de fonction et plein d'autres avantages sociaux. »

Élodie faillit hurler qu'il n'était qu'un jeune idiot, qu'il deviendrait un semeur de désolation, un oiseau de mauvais augure, mais elle n'en eut pas le courage, ni le désir d'ailleurs. Les États membres de l'ONU s'étaient accordés unanimement pour prélever un enfant par famille et on avait besoin de personnel pour effectuer la sale besogne. Jason gagnerait enfin sa vie et, à bientôt vingt-cinq ans, ne serait plus un poids financier pour elle. D'autres mères connaîtraient à leur tour la douleur de perdre un enfant et, de la même façon qu'une trentaine d'années plus tôt elle avait pris sur elle une part de la souffrance de la mère turkmène lorsque cette dernière était apparue sur l'écran de sa télévision, elle espérait sans se l'avouer que la répartition des fardeaux allégerait le sien.

« Tu commences quand ?

— La semaine prochaine. On sera d'abord logés dans d'anciens bâtiments de la marine. Puis on sera répartis par brigades dans la région.

— Tu ne crains pas que… »

Elle hésita à poursuivre. Elle ne devait pas le décourager. Elle avait hâte qu'il sorte de sa vie. Elle se sentait vieille, usée, inutile, et n'avait plus qu'une envie, laisser les jours s'étioler dans la solitude et le souvenir de Léo.

« Quoi ?

— Que certaines familles réagissent violemment. »

Jason prit un air assuré qu'elle ne lui connaissait pas, se gonflant comme un petit coq : « Nous serons armés et nous aurons la permission de tirer en cas de résistance. »

Ses yeux bruns brillaient comme des ampoules nues. L'armée n'aurait aucun mal à le conditionner, à en faire un parfait exécuteur des basses œuvres. Élodie éprouva pour lui un sentiment qui n'était encore jamais monté des tréfonds de son être : le mépris. Elle se demanda comment sa chair avait pu abriter un être aussi médiocre. Elle en attribua d'abord la responsabilité à Ethan, compagnon insignifiant d'une jalousie obsessionnelle, puis elle se reprocha sa réaction.

« Faudra que je prépare mes affaires, reprit Jason.

— Ne t'inquiète pas pour ça, je t'aiderai. »

Il s'approcha d'elle d'une allure de chat quémandant une caresse.

« Tu es contente pour moi, maman ? »

Elle posa la main sur son avant-bras, un geste qui la révulsa. Les cris d'enfants qui jouaient au foot montaient de la cour d'immeuble. La mairie avait un temps prévu de démolir la cité et de reloger ses habitants dans des quartiers neufs, mais l'avènement des dames blanches avait repoussé ce projet aux calendes grecques. Après sa démission de la société d'assurances des Deux-Sèvres, puis un court séjour chez sa sœur dans les environs de Cannes, Élodie avait rencontré les pires difficultés pour retrouver du travail. Elle avait dû se contenter d'une place de vendeuse en boulangerie et n'avait réussi à louer qu'un modeste deux pièces dans la cité délabrée de La Granière. C'est là qu'elle avait rencontré Ethan, de sept ans son cadet, qui, expulsé de son propre logement, était rapidement venu s'installer chez elle. Elle ne savait toujours pas pourquoi elle avait noué une relation avec lui, encore moins pourquoi elle l'avait choisi comme géniteur de son deuxième enfant. Ils avaient passé la majeure partie de leur temps à se chamailler. Chômeur de longue date, Ethan ne se secouait guère pour trouver du travail et ne s'occupait pas non plus de son fils, préférant les parties de cartes avec ses potes. Il fichait le camp dès qu'Élodie rentrait de son travail, se livrant à divers trafics, dont les cigarettes et le cannabis. C'était au lendemain de l'une de ses expéditions nocturnes qu'on avait retrouvé sa voiture – la voiture d'Élodie – au pied d'une falaise et son corps agonisant au milieu de la tôle froissée. La police avait conclu à un accident après avoir évoqué un règlement de comptes entre trafiquants.

« Bien sûr que je suis contente pour toi, finit-elle par répondre. Tu as un avenir maintenant.

— Je viendrai te voir régulièrement. »

Elle s'efforça de sourire.

« J'y compte bien. »

Il s'essuya les lèvres d'un geste nerveux.

« Je suis tombé par hasard sur des photos de Léo…

— Et alors ? » rétorqua-t-elle d'un ton glacial.

Les yeux de Jason s'emplirent de larmes

« Je n'ai pas réussi à te le faire oublier, hein ? »

Elle tenta d'échapper à sa pression en reculant d'un pas.

« Qu'est-ce que tu racontes ? Il n'y a aucune raison pour que je l'oublie. Il n'y a pas de compétition entre vous deux. » Elle avait l'impression détestable que ses mensonges jaillissaient de sa bouche comme des crapauds. « Léo n'avait qu'un peu plus de trois ans lorsqu'il est parti. Je ne l'ai pas vu grandir, contrairement à toi. »

Jason déploya son bras avec vivacité, saisit le menton de sa mère et la contraignit à relever la tête.

« Regarde-moi dans les yeux, maman. Et répète qu'il n'y a jamais eu de comparaison entre Léo et moi.

— Lâche-moi, tu me fais mal… »

Elle prit peur tout à coup. Il avait le cerveau d'un enfant mais la force d'un homme. Il ressemblait en cet instant à son père, veines gonflées de chaque côté du cou, yeux exorbités, lèvres tordues de fureur, bras levé au-dessus d'elle, poing fermé. Ethan l'avait frappée à deux reprises, une fois au visage, une autre fois à la poitrine. Elle en avait gardé une douleur au sein droit pendant des semaines. Elle tenta de se protéger, mais Jason la colla contre le mur avec une violence qui lui coupa le souffle. Elle ne parvint pas à expulser les mots qui se bousculaient dans sa gorge : non, je ne t'ai jamais aimé, oui, tu n'es qu'une pâle caricature de ton frère, oui, je regrette de t'avoir donné le jour, oui, j'ai hâte que tu foutes le camp, non, je n'ai pas envie de te revoir.

« Les dames blanches, bredouilla-t-elle. Elles ont tout gâché. Elles nous ont tous transformés en monstres. »

Des larmes jaillirent de ses yeux et sillonnèrent ses joues. Il la relâcha, recula de deux pas, la tête baissée, et murmura :

« J'ai ma réponse. »

Il n'était pas aussi obtus qu'elle le croyait. Elle n'avait jamais pris le temps de discuter avec lui. Elle ne le connaissait pas.

« Pas besoin de toi pour préparer mes affaires, reprit-il en se dirigeant vers le couloir. Je pars aujourd'hui et ne reviendrai pas. »

Elle ne tenta pas de le retenir. La vie l'avait pétrifiée. Elle se contenta de demander, d'une voix forte :

« Tu n'as pas besoin d'argent ?

— Garde-le, ton fric. »

Son sac sur l'épaule, Jason erra dans les rues de Marseille une grande partie du jour, ruminant ses pensées. Une odeur piquante de gasoil, de gaz et de pourriture flânait dans la ville. Il croisa, entre le boulevard de la Libération et la Canebière, un imposant cortège de femmes et d'hommes brandissant des panneaux et des banderoles qui se dirigeait vers le Vieux-Port. Les slogans tracés à la peinture rouge ou noire proclamaient : *Nos enfants nous appartiennent, Touche pas à mon gosse, Loi d'Isaac loi scélérate, ONU bourreau d'enfants*.

Le regard d'une manifestante d'une vingtaine d'années au visage rond et frais croisa le sien. Sa chevelure noire et bouclée débordait de chaque côté d'un bandana coloré. Il lut dans son sourire une forme d'invitation et s'approcha d'elle. Sur la pancarte qu'elle portait, s'affichait, écrit en lettres maladroites : *ONU = Baal.*

« Ça veut dire quoi, Baal ? »

Elle le fixa d'un air surpris avant de répondre :

« Tu ne lis pas les journaux ? »

Il secoua la tête, dépité, conscient que la conversation ne s'engageait pas sous les meilleurs auspices.

« Baal est un dieu antique à qui les Carthaginois et les Phéniciens sacrifiaient des enfants. »

Il s'abstint de lui demander qui étaient les Carthaginois et les Phéniciens.

« Pourquoi tu parles de sacrifice ? objecta-t-il. Il s'agit seulement de combattre les dames blanches, et on n'a pas trouvé d'autre moyen que les enfants kamikazes. »

Les sourcils de la jeune femme se froncèrent.

« Tu dis ça parce que tu n'as pas d'enfant.

— Tu en as, toi ?

— Pas encore. Mais je compte bien en avoir, et je n'ai pas envie qu'on vienne m'en arracher un pour lui enfiler une ceinture de bombes autour du ventre.

— C'est ton devoir, non ? »

Il perçut dans ses yeux la même expression fugace de mépris que dans ceux de sa mère quelques heures plus tôt.

« Mon devoir est de protéger l'innocent, pas de l'envoyer à la mort.

— Tu préfères que les dames blanches nous éliminent tous ? »

Elle s'écarta avec vivacité, comme elle se serait éloignée d'un serpent venimeux. « On dirait un porte-parole de l'ONU ! »

Il ne comprenait pas pourquoi ces mots résonnaient comme une insulte. L'ONU, lui semblait-il, était le seul rempart contre la prolifération des envahisseuses de l'espace.

« Tu n'as pas répondu à ma question.

— Je préfère être éliminée avec l'ensemble de l'humanité plutôt que de participer à une abomination.

— Pourquoi les gens n'ont-ils pas manifesté quand on envoyait les orphelins à la mort ? »

Elle souffla et haussa les épaules avec une lassitude appuyée. Derrière elle, les manifestants continuaient de défiler en scandant des slogans hostiles à l'ONU et au gouvernement français. Le ciel s'assombrissait, la nuit s'avançait sournoisement entre les immeubles.

« Tu vis sur quelle planète ? Partout dans le monde, quelle que soit leur religion, quelles que soient leurs convictions, des gens courageux ont protesté contre le recours systématique aux orphelins kamikazes. Ils ont été réduits au silence par l'armée et la police, parfois avec une extrême violence. » Elle tendit le bras en direction de la queue du cortège. « Les keufs attendent que nous soyons coincés contre le Vieux-Port. Ils vont bientôt débouler. Ils ne nous feront aucun cadeau.

— Tu as encore le temps de te barrer…

— Et leur donner raison ? Hors de question. Ils ne nous pousseront pas malgré nous à la barbarie.

— Tu t'appelles comment ? »

Elle reprit sa place dans le cortège.

« Pourquoi ? Tu comptes me revoir ? »

Sa moue dédaigneuse ne l'empêchait pas d'être jolie.

« On sait jamais. Moi, c'est Jason. »

Le sourire retrouvé de la jeune femme découpa une fenêtre de gaîté en bas de son visage.

« Nous avons au moins un point commun : la mythologie grecque. Je m'appelle Iphigénie. »

Le flot des manifestants la happa.

Il remonta d'un bon pas le boulevard de la Libération jusqu'à l'avenue des Chartreux, pressé désormais de se rendre à Toulon et de commencer sa formation.

Achille

Nous en recensons deux millions cinq cent mille. Peut-être plus, certaines occupant des endroits inaccessibles. Leur activité magnétique, qui s'intensifie, brouille désormais nos réseaux électriques et téléphoniques, et interdit tout recours à l'électronique, à l'informatique. Nous connaissons par conséquent une régression technologique sans précédent. Il nous faut d'urgence trouver d'autres moyens de communication, chercher peut-être du côté de l'ADN synthétique et de ses fantastiques possibilités. Les formes de vie exobiologiques auxquelles nous faisons face, et que les populations du monde entier surnomment communément les dames blanches, nous tiennent pour le moment en échec. Cependant, les nouveaux explosifs testés par les pédokazes laissent entrevoir des lendemains prometteurs. Quelques-unes des dames blanches ont semblé sérieusement ébranlées par les déflagrations. Elles se sont réduites des deux tiers et ont, pendant plusieurs semaines, présenté une teinte gris foncé qu'on n'avait jusqu'alors jamais observée. Nous devons donc continuer dans cette voie. Continuer d'appliquer la loi d'Isaac, aussi terrible qu'elle puisse paraître, poursuivre et intensifier le recrutement des enfants. Nous n'avons pas d'autre soldat à opposer aux envahisseuses qui nous poussent avec machiavélisme vers notre extinction. Nous devons taire nos dissensions, nos différences, pour avancer dans l'union. Les autorités des principales religions, chrétienne, juive, musulmane, hindouiste, bouddhiste, nous soutiennent officiellement dans notre lutte…

Basile cessa sa lecture, soupira, reposa le journal sur son bureau et remonta ses lunettes sur son front.

« Le reste est du même tonneau, ajouta-t-il d'un air las. Notre président n'a pas beaucoup d'imagination. C'est un perroquet qui se contente de répéter presque mot pour mot le discours du secrétaire de l'ONU. Il y aura bien quelques protestations, mais la population ne se soulèvera pas en masse contre la loi d'Isaac. Les rares émeutes qui éclatent dans toutes les régions du monde sont de simples soubresauts de désespoir. Des réactions d'insectes prisonniers d'un bocal. »

Debout contre la fenêtre, Camille gardait les yeux rivés sur la F1674. Après son brusque gonflement sept mois plus tôt, elle était restée inerte, et on aurait pu la croire morte, ou de nature minérale, si on ne continuait pas de percevoir ses vibrations et les ondes de chaleur qu'elles provoquaient dans le cerveau et le corps. L'expérience de Mario Götze avait tourné court. Ils avaient retrouvé l'Allemand derrière la dame blanche, entier, vivant et à demi nu. La bulle ne l'avait pas absorbé, sa dilatation l'avait simplement poussé sur une cinquantaine de mètres en lui arrachant une partie de ses vêtements. La matière blanche avait refusé de s'ouvrir et l'avait déplacé à la façon d'un bulldozer. Elle faisait la différence entre les organismes humains et les structures végétales ou minérales ; la différence, également, entre les êtres humains de plus et de moins de quatre ans, une discrimination qui montrait une intelligence évoluée.

L'épicier s'était offert de reconduire un Mario mortifié à la gare de Millau. Camille, elle, n'avait pas voulu retrouver l'atmosphère sombre de la ville pelotonnée sous son célèbre viaduc et avait exprimé le désir de rester dans le silence du causse, près de Basile, une décision qui avait enchanté l'ufologue.

Elle se réjouissait du retour du printemps après un hiver long et rude.

« Que pouvons-nous faire ? murmura-t-elle.

— Continuer. Jusqu'au bout. Quoi que prétendent les autorités, les dames blanches ne sont pas détruites par les pédokazes.

— J'ai une sainte horreur de ce mot ! coupa Camille.

— L'horreur vient de la fonction, pas du mot. Elles sont seulement rétractées, comme des animaux blessés, et se régénèrent au bout d'un certain temps. Nous devons encore essayer d'entrer en contact avec elles, de mettre fin à cette folie. »

Le souvenir de Nathan effleura Camille, une sensation comparable à une brise douce et parfumée. Elle se demanda ce qu'étaient devenues Élodie, la jeune femme des Deux-Sèvres qu'elle avait autrefois interrogée, Claire Sorza et Hayet Mehid dont elle était sans nouvelles depuis longtemps. Le temps, cet autre avaleur d'enfants, la digérait lentement.

« La peur pousse à l'aberration. » Elle détourna les yeux de la dame blanche, admettant une nouvelle fois qu'elle ne réussirait pas à transpercer du regard la matière lisse et blanche. « Nous nous sommes toujours inventé des ennemis pour justifier nos comportements absurdes… »

Un grondement de moteur l'interrompit.

« Tu attendais quelqu'un ? demanda Basile.

— Personne, et toi ? »

Des coups répétés ébranlèrent la porte. Basile se rendit dans le hall d'entrée, suivi de Camille. Quatre jeunes gens vêtus d'uniformes bleus, équipés de fusil d'assaut et coiffés de casques également bleus, se tenaient dans la cour gravillonnée.

« Nous sommes chargés du recensement », déclara l'un d'eux.

Les barrettes sombres qu'il portait sur l'épaule et les lettres ONU-F brodées sur sa poitrine semblaient indiquer qu'il occupait la fonction d'officier. Un peu plus loin, la voiture de la milice, un imposant 4x4 de couleur bleue équipé d'un gyrophare, portait également sur le capot et les portières le sigle doré de l'ONU.

« Nos brigades quadrillent le secteur de Millau. Voudriez-vous répondre à quelques questions ?

— Et si nous refusons ? lança Basile.

— Vous n'avez pas le choix. Nous sommes autorisés à nous servir de la force au besoin.

— En ce cas… »

Basile se recula pour l'inviter à entrer. L'un des jeunes gens l'accompagna à l'intérieur tandis que les deux autres inspectaient les alentours de la maison. Ils s'installèrent de chaque côté de la grande table de la salle à manger. L'officier sortit un formulaire d'une poche de son uniforme et la déplia soigneusement sur la nappe.

« Comme les ordinateurs ne fonctionnent plus, on est revenu à la bonne vieille méthode de la feuille et du crayon. Les fiches que nous remplissons seront centralisées au ministère de l'Intérieur et confiées aux services du contrôle, qui nous fourniront ensuite nos feuilles de route.

— Le système a l'air bien organisé. »

La réflexion de Camille lui valut un regard torve de l'officier. Ni ses barrettes, ni son casque, ni son arme ne suffisaient à lui donner la prestance et l'autorité d'un chef.

« Il se met en place, madame. J'ai besoin de vos noms, prénoms et dates de naissance. »

Ils déclinèrent leur identité. L'officier remplissait les cases du formulaire d'une écriture appliquée, parfois hésitante.

« Personne d'autre dans la maison ?

— Nous ne sommes que deux. »

Basile parlait avec placidité, s'efforçant de garder son calme pour éviter tout débordement et mettre le plus rapidement possible fin à l'entretien. Les visiteurs, jeunes et conditionnés, sauteraient sur le moindre prétexte pour démontrer leur autorité et se servir au besoin de leurs armes.

« Pas de famille ?

— Mes parents sont morts. J'ai encore deux sœurs du côté de Toulouse.

— Pas d'enfant ?

— Pas que je sache ! »

Le trait d'humour de Basile laissa l'officier de glace.

« Et vous madame ?

— Une fille à Paris.

— Elle a des enfants ?

— Je suppose que vos collègues de Paris lui ont rendu ou lui rendront visite. »

L'officier releva la tête pour la dévisager à nouveau d'un air menaçant.

« Sans doute. Mais nous avons pour consigne de croiser nos renseignements. Je répète, a-t-elle des enfants ?

— Un à ma connaissance.

— Son adresse ? »

Camille perçut de la désapprobation dans le regard de Basile. Consciente elle aussi qu'elle n'avait pas intérêt à provoquer le courroux de leur interlocuteur, elle rencontrait les pires difficultés à se maîtriser : l'arrogance des jeunes coqs assis en face d'elle dans leurs uniformes flambant neufs lui lacérait les nerfs.

« Elle a déménagé, je ne connais pas sa nouvelle adresse. »

Même si elle s'était appliquée à répondre d'un ton neutre, sa voix vibrait de colère contenue.

« Son nom ?

— Catel Grosjean. À moins qu'elle porte maintenant le nom de son mari.

— Comment écrivez-vous Catel ?

— C.A.T.E.L. Et vous, comment vous appelez-vous, jeune homme ? »

L'officier finit d'écrire et promena ses yeux clairs sur ses vis-à-vis avec une lenteur calculée.

« Je dois vous avertir que nous sommes en temps de guerre et que toute fausse déclaration est passible d'une lourde peine de prison.

— Vous pouvez fouiller la maison ou nous ouvrir le cerveau, vous ne trouverez rien d'autre », répliqua Camille.

L'exaspération de l'officier se traduisit par un soupir bruyant et une crispation des mâchoires. Basile adressa un regard à la fois péremptoire et implorant à Camille. Ils avaient autre chose à faire que provoquer ces petits miliciens gonflés d'arrogance.

L'officier tendit le bras vers la fenêtre qui donnait sur le causse.

« Ça fait longtemps qu'elle est là ?

— La F1674 ? Une quinzaine d'années, répondit Basile, saisissant l'opportunité de détendre l'atmosphère.

— Elle ne vous gêne pas ?

— Pas tant qu'elle n'atteint pas la maison. Heureusement pour nous, elle grandit lentement.

— Espérons pour vous que nous trouverons une solution avant qu'elle n'avale votre domicile. Vous ne devriez sans doute pas rester dans le coin.

— Nous projetons d'acheter des pigeons voyageurs pour rompre notre isolement. »

L'officier hocha la tête avant de se lever et, suivi par son acolyte, de se diriger vers la porte. La main sur la poignée, il se retourna.

« Je ne me suis pas encore présenté : mon nom est Achille Bonchamps. Merci pour votre accueil. Passez une bonne journée. »

Les deux hommes sortirent. Camille rumina un moment ses pensées avant de cracher :

« On se croirait revenu un siècle en arrière ! Ces petits crétins croient avoir le droit de vie et de mort sur leurs concitoyens. Comme la milice au temps de la guerre 39-45.

— Comme tous les jeunes gens qu'on vient d'investir d'un pouvoir légal et d'équiper d'armes. »

Camille glissa une main entre celles de son amant.

« J'ai l'impression que la nuit tombe sur le monde.

— Ça fait un moment : elle m'a déjà noirci la peau ! s'exclama Basile avec un petit rire.

— Tu étais sérieux pour cette histoire de pigeons ?

— Non, mais on devrait peut-être y penser… »

Camille se demanda comment sa fille réagirait lorsque les hommes en bleu sonneraient à sa porte pour lui prendre son enfant. Comment réagiraient toutes les mères. Seraient-elles capables d'étouffer leur amour pour accomplir leur devoir ?

Basile contempla la forme sphérique et imposante de la dame blanche à travers les vitres de la fenêtre.

« Et si elles étaient notre dernier, notre seul espoir ? »

Pelops

Catel avait cherché dans une encyclopédie mythologique le nom de son troisième enfant, celui qu'elle avait déclaré comme pédokaze, ou isaac, à l'administration du prélèvement. Ulysse, l'aîné, avait passé l'âge du soulagement depuis deux mois et Diane, la cadette, allait sur ses deux ans. Elle venait tout juste de naître lorsque la brigade avait fait irruption dans leur appartement du 18e arrondissement. Catel avait âprement négocié l'exemption de sa fille en signant une déclaration où elle s'engageait à concevoir dans l'année un nouvel enfant qui, lui, serait confié aux services du recrutement quel que soit son sexe. Raphaël avait approuvé le choix du prénom de leur benjamin : Pelops, le fils de Tantale servi en ragoût par son père aux dieux de l'Olympe.

Elle s'appliquait à ne pas s'attacher à lui et l'élevait comme un animal promis à l'abattoir, ne lui donnait pas le sein comme aux deux autres, se contentait de le gaver de l'un de ces laits en poudre de mauvaise qualité qui s'étaient multipliés trois ans plus tôt dans les rayons des supermarchés, baptisés par les fabricants « laits de remplacement » ou « laits de renoncement », en clair un aliment bon marché destiné aux pédokazes. Elle ne prenait jamais Pelops dans ses bras, elle le laissait mariner dans ses couches jusqu'à ce qu'elles débordent, elle le lavait, quand l'odeur devenait trop forte, avec la pomme de douche en évitant de le toucher, elle saupoudrait rapidement de talc ses fesses et ses cuisses irritées, elle le laissait de longues heures dans son lit entre les quatre repas quotidiens, elle n'intervenait pas la nuit lorsqu'il pleurait à fendre l'âme, elle interdisait à ses deux aînés de lui rendre visite dans le réduit aménagé en chambre. Elle regrettait amèrement que leurs moyens ne leur permettent pas d'engager une nourrice à temps plein pour s'occuper de lui jusqu'à ses trois ans. Si le coût de la vie avait considérablement augmenté, les salaires de la Poste n'avaient pas évolué, et sa direction lui avait imposé un congé maternel de trois ans. Le gouvernement avait décrété une loi obligeant l'un des parents à rester à la maison pour veiller sur l'enfant déclaré jusqu'au jour de son recrutement. Les EEDI, les entreprises d'élevage des isaacs, avaient proliféré, proposant aux familles une prise en charge totale de leur pédokaze jusqu'à ses trois ans, une livraison directe à l'administration concernée et un certificat de conformité. Mais, ce service étant, là encore, réservé à une minorité fortunée, la plupart des familles n'avaient pas d'autre choix que de s'occuper elles-mêmes de leur isaac.

Catel reportait toute son affection sur ses deux autres enfants : Ulysse, garçon espiègle et charmeur, Diane, fillette d'une grande vivacité qui ressemblait de façon troublante à sa grand-mère. Elle les étouffait de caresses, de baisers, d'attentions de toutes sortes. Elle leur enseignait elle-même les rudiments de la lecture et de l'écriture. Ulysse rejoindrait l'école publique à la prochaine rentrée scolaire, mais Diane resterait enfermée dans l'appartement jusqu'à l'âge du soulagement – bien qu'aucune dame blanche ne fût signalée dans les environs. À la fillette qui demandait régulièrement à sortir, Catel expliquait avec patience que l'extérieur restait dangereux pour une enfant de son âge. Elle n'avait la permission que de prendre l'air de temps en temps sur le balcon de douze mètres carrés, ceint d'une imposante balustrade de verre et agrémenté de quelques plantes vertes.

Raphaël ne s'intéressait pas non plus à Pelops. Il n'avait aucune raison d'approcher son fils, laissant à Catel les corvées de gavage et de nettoyage. Il n'en parlait jamais, comme s'il l'avait rayé de sa mémoire avant même sa disparition. Il rentrait le soir de plus en plus tard, les bras chargés des sacs de courses, les yeux brillants, l'haleine empestant l'alcool, dînait sans proférer un son, emmuré dans son silence, passait un peu de temps avec les deux aînés tout en buvant son premier whisky de la soirée, lisait les journaux du jour après leur coucher, ingurgitait encore trois ou quatre whiskies avant de se rendre dans la chambre, de se déshabiller, de se glisser dans les draps sans se brosser les dents et de s'endormir presque aussitôt comme une bûche. Il ne touchait plus Catel, comme si elle était devenue repoussante après son dernier accouchement. Soit, la peau de son ventre s'était distendue, elle s'était épaissie au niveau des cuisses et des fesses, ses seins s'étaient légèrement affaissés, mais, lorsqu'elle se contemplait dans le miroir en pied de la salle de bains, l'ensemble restait acceptable, surtout lorsqu'elle comparait avec certaines de ses amies gagnées par l'obésité à l'orée de leurs quarante ans. Elle ne retrouvait pas non plus chez Raphaël la prestance qui l'avait séduite lors de leur première rencontre. Il s'était empâté et recouvert tout entier d'une ombre grise qui avait pris racine dans ses cheveux. Elle l'avait soupçonné un temps d'entretenir une liaison, puis elle s'était dit que, anesthésié par l'alcool, il n'avait plus les moyens de ses désirs ; on se rassure comme on peut.

Elle n'avait plus de nouvelles de sa mère, qui avait revendu son appartement de Millau pour s'installer sur le causse du Larzac. Elle n'avait reçu aucune réponse aux deux faire-part envoyés à la naissance de Diane et de Pelops. Elle avait pourtant pris soin de les expédier à l'adresse de Basile. Sa mère avait-elle décidé de couper définitivement les ponts ? Si oui, pour quelle raison ? Catel se perdait en conjectures. Elles s'étaient disputées tant de fois – quasiment à chacun de leurs échanges – que leur dernière querelle ne pouvait pas être la cause de la rupture. Avait-elle été victime d'un accident ? Avait-elle contracté une maladie grave ? Catel n'y croyait pas, préférant penser que Basile la tenait sous sa coupe et l'obligeait à trancher les liens avec sa fille. Elle prévoyait de descendre dans le Sud une fois qu'elle aurait remis Pelops aux brigades de recrutement et que Diane aurait atteint l'âge du soulagement. Raphaël avait prévenu qu'il ne l'accompagnerait pas dans ce voyage, se désintéressant d'une belle-mère qui n'avait donné aucun signe de vie à la naissance de ses petits-enfants. Catel devrait donc se débrouiller pour louer une voiture et conduire jusqu'au Larzac pendant qu'il continuerait de travailler pour payer le loyer et les factures.

On frappa à la porte. Deux membres de la brigade de recrutement se tenaient sur le palier, casqués et armés de fusils d'assaut. L'un d'eux s'était déjà présenté quelques jours après la naissance de Diane. Le duvet timide qu'il arborait alors s'était épaissi en une moustache de la même couleur châtain que ses cheveux. Il tira une feuille d'une poche de son uniforme et la lui tendit.

« Bonjour, nous venons vérifier que… euh… vous avez bien mis au monde votre troisième enfant conformément à votre engagement. »

Son accent indiquait qu'il était originaire de l'est de la France, des Vosges peut-être. Elle les invita à entrer et les conduisit dans le réduit où était installé le berceau de Pelops.

« Voyez par vous-même. »

Le brigadier moustachu se pencha pour observer l'enfant.

« Un beau garçon », déclara-t-il, croyant sans doute flatter l'orgueil de la mère.

Le regard de Catel tomba sur le visage de son fils. Elle fut subitement frappée par sa beauté, comme si elle le voyait pour la première fois. Des traits parfaits, des cheveux blonds et bouclés d'angelot, de grands yeux d'un bleu de ciel matinal, une bouille adorable. Une lame glacée la transperça du sommet du crâne au bas-ventre.

« Quelle importance ? murmura-t-elle, au bord des larmes. Pour l'usage que vous comptez en faire. Pourquoi êtes-vous venus ? J'ai accouché à domicile, mais la sage-femme a déclaré sa naissance à l'administration. »

Le brigadier lui décocha un coup d'œil dépourvu d'aménité.

« Nous vérifions aussi sur le terrain pour dénoncer tout manquement à la loi. Les naissances clandestines se multiplient.

— Et si j'avais fait une fausse couche, ou s'il arrivait quelque chose à Pelops, que se passerait-il ?

— Vous n'aurez pas d'ennuis si vous pouvez fournir un certificat médical en bonne et due forme. Si votre fille est encore en âge, nous la récupérerons en remplacement. Si elle a dépassé l'âge, vous devrez vous engager à fournir un nouvel isaac. Et si vous ne pouvez plus faire d'enfant, vous serez soumise à un impôt spécial de solidarité. »

Elle posa la main sur la tête de Diane qui, profitant de l'intrusion des brigadiers et de la porte restée entrouverte, s'était glissée en catimini dans le réduit baigné d'une semi-obscurité. Ce frère qu'on lui interdisait de voir suscitait en elle une curiosité dévorante, irrésistible. Catel frémit à l'idée qu'on puisse lui enlever sa fille et raffermit sa détermination. Non, Pelops n'était pas adorable, ni même beau, il n'était qu'un pédokaze, un organisme destiné à être pulvérisé dans le ventre d'une dame blanche. Il fallait seulement veiller à ce qu'il atteigne sans encombre l'âge de trois ans.

« Il a l'air en pleine forme, ajouta le brigadier avec un sourire hideux. Pelops, c'est un drôle de prénom…

— C'est celui qui m'est venu. » Catel ne tenait pas à se lancer dans une explication détaillée qui aurait pour seul résultat de réveiller sa culpabilité. « Ça vient de la mythologie grecque… »

Son interlocuteur hocha la tête avant de remettre en place son casque un peu trop grand pour lui.

« Y en a de plus en plus, de ces prénoms grecs. On va s'en aller. Merci beaucoup de votre collaboration, madame. »

Catel ne les raccompagna pas, elle resta immobile près du berceau, pétrifiée, serrant contre ses jambes le visage de Diane. Elle se rendit compte au bout d'un moment que des larmes roulaient sur ses joues.

« Nous pourrions partir, nous planquer quelque part. »

La fourchette de Raphaël se suspendit entre son assiette et sa bouche. Il leva sur Catel un regard stupéfait.

« Pourquoi ?

— Pour… échapper à la loi d'Isaac. »

La stupeur se changea en réprobation dans les yeux de Raphaël.

« Pourquoi veux-tu lui échapper ? »

Elle mâcha distraitement son blanc de poulet sans répondre. Il vida d'une traite son verre de vin et le remplit aussitôt d'une main légèrement tremblante.

« La brigade est passée aujourd'hui. Je n'ai pas envie de confier Pelops à ces hommes. »

Ulysse et Diane avaient fini de dîner depuis plus d'une heure et attendaient dans leur chambre que leur père vienne les embrasser.

« Il ne s'agit pas d'en avoir envie ou pas, c'est la loi », affirma-t-il. L'alcool rendait son élocution incertaine, pâteuse. « Nous nous sommes engagés à leur donner Pelops, c'est même la cause de son prénom, et nous le ferons.

— On peut en discuter, non ?

— Tu sais ce qu'on risque ? Les familles qui se sont opposées aux brigades se sont retrouvées en tôle et leurs enfants expédiés dans des centres d'éducation. Je croyais que tu n'avais aucune affection pour Pelops.

— Je n'en ai toujours pas. Ils m'ont fait penser à des marchands venant examiner une bête promise à la boucherie.

— C'est ce qu'il est, coupa Raphaël. Les bouchers ne s'attachent pas aux bêtes qu'ils tuent. »

Le regard de Catel tomba sur la lame de son couteau.

« Nous sommes les bouchers. »

Raphaël balaya l'argument d'un revers de main qui faillit renverser la bouteille de vin.

« Nous n'avons pas d'autre alternative, nous sommes en guerre. Les dames blanches sont en train de nous exterminer.

— Elles n'ont pas d'armes. »

Il vida son verre, ses yeux s'injectèrent de sang.

« Leur activité magnétique bousille toute notre technologie. Elle finira par nous rendre fous.

— Plains-toi. Ça t'a permis de trouver du travail et de faire ton trou à la Poste. Et puis, nous n'avons pas eu besoin d'elles pour devenir fous. »

Il se leva subitement et lança son bras par-dessus la table. Elle n'eut pas le temps de se dégager, la main de Raphaël se referma comme une pince sur son cou.

« Bon Dieu, qu'est-ce que tu peux ressembler à ta mère, parfois ! rugit-il. Qu'est-ce que tu cherches au juste ? À nous foutre dans la merde ?

— Lai… laisse-moi. »

Les doigts de Raphaël se resserrèrent sur la gorge de Catel. Elle suffoqua, lui agrippa le poignet, mais ne réussit pas à lui faire lâcher prise. La bouteille de vin se renversa, roula sur la table et se fracassa sur le parquet.

« Nous leur remettrons Pelops au moment voulu quoi qu'il arrive, mets-toi bien ça dans le crâne. »

Elle voulut crier qu'elle ne pouvait plus respirer, elle ne parvint qu'à expulser un sinistre gargouillis.

« Nous travaillons pour l'État, tu entends, pour l'État ! » Il hurlait maintenant sans retenue, comme si toutes les frustrations accumulées depuis des années brisaient les digues de sa raison. « Nous devons donner l'exemple. Si nous refusons de leur donner Pelops, notre famille sera réduite à néant. À néant. Tu ne comprends donc pas ça, espèce d'idiote ? »

Les pensées se brouillèrent dans l'esprit de Catel.

« Papa, maman. »

La voix d'Ulysse s'était glissée par effraction dans le silence oppressant, brusquement retombé sur l'appartement. Il se tenait, en compagnie de sa sœur, dans l'encadrement de la porte de leur chambre, tous les deux au bord des larmes. Les doigts de Raphaël relâchèrent aussitôt leur pression. Catel s'affaissa sur sa chaise, cherchant de l'air. Elle attendit que sa respiration se rétablisse pour remettre de l'ordre dans sa tenue, se relever, toujours haletante, se diriger en titubant vers ses enfants, s'accroupir devant eux pour les étreindre et mêler ses larmes aux leurs.

Iphigénie

ALLONGÉ DANS L'HERBE, Jason pressa la crosse de son fusil d'assaut contre sa hanche. La nuit n'était pas encore tombée sur la Petite Camargue. Le mas dressait son ombre pâle et figée de l'autre côté des panaches spumescents et frissonnants des roseaux. Des chevaux broutaient dans le champ voisin, levant de temps à autre la tête comme s'ils craignaient l'irruption d'une harde de prédateurs.

Sur l'ordre du commandant, le détachement de la brigade Arès, constitué d'une trentaine d'éléments, s'était déployé autour de la bâtisse. Les cris d'oiseaux brisaient le silence bercé par le friselis des herbes et des buissons. Au loin, on devinait la forme claire d'une dame blanche, gigantesque lune échouée dans le marécage.

Jason frissonna, survolté par l'imminence de l'offensive. C'était sa première opération sur le terrain depuis son engagement dans les services du recrutement. Après trois années consacrées au recensement et au contrôle des pédokazes, il s'était porté volontaire pour intégrer la brigade d'intervention Arès chargée de la répression contre les dissidents qui tentaient de se soustraire à la loi d'Isaac. Une formation militaire intensive de deux mois l'avait familiarisé avec le maniement des armes – il n'avait pas eu l'occasion de s'en servir aux cours des trois premières années –, avec les différentes tactiques employées pour débusquer les rebelles en milieu urbain ou rural. Après avoir passé les tests avec succès, il avait intégré une véritable famille en rejoignant un petit groupe placé sous les ordres du commandant Persée, à qui il vouait un respect et un amour quasi filiaux. Le patronyme Jason étant classé dans la catégorie des héros, il n'avait pas ressenti le besoin d'en changer, contrairement à ses camarades, lors de son affectation.

Le vent du soir colporta le chuchotement du lieutenant Ajax.

« Tenez-vous prêts. »

Le mas abritait, selon les services du renseignement, un groupe terroriste lourdement armé, une fabrique de faux certificats et une filière d'évasion qui permettait aux dissidents de partir pour une autre région et recommencer une nouvelle vie. Tandis que s'allumaient les premières étoiles, la nuit tombante soufflait comme un éteignoir les stries rougeâtres qui agonisaient dans le ciel assombri.

En troquant l'uniforme bleu pour le treillis brun et vert, Jason avait l'impression d'être devenu un homme important. Il aurait aimé que sa mère sache qu'il appartenait désormais à un corps d'élite au service de la nation, il aurait aimé contempler la fierté dans ses yeux. Le mépris qu'il y avait entrevu lors de leur dernière rencontre continuait de le hanter, de le ronger comme un acide. Son orgueil lui avait interdit de renouer le contact avec elle. L'ombre de Léo, le frère inconnu qui s'était changé en géant à l'âge de trois ans, avait dressé entre eux une barrière infranchissable. Il ne savait même pas si elle était toujours vivante. Il avait beau tenter de toutes ses forces de se déprendre de son souvenir, elle s'invitait sans cesse dans ses pensées. Il avait bien approché quelques jeunes filles de sa promotion, mais aucune d'elles n'avait accepté d'aller au-delà des promenades main dans la main dans les allées du centre de formation.

Trois éclats lumineux perforèrent l'obscurité.

« Le signal. On y va. »

Les six hommes du petit groupe armèrent leurs fusils d'assaut. Jason ne ressentit aucune appréhension, rassuré par son gilet pare-balles, son casque et la présence à ses côtés de ses camarades. Ils progressèrent vers le mas, respectant entre eux des intervalles d'une dizaine de mètres. Le battement d'ailes d'un oiseau, un héron peut-être, blessa le silence et précéda de quelques secondes un premier coup de feu. Une balle siffla entre Jason et son collègue le plus proche et frappa le sol en soulevant une petite gerbe de terre.

« On fonce ! » glapit Ajax.

Joignant le geste à la parole, le lieutenant accéléra l'allure et parcourut au pas de course les cinquante mètres jusqu'à la première construction, une grange au toit en partie effondré.

Les tirs se multipliaient. Un cri retentit, suivi d'un bruit de chute. Jason parvint à se planquer derrière un tas de gravats en compagnie de Minos. Des détonations plus lointaines et nourries indiquaient que les terroristes tiraient sur les autres groupes de la brigade répartis autour des bâtiments.

« On y va ! »

Ils foncèrent à nouveau vers la maison principale dont ils avaient étudié les environs et les accès avant l'opération. Les balles crépitaient autour d'eux, une odeur de poudre se répandait dans l'air tiède. Ajax se plaqua contre le mur entre deux fenêtres occultées par des volets en bois. Ses hommes opérèrent la jonction quelques secondes plus tard.

« Tout le monde est là ?

— Énée a été touché, répondit une voix.

— Jason, Minos, occupez-vous du premier étage. Hector, Thésée, avec moi à la porte principale du rez-de-chaussée. »

Jason et Minos se dirigèrent aussitôt vers l'escalier tournant de bois. Des crissements les informèrent que des tireurs avaient pris place sur la terrasse du premier étage. Jason gravit les premières marches en s'efforçant de ne pas faire de bruit. Un craquement des lattes sous ses semelles déclencha une grêle de balles qui hacha le bois et l'obligea à se rencogner contre la rampe. Il attendit que les rafales s'interrompent pour repartir, le canon de son arme pointé devant lui. Il pressa la détente en direction d'une ombre se détachant du fond de ténèbres. Un cri lui indiqua qu'il avait touché sa cible.

Un claquement. Un deuxième tireur venait de changer le chargeur de son fusil d'assaut. Jason franchit en deux bonds les dernières marches et se rua sur la terrasse. Il eut le réflexe de rouler sur lui-même lorsqu'il entrevit une silhouette pointant une arme dans sa direction. Les balles miaulèrent sur le béton ciré et percutèrent en bout de course le mur ou la rambarde de fer forgé. Jason se redressa, ouvrit à son tour le feu, vit son adversaire s'affaisser avec un soupir étouffé et se recroqueviller sur le sol, attendit quelques secondes avant de jeter un regard sur les environs, ne discerna aucun autre mouvement.

« Jason ? Ça va ? »

Minos s'approchait de lui, les yeux agrandis par la frayeur. Son visage blême flottait dans la nuit comme un masque funèbre.

« Ils n'étaient que deux, répondit Jason.

— Je… j'aurais dû être avec toi…

— T'inquiète pas. L'assaut n'est pas fini. »

Le cadavre de l'un des deux rebelles était celui d'une femme âgée d'une soixantaine d'années. Une balle lui avait disloqué la moitié du visage, une autre lui avait transpercé le cou. Le deuxième tireur était un homme assez corpulent qui n'avait sans doute pas atteint les trente ans. Le sang imbibait sa chemise criblée d'impacts.

Deux portes donnaient sur la terrasse, fermées elles aussi par des volets de bois. Les armes automatiques continuaient d'aboyer alentour.

« On fait quoi ? souffla Minos.

— On essaie d'entrer avec ça. »

Jason tira une grenade offensive du compartiment rigide qu'il portait à la ceinture.

« Tu es prêt, cette fois ? »

Minos acquiesça d'un vigoureux coup de tête. Jason dégoupilla la grenade et la fit rouler en direction de l'une des deux portes. Les deux hommes se reculèrent dans l'escalier. La lueur et le vacarme leur donnèrent l'impression que la foudre venait de tomber à quelques mètres d'eux. Ils s'aventurèrent hors de leur abri au bout d'une minute. Une bouche sombre béait au milieu de la fumée dense et piquante qui ensevelissait la façade. Une deuxième explosion se fit entendre en contrebas. Un autre groupe de la brigade tentait à son tour de pénétrer dans la maison.

« On entre… »

Jason avançait sans peur, avec la légèreté d'un courant d'air, se sentant invisible, invincible. Des frémissements couraient dans ses veines, une étrange ivresse se diffusait dans son cerveau et son corps. Prendre la vie de ses ennemis lui semblait incroyablement facile, une pression du doigt, une vibration de la crosse, les cibles s'affaissant un peu plus loin comme des pantins aux fils coupés…

Ils enjambèrent le volet arraché, se placèrent de chaque côté de la béance du mur, comptèrent jusqu'à dix avant de se ruer à l'intérieur de la maison. Aucune lumière ne brillait. Ils baladèrent les rayons de leurs torches sur la grande pièce, une chambre meublée de trois grands lits défaits. Jason crut apercevoir un mouvement entre le lit du fond et le mur. Il s'y rendit en deux bonds, l'index sur la détente de son arme. La lumière crue de sa lampe frappa deux visages terrorisés. Deux enfants de deux ou trois ans.

« Ça va, ce sont… »

Une rafale tirée derrière lui l'interrompit. Les enfants fauchés s'écroulèrent sans un bruit contre le bas du mur.

« Je les ai eus ? » cria Minos.

Jason se contint pour ne pas sauter à la gorge de son camarade.

« Putain, c'étaient des gosses ! »

Minos le rejoignit au pied du lit et braqua sa lampe sur les minuscules cadavres enchevêtrés, ensanglantés.

« Merde, j'ai cru que… »

L'ivresse de Jason se dissipa subitement, un goût d'amertume lui envahit la gorge. Des bruits de pas en provenance du couloir le tirèrent de son hébétude.

« Éteins et couche-toi ! » souffla-t-il à Minos.

Ils se planquèrent derrière un lit. Des détonations, des cris montaient du rez-de-chaussée. Deux ou trois personnes s'engouffrèrent dans la chambre.

« Sarah ? Abel ? » cria une voix féminine.

Jason se releva et alluma de nouveau sa lampe, dont le faisceau emprisonna deux femmes et un adolescent dans l'encadrement de la porte. Ils n'étaient pas armés.

« Bougez pas. Vous êtes en état d'arrestation. »

La lumière de la lampe de Minos vint à son tour se promener sur les visages figés par la surprise et la peur. La respiration de Jason se suspendit lorsqu'il discerna les traits de l'une des femmes. Il se retrouva projeté presque cinq années en arrière dans les rues de Marseille. Un prénom lui revint immédiatement en mémoire : Iphigénie. Il ne l'avait pas oubliée, bien qu'il ne l'eût jamais revue depuis la manifestation contre la loi d'Isaac.

Le regard d'Iphigénie tomba sur les petits cadavres allongés entre le lit et le mur. Ses yeux s'agrandirent d'horreur.

« Sarah ? Abel ? »

Un hurlement jaillit de sa gorge. Elle s'agenouilla, souleva les corps et les étreignit avec un gémissement déchirant.

« Désolé, intervint Jason. Ils ont été tués par erreur. »

L'autre femme, âgée d'une quarantaine d'années, et l'adolescent avaient placé leurs mains devant leurs yeux pour les protéger de la lumière blessante des lampes.

« Vous et les vôtres, vous n'êtes que des assassins, murmura la femme d'une voix tremblante.

— Nous sommes les représentants de la loi. »

Le regard de Jason s'échouait sans cesse sur Iphigénie prostrée, couverte du sang des deux enfants, et son propre cœur saignait.

« Quelle loi ? Celle qui envoie les enfants avec des bombes dans le ventre des dames blanches ?

— Nous essayons de préserver l'espèce humaine. »

Les combats avaient cessé au rez-de-chaussée, les éclats de voix avaient supplanté le staccato des armes. Des bruits de course s'amplifièrent et précédèrent l'irruption d'un sous-officier dans la chambre.

« Situation claire au rez-de-chaussée. Rendez-vous en bas. »

Le groupe terroriste comptait une trentaine d'adultes et une dizaine d'enfants. Douze avaient trouvé la mort au cours de l'assaut, compris les deux enfants tués par Minos. Les brigadiers, qui déploraient de leur côté trois morts et deux blessés, avaient regroupé les survivants dans la pièce principale du rez-de-chaussée. On avait trouvé dans divers recoins du mas la machine destinée à fabriquer les fausses pièces d'identité, les faux certificats, une importante réserve de papier, de tampons, ainsi qu'un arsenal d'armes et de munitions probablement livrées par un réseau clandestin du Moyen-Orient. Le commandant Persée et les quatre lieutenants tenaient un conciliabule dans la cuisine. Le moteur du générateur situé dans une salle latérale ronronnait doucement, emplissant les ampoules nues d'une lumière inconstante. On avait demandé à Iphigénie d'allonger les corps des enfants à côté des dix cadavres d'hommes et de femmes. Elle avait refusé avant qu'un coup de crosse dans les reins ne la contraigne à s'exécuter. Les vêtements ensanglantés, elle avait repris sa place, pâle, défaite, au milieu du groupe tenu en joue par les brigadiers.

Jason avait croisé son regard à plusieurs reprises. Elle ne semblait pas le reconnaître. Bien que la détresse lui creusât le visage et lui assombrît les yeux, bien que le sang collât ses cheveux à son cou, elle lui paraissait aussi belle, aussi désirable que lors de leur première rencontre sur la Canebière. Il se demanda dans quel état elle ressortirait des quinze années de prison qui l'attendaient. À côté de lui, Minos n'en menait pas large. Le commandant Persée avait tiqué lorsqu'on lui avait expliqué ce qui s'était passé dans la chambre du premier étage. On avait un besoin pressant de pédokazes, et la brigade Arès n'avait pas pour vocation de tuer ceux qu'elle venait récupérer.

Le commandant et ses subalternes revinrent dans la grande pièce et se placèrent face aux prisonniers.

« Vous allez être transférés dans le centre de détention provisoire d'Arles, déclara Persée. Puis vous serez acheminés dans les différents établissements pénitentiaires de la région jusqu'à votre comparution devant le tribunal d'exception.

— C'est illégal, protesta un terroriste au premier rang. Vous violez les principes fondamentaux de la Constitution française. »

Le commandant s'approcha de lui, un petit sourire aux lèvres.

« Vous n'avez probablement pas lu le dernier Journal officiel. » Le mutisme de son vis-à-vis équivalant à un acquiescement, il poursuivit : « Le gouvernement prolonge jusqu'à nouvel ordre les lois d'exception promulguées pour lutter contre les dames blanches. Les lois d'exception interdisent et répriment toute entreprise dont le but est d'entraver l'action du gouvernement. Vous serez jugés pour actes de terrorisme.

— Vous appelez terrorisme ce que nous nommons résistance et considérons comme notre devoir », insista l'homme, un grand gaillard brun aux vêtements en partie lacérés.

Jason surprit le regard adressé par Iphigénie à l'interlocuteur de Persée, un regard intense, brûlant. Il en déduisit qu'un lien intime unissait ces deux-là et un vent mauvais se leva en lui. Il se consola en se disant qu'avec un peu de chance l'homme serait condamné à la peine capitale tandis qu'elle croupirait de longues années dans une cellule insalubre.

« Gardez vos arguments pour le juge, lança Persée. Notre rôle se borne à vous arrêter.

— Qu'allez-vous faire de nos morts ?

— Des employés passeront demain les récupérer et les ensevelir dans une fosse commune. »

Ils entassèrent les prisonniers dans les deux camions bâchés sous la surveillance de plusieurs brigadiers. Jason se débrouilla pour grimper dans le véhicule où avait pris place Iphigénie. Il constata avec une joie malvenue que le grand gaillard brun montait dans l'autre camion. Une prisonnière le séparait de la jeune femme sur le banc de bois. Il se surprit à contempler sa poitrine sous son chemisier assombri par le sang. Un désir brutal lui irradia le bas-ventre. Il n'avait connu qu'une femme, une prostituée de Toulon qui lui avait enseigné en quelques minutes les rudiments de l'amour charnel. Il ne se souvenait pas d'elle, pas de son visage en tout cas, juste de son fantôme, de son parfum également, un mélange de senteurs capiteuses et de musc, de l'éblouissement fulgurant, violent, de son propre plaisir, et puis de son hébétude.

Le camion s'ébranla en direction d'Arles sous le ciel éclaboussé d'étoiles et roula sur un mauvais chemin avant d'atteindre la route. Au bout d'une vingtaine de minutes, la voisine de Jason se leva et s'assit un peu plus loin. Iphigénie se rapprocha de lui, le fixa un long moment avant de chuchoter :

« Tu te souviens de moi ? »

Il acquiesça d'un abaissement des paupières. Elle répandait une forte odeur de sang séché. Une odeur de boucherie. Les larmes avaient rougi ses yeux.

« Iphigénie, souffla-t-il.

— Pourquoi ne m'as-tu pas tuée, Jason ? »

Il s'assura que les autres brigadiers ne leur portaient aucune attention.

« Tu ne mettais pas ma vie en danger.

— Et mes enfants, ils mettaient ta vie en danger ? »

Elle avait expulsé ces mots avec une violence qu'elle n'était pas parvenue à contenir, tirant de leur somnolence quelques membres de la brigade.

« Nous ne pouvions pas savoir que c'étaient tes enfants.

— Sarah et Abel, des jumeaux.

— Leur père était un membre de votre groupe ? »

Elle ne répondit pas, il n'insista pas, il n'avait pas réellement envie de le savoir.

« Une erreur, reprit-il. Mon collègue a perdu ses nerfs. »

Elle lui saisit le poignet et le serra avec une telle force que ses ongles se plantèrent dans la peau.

« Des adorateurs de Baal, voilà ce que vous êtes devenus. »

Il aperçut la courbe de son sein par l'échancrure empoissée de sang de son chemisier, et une lame de désir, à nouveau, le transperça. Elle se leva brusquement et se précipita vers l'arrière du camion. Personne n'eut le temps de s'interposer lorsqu'elle enjamba le hayon et se jeta dans le vide.

« Putain. »

Elle tomba et roula sur la route. Jason ne put empêcher Ménélas, posté au bout du banc, de pointer sur elle son fusil d'assaut et de la cribler de balles.

Enzo

CATEL disposait d'environ deux heures pour préparer son voyage. Raphaël était sorti de l'appartement comme d'habitude à 7 h 30. Elle ne lui avait pas parlé de son projet, estimant qu'il valait mieux pour elle et pour les enfants qu'il ne fût pas au courant. Il persistait à cautionner la loi d'Isaac tandis qu'elle n'acceptait plus l'idée de confier Pelops aux brigades de recrutement. Leur vie commune s'était limitée ces derniers temps à une poignée de banalités échangées pendant les repas. Elle ne supportait pas ses ronflements amplifiés par l'abus d'alcool. Elle se recroquevillait sur un côté du grand lit conjugal en évitant soigneusement de l'effleurer. Le dégoût qu'elle éprouvait pour lui ne cessait d'augmenter, lent poison se distillant peu à peu dans chaque parcelle de son corps.

Après le petit-déjeuner des aînés, elle entassa rapidement les affaires et les bouteilles d'eau dans les deux valises, donna son biberon à Pelops qui s'impatientait, puis elle les doucha tous les trois et les habilla. Aux incessantes questions d'Ulysse et de Diane, elle répondit qu'ils partaient pour un long voyage, qu'ils devraient se montrer patients et gentils parce que maman serait seule pour conduire la voiture et s'occuper d'eux. Elle espéra qu'elle avait prévu suffisamment d'argent pour la location de la voiture, l'essence, les péages, l'hôtel et les repas. Elle était parvenue à détourner un peu plus de deux mille euros de leur compte bancaire sans que Raphaël, pourtant soupçonneux et avare, ne s'en rende compte.

Une inconnue subsistait : sa mère avait-elle reçu le courrier qu'elle lui avait envoyé quelques semaines plus tôt ? Elle lui fixait rendez-vous le 11 mai en fin de journée à l'agence de location de la ville de Millau où elle avait prévu de rendre la voiture. Elle avait demandé à Camille de ne pas lui répondre. Hors de question que Raphaël tombe par hasard sur la lettre et soit informé de sa destination – persuadé que Catel était fâchée à mort avec sa mère, il ne songerait peut-être pas à orienter les recherches vers le Larzac.

Elle descendit par l'ascenseur à 9 h 45 en installant Pelops dans le porte-bébé et en traînant derrière elle les deux valises et les deux aînés. Par chance, elle n'avait à parcourir qu'une cinquantaine de mètres sur le trottoir du boulevard jusqu'à l'agence de location. Elle avait réservé la voiture une semaine plus tôt, la moins chère du parc, une petite Tata fonctionnant au diesel et au gaz. Le soleil encore bas dans le ciel dispensait déjà sur Paris une chaleur accablante. Les températures ne cessaient de grimper d'une année à l'autre. Un bus passa devant eux en rejetant une épaisse fumée noire. Diane serrait contre elle son doudou, un ourson grisâtre et informe, tandis qu'Ulysse lançait des regards inquiets tout autour de lui.

Le préposé de l'agence lui fit signer les papiers et vérifia en sa compagnie l'état de la voiture avant de lui remettre la clef de contact. L'air avec lequel il examina Pelops dans le porte-bébé parut soupçonneux à Catel.

« Vous partez pour longtemps ? demanda-t-il.

— Quelque temps…

— Millau, c'est pas la porte à côté ! »

Tandis qu'Ulysse et Diane s'asseyaient sur la banquette arrière, elle rangea les valises dans le minuscule coffre et installa Pelops dans le siège enfant placé à côté du conducteur.

« Bah, c'est l'affaire de deux jours. »

Il remonta la mèche lui tombant sur les yeux d'un revers de main et lui adressa un sourire aussi large que faux.

« Il ne me reste plus qu'à vous souhaiter bon voyage en espérant que vous serez satisfaite de nos services. »

Il fallut presque une heure à Catel pour franchir la porte de la Chapelle et gagner le périphérique, lui-même bloqué par un gigantesque embouteillage.

« Pipi, maman », geignit Diane.

Le voyage commençait bien.

Elle n'effectua la première pause qu'après avoir franchi le péage de Saint-Arnoult et s'être engagée sur l'autoroute d'Orléans. Diane avait fait pipi depuis longtemps dans sa culotte. Catel s'aperçut alors avec effroi qu'une dame blanche se dressait à moins de cinq cents mètres de la station dans laquelle elle s'était arrêtée. Elle prit la main de Diane et ne la relâcha que pour laver et changer la fillette dans la pièce munie de douches réservée à la toilette des enfants. Assis sur un banc aux couleurs vives, Ulysse surveillait son petit frère calé contre des coussins. Âgé maintenant de huit mois, Pelops ne manifestait pas la moindre velléité de mouvement. Il ne tentait pas de se tenir debout ni de ramper, contrairement aux deux autres, comme s'il avait pris du retard dans son évolution. Portant Pelops et tenant Diane par la main, Catel acheta des sandwiches et des viennoiseries industriels à la boutique et reprit la route sous une chaleur de plus en plus torride. La climatisation de la voiture ne fonctionnant pas, elle dut baisser les vitres pour générer un courant d'air permanent. La circulation devint fluide à partir d'Orléans, mais seize heures avaient déjà sonné et il restait encore beaucoup de route jusqu'à Clermont-Ferrand où elle avait prévu de faire étape. Elle entrevit plusieurs dames blanches réparties dans les champs environnants comme des menaces silencieuses. Catel n'avait pas connu le monde avant les envahisseuses. Elle avait souvent entendu les anciens évoquer le bon temps où la vie se déployait sans entrave, où la technologie connaissait une progression fulgurante et laissait entrevoir des lendemains enchanteurs. Certes, les conflits n'avaient pas épargné l'humanité, certes, une partie de la population avait vécu dans la terreur et la pauvreté, certes, on s'était entretué au nom des religions, pour des frontières ou des gisements d'énergie, mais on avait continué d'avancer, tandis que l'apparition des dames blanches avait donné le coup d'envoi d'une régression inusitée, technologique, sociale, morale.

Peu puissante, la Tata peinait à doubler les files interminables de camions sur l'autoroute. Malgré l'angoisse qui lui nouait le ventre et la fatigue qui lui dégringolait peu à peu sur la nuque, malgré les incessantes chamailleries entre Ulysse et Diane, malgré les hurlements perçants de Pelops, malgré le vacarme assourdissant du moteur, Catel se sentait revivre. Le sang coulait de nouveau dans ses veines, son cœur se remettait à battre, sa peau se gorgeait des effleurements du soleil couchant. Le cauchemar qu'était devenue la vie dans l'appartement étriqué du 18e arrondissement n'était déjà plus qu'un lointain souvenir. Elle prit conscience, en se remémorant le film de son existence, qu'elle avait consacré une grande partie de son énergie au culte de son père, cet homme qu'elle avait idéalisé, malgré les scènes éprouvantes dont elle gardait de vagues réminiscences. Sa mère n'avait répondu que de façon parcimonieuse à ses questions insistantes. Des bribes d'informations piochées çà et là, elle avait retenu que Lucho Herrero, dont elle avait porté le nom avant son mariage, était un artificier chargé de tester les premières explosions sur les dames blanches, un militaire qui avait participé à différents conflits en Afrique et au Moyen-Orient et était tombé dans l'alcool après la dissolution de son unité. En mettant fin à ses jours après la disparition de Nathan, il avait creusé en elle un vide que ni la guerre incessante contre sa mère ni ses amours n'étaient parvenues à combler.

Au crépuscule, alors qu'elle venait à peine de dépasser Bourges, une haie de plots lumineux réduisit les deux voies de l'autoroute à une seule et entraîna un brusque ralentissement, obligeant les véhicules à rouler au pas devant un imposant cordon de soldats en uniforme bleu. Elle s'appliqua à ne pas les regarder pour éviter d'attirer l'attention sur elle. Peine perdue : un homme agita un bâton blanc pour lui ordonner de se garer sur le bas-côté.

Le visage encore poupin du brigadier se découpa dans l'encadrement de la vitre ouverte. Ses yeux noirs inspectèrent l'intérieur de la voiture, se posant de longues secondes sur les enfants.

« Où allez-vous ? »

Sa voix fêlée semblait indiquer qu'il n'avait pas encore mué.

« Dans le Sud.

— Où plus précisément ?

— Du côté de Montpellier.

— Pour quelle raison ?
— Visite à ma mère. »
Il hocha la tête d'un air peu convaincu.
« Quel âge ont vos enfants ?
— Cinq ans, trois ans, huit mois pour le dernier.
— Vous avez déclaré l'un d'eux comme pédokaze ? »
Elle hésita un petit moment avant de pointer l'index sur Pelops endormi dans son siège.
« Vous n'auriez pas l'idée saugrenue de le soustraire à la loi d'Isaac ? »
Elle se retint de le traiter de crétin ; il croyait sans doute qu'elle allait se confesser sur le bord de cette autoroute baignée d'obscurité naissante.
« Si vous voulez que je vous le livre en bonne santé à l'âge de ses trois ans, je n'ai pas d'autre choix que de l'emmener avec moi en voyage. »
Elle espéra qu'il n'avait pas discerné les éclats de colère dans sa voix.
« Vous avez le certificat ? »
Elle récupéra le document dans son sac à main et le lui tendit. Il se releva pour l'examiner avec une attention qui lui plissait le front.
« Ne bougez pas, je reviens. »
Il s'éloigna et s'engouffra dans un fourgon.
« Maman, quand est-ce qu'on arrive ? »
Ulysse et Diane avaient dû poser la question une bonne centaine de fois depuis leur départ de Paris.
« Un peu de patience, mes chéris.
— Qu'est-ce qu'il veut, le monsieur ?
— Vérifier que nous sommes en règle.
— C'est quoi, un pédokaze ? »
Catel se mordit la lèvre inférieure pour ne pas libérer les larmes perlant soudain à ses cils. Le brigadier revint et lui rendit le certificat par l'ouverture de la vitre.

« C'est bon. Vous pouvez circuler. »

Elle craignit que ce contrôle ne facilite les poursuites qui seraient bientôt lancées contre elle, mais elle n'envisagea à aucun moment de revenir en arrière et roula sans s'arrêter jusqu'à Clermont-Ferrand. Les enfants dormaient dans la voiture lorsqu'elle s'arrêta dans l'un de ces hôtels anonymes qui proliféraient comme des mauvaises herbes dans les zones commerciales. L'air était un peu plus frais dans le cœur du Massif central. La réceptionniste lui proposa, pour cent cinquante euros, une chambre à deux grands lits avec douche et un plateau dîner froid pour trois. Elle accepta l'offre, épuisée, ravie de ne pas avoir à se préoccuper du repas. Ils mangèrent la nourriture insipide apportée par une femme de service, puis Catel procéda au lavage rituel des enfants, coucha les deux grands dans l'un des lits et coinça Pelops entre deux traversins dans l'autre. Elle le regarda dormir un moment. Elle le trouvait de plus en plus beau, mais elle ne pouvait toujours pas le cajoler, comme si les premiers mois d'indifférence avaient tranché tout lien avec lui. Elle prit à son tour une douche, puis, alors qu'elle s'apprêtait à se coucher, elle se ravisa et se rhabilla, poussée par l'irrésistible besoin de prendre l'air. Elle vérifia que ses enfants dormaient avant de sortir et de fermer la porte à clef, pensant revenir dans les dix minutes.

Elle se rendit d'abord sur la terrasse de l'hôtel, admira un temps le ciel étoilé, puis avisa un bar ouvert de l'autre côté du parking. Elle qui ne buvait presque jamais eut envie d'un verre de vin blanc.

Pas grand monde à l'intérieur du bar : un couple installé sur des banquettes baignées de pénombre et un homme assis sur un haut tabouret devant le comptoir. Elle s'assit à quelques mètres de lui et, après avoir commandé son verre de blanc au barman tellement lugubre qu'il ressemblait à un vampire, elle ne tarda pas à sentir la brûlure d'un regard sur sa joue. Elle vida son verre et sortit son porte-monnaie pour régler les dix euros affichés sur le ticket.

« Je vous l'offre, et vous en offre même un deuxième. »

Son voisin de comptoir s'approcha d'elle. Un bel homme, grand, large d'épaules, costume strict inspiré des années 2020, chemise blanche, cheveux bruns, yeux à la couleur indéfinissable.

« Enzo Mattei.

— Catel Pern… Herrero.

— Eh bien, qu'en dites-vous, pour ce verre ? »

Elle baissa la tête en guise d'acquiescement. Il se jucha sur le tabouret d'à côté. Quelque part dans le cerveau de Catel, se déclencha un signal d'alarme : *séducteur*. Elle en avait fréquenté quelques-uns à la Poste avant de rencontrer Raphaël, elle avait commis l'erreur de céder à leurs avances, et n'en avait retiré que dégoût et regrets. Une fois dans l'intimité, ils perdaient brusquement de leur superbe et se hâtaient de disparaître après s'être révélés dans leur médiocrité.

« Que faites-vous dans le coin ?

— Je vais dans le Sud pour rendre visite à ma mère. Et vous ?

— Déplacement professionnel.

— Vous travaillez dans quel domaine ?

— Le papier. Un secteur en pleine croissance. Avec l'extinction de l'Internet, les difficultés de la télévision et des radios, les livres, les revues et les journaux ont repris du poil de la bête. Et vous ? »

Le barman déposa deux verres devant eux, blanc pour elle, cognac pour lui.

« Je travaille à la Poste, mais je suis en congé maternité. »

Elle crut déceler une légère déception dans ses yeux.

« Ah, vous avez des enfants ?

— Ils dorment dans une chambre du motel d'à côté.

— Un pédokaze parmi eux ?

— Un garçon. Mon plus jeune. »

Il secoua la tête d'un air mélancolique.

« Moi, j'ai dû leur remettre mon unique fille. Ma femme ne pouvait pas en avoir d'autre. Nous nous sommes séparés. » Il marqua un temps avant d'ajouter : « Je suis descendu au même motel que vous. Je reste un moment dans la région. Pas mal de clients à voir. Vous savez que le coin regorge de dames blanches ? Saletés ! Il y en a des centaines. Il y en a même une à quelques pas d'ici. »

Les mots d'Enzo eurent sur Catel l'effet d'un électrochoc. Se souvenant que Diane n'avait pas passé l'âge du soulagement, elle vida son verre d'une traite et le reposa sur le zinc.

« Excusez-moi, je dois rentrer.

— Je vous accompagne. »

Au milieu du parking, il pointa le bras en direction des collines dont les ombres pétrifiées veillaient sur les bâtiments.

« Elle est là. La F992. Vous la voyez ? »

Elle aperçut l'arrondi clair de la bulle se détachant des reliefs. L'inquiétude enfla en elle comme un vent d'orage. Enzo la suivit jusqu'à la porte de sa chambre, qu'elle laissa entrebâillée. Elle eut besoin d'un long moment pour apaiser le tremblement de ses mains et le battement de son cœur après avoir constaté que ses enfants étaient tous les trois dans la pièce.

« Catel ? »

La voix d'Enzo l'invita à se relever. Elle le rejoignit dans le couloir.

« Ça va ? Rien d'anormal ?

— Tout va bien. Merci et bonne nuit. »

Il lui posa la main sur l'épaule.

« On ne va tout de même pas se quitter comme ça.

— Je ne peux pas laisser mes enfants sans surveillance. Ma fille n'a pas fêté son quatrième anniversaire.

— Je ne comprends pas pourquoi ces foutues bulles ne capturent que des gosses de moins de quatre ans.

— Personne ne comprend. »

Il l'attira contre lui et se pencha pour l'embrasser. Elle se déroba. Il ne la relâcha pas et enfonça ses yeux dans les siens.

« Je sais que tu en as autant envie que moi.

— Comment pouvez-vous le savoir ?

— Ton corps le proclame.

— Vous lisez dans les corps ?

— Dans les âmes aussi, précisa-t-il avec un sourire.

— Je… je ne suis pas seule. »

Il désigna le couloir d'un coup de menton.

« Je ne vois personne ici. »

Elle n'eut pas la force de résister cette fois lorsqu'il approcha ses lèvres des siennes. Il la caressa avec fièvre, glissa la main dans son soutien-gorge, lui retroussa sa jupe, lui arracha sa culotte et la prit debout contre la cloison, la soulevant légèrement pour la maintenir à sa hauteur. Il en termina après quelques vigoureux coups de bassin et une série de gémissements sans laisser à sa partenaire la moindre chance de redécouvrir le plaisir. Sa semence, abondante, visqueuse, dégoulina entre les cuisses de Catel.

Elle se sentit humiliée. Trahie. Souillée. Taraudée déjà par les mêmes regrets qu'après ses aventures misérables avec les coqs de la Poste. Elle s'en voulut de ne pas avoir exigé qu'il se couvre d'un préservatif. Elle n'avait pas repris la pilule depuis la naissance de Pelops. Le latex lui aurait au moins évité le contact direct et l'horrible sensation d'être emplie d'une vie répugnante. Elle ne savait toujours pas si elle était capable de connaître à nouveau la jouissance.

Il se recula pour reprendre son souffle, remettre de l'ordre dans ses cheveux et reboutonner son pantalon.

« J'espère qu'on se reverra… »

Il n'en pensait pas un mot, il ne songeait plus qu'à battre en retraite.

« Bonne nuit », cracha-t-elle d'une voix sourde.

Elle rabattit sa robe sur ses jambes, ramassa sa culotte, entra dans sa chambre, tira le verrou et fila dans la salle de bains en espérant que l'eau la laverait de cette boue.

Morgan

« J'AI RÊVÉ de Nathan. Il me parlait. Il me disait que je ne devais pas m'inquiéter. Que tout allait bien pour lui. »

Camille baissa les yeux sur son bol de café – besoin stupide de cacher ses larmes à Basile. Près de trente ans s'étaient écoulés depuis la disparition de son fils, et elle regardait l'expression de son émotion, toujours aussi vive quand elle pensait à lui, quand elle parlait de lui, comme un aveu de faiblesse.

La main de Basile se posa sur la sienne.

« Tu peux avoir confiance en moi, mon amour, tu peux pleurer devant moi. »

Elle releva la tête et esquissa un sourire derrière le rideau de ses cheveux presque entièrement gris. Elle avait eu une chance inouïe de croiser le chemin de Basile. Sa patience, son calme la réconciliaient avec les hommes. Sa barbe blanche, son crâne nu et son regard malicieux le faisaient ressembler à un patriarche, à la figurine de l'un des trois rois mages qu'enfant elle avait manipulés avec délicatesse dans la crèche familiale.

« Ce n'est pas aujourd'hui que tu as rendez-vous avec Catel ? reprit-il.

— Morgan Mauléon me déposera à Millau après sa tournée. Il s'est proposé de nous ramener ensuite… » Elle hésita à poursuivre ; il l'encouragea d'un geste de la main. « J'ai cru comprendre, entre les lignes, que Catel envisage de transgresser la loi d'Isaac et cherche un refuge pour mettre son dernier fils à l'abri. Tu n'es pas obligé d'accepter de les recueillir, elle et ses enfants. Ils te feront courir un danger. »

Basile répondit d'abord d'un rire grave.

« Tu me connais donc si mal, Camille ? Crois-tu vraiment que j'aurais peur au point de refuser d'accueillir ta fille et tes petits-enfants ? Crois-tu que je ne l'aiderais pas à combattre la loi d'Isaac, moi qui la juge indigne de l'humanité ? Ta fille et tes petits-enfants sont les bienvenus et resteront ici autant qu'ils le souhaiteront. »

Camille se leva, contourna la table, se pencha derrière Basile pour glisser les bras autour de sa taille et poser la tête sur son épaule.

« Je n'avais aucun doute, murmura-t-elle. Mais il me paraissait normal de te le demander. »

Après le petit-déjeuner, ils rendirent visite comme chaque jour à la F1674. Elle avait grossi ces derniers temps, non pas en un gonflement brutal comme la dernière fois, mais par une dilatation progressive, régulière, mesurable grâce aux marqueurs plantés par Basile. Sa paroi convexe approchait de la limite du jardin bornée par une haie de buissons aux feuilles déjà jaunies par la chaleur précoce. En les observant du sommet d'une colline voisine, on se rendait compte de l'aspect minuscule de la maison en comparaison de la dame blanche dont l'ombre allongée englobait une grande partie des environs au coucher et au lever du soleil. Elle n'avait qu'à rouler une seule fois sur elle-même pour écraser ou avaler la construction.

« Quel diamètre, maintenant ? demanda Camille.

— Trois cents mètres environ. On dirait qu'elle se réveille, qu'elle prépare quelque chose. »

Basile pointa l'appareil mis au point et offert par Mario Götze après son séjour sur le causse.

« Son activité magnétique s'est intensifiée. J'ai l'intuition qu'elle a un rapport avec ton rêve, ne me demande pas d'expliquer pourquoi. »

Camille n'aurait pu le jurer, mais il lui semblait que le blanc de la surface de la F1674 était devenu plus lumineux.

« Est-ce prudent de rester dans le coin ? »

Son murmure s'était envolé dans le silence de l'aube comme un oiseau aux ailes soyeuses.

« Je pense que nous ne risquons rien.

— La fille de Catel n'a pas encore atteint l'âge du soulagement. Elle peut être capturée.

— Nous devrons être attentifs, mais la meilleure attitude, à mon avis, c'est de ne pas avoir peur.

— Facile à dire. Tu n'es pas concerné. »

Basile balaya la remarque de sa compagne d'un geste de la main.

« Peut-être, mais toutes les précautions du monde n'empêcheront personne d'être emporté par son destin.

— Le destin a bon dos. »

Basile éteignit l'appareil de mesure et le remit dans son étui.

« Retourne-toi sur ta vie, Camille, et dis-moi quand tu as vraiment eu le choix. »

Elle se rebiffa.

« J'ai choisi mon travail, mon mari, ma maison.

— Bien. Peux-tu me dire à quel moment précis les portes se sont ouvertes ou fermées ? »

Elle réfléchit, les yeux rivés sur la gigantesque sphère qui emplissait l'horizon. Elle reconnut qu'elle n'avait eu aucune influence sur son engagement au magazine *Femme(s)*, que son amour pour Lucho lui était tombé dessus sans crier gare, qu'ils avaient acheté la maison de Bonneuil-sur-Marne parce que c'était la seule qu'ils avaient pu négocier, que toutes leurs précautions n'avaient pas empêché Nathan d'être capturé par la dame blanche.

« Qu'est-ce que tu cherches à prouver ? lança-t-elle d'un ton hargneux.

— Rien. Je crois seulement que notre trouille nous a interdit d'entrer en contact avec elle et ses consœurs. Il va nous falloir oublier la peur quand ta petite-fille sera parmi nous.

— Autant demander à une souris d'oublier la présence du chat. »

Elle se détourna brusquement et regagna la maison, incapable de contenir la colère sourde qui jaillissait dans ses tréfonds comme une source vireuse. Une fois dans la chambre, elle s'allongea sur le lit pour évacuer la tension. Elle se reprocha son comportement avec Basile. Il avait l'art et la manière de la placer devant ses propres contradictions, devant ses zones sombres, non par perversité mais parce qu'il avait de la vie une vision pénétrante, une forme de sagesse probablement forgée par ses années de solitude dans le Larzac. Il avait la solidité d'un roc dans la tourmente, comme épargné par le déferlement des émotions. Sa bonté et sa capacité d'aimer étaient pourtant immenses, bien supérieures aux autres hommes qu'elle avait connus. Lui qui avait été rejeté par sa famille avait puisé sa tendresse dans ses propres gisements. Il émanait de lui une chaleur bienfaisante, constante, comme un soleil qui ne brûlait jamais. Elle se leva lorsqu'elle l'entendit entrer, dévala l'escalier et courut se jeter dans ses bras.

Camille s'assit sur un banc de la petite place ombragée et environnée d'arcades où se côtoyaient plusieurs restaurants et autres commerces, dont l'agence de location de voitures. La chaleur suffocante qui accablait la ville donnait à penser qu'on était entré depuis longtemps dans le cœur de l'été. Morgan Mauléon, l'épicier ambulant, l'avait déposée dans le centre-ville et lui avait fixé rendez-vous à dix-neuf heures pour la ramener sur le causse. C'était un petit homme affable aux pattes d'oie rieuses et aux cheveux gris dont les vêtements embaumaient la lavande. Il parlait de l'époque avant les dames blanches avec une nostalgie tempérée par sa faconde et son accent chantant. Il regrettait surtout la télévision, ses innombrables chaînes, les émissions de téléréalité qui les divertissaient beaucoup, sa femme et lui. Ses quatre enfants lui avaient donné treize petits-enfants dont quatre isaacs. Ses deux filles et ses deux belles-filles n'avaient pas trop souffert lorsque les brigades s'étaient présentées pour le prélèvement. Elles avaient suivi les cours de préparation à la séparation mis en place par le gouvernement et n'avaient pas eu le même investissement affectif que pour leurs autres enfants. Les psychologues leur avaient conseillé de se répéter que les pédokazes ne leur appartenaient pas, qu'ils n'étaient là que pour une durée déterminée, que leur destin était de poursuivre la guerre contre les dames blanches. Elles s'étaient également convaincues qu'ils ne seraient pas sacrifiés en vain, qu'ils seraient les maillons d'une chaîne héroïque qui mènerait au triomphe de l'espèce humaine. Toujours selon Morgan, les recherches progressaient, la qualité des explosifs progressait, les résultats suivaient.

« Vous savez qu'une dame blanche a failli disparaître en Sibérie ? Elle est devenue presque noire et s'est réduite à la taille d'un immeuble de quatre étages. On a bien cru qu'on avait enfin trouvé la bonne solution, mais elle s'est éclaircie au bout de quelques semaines et a retrouvé sa taille d'origine en six mois. C'est égal, on n'est pas passé loin. Bientôt, j'en suis certain, on sera débarrassé de ces saloperies et la vie reprendra son cours. »

Camille se remémora le calcul de Basile : sur les deux millions de dames blanches recensées sur Terre, environ dix pour cent, soit deux cent mille, étaient concernées par les essais d'explosifs et l'utilisation d'enfants kamikazes ; en comptant environ dix isaacs par mois et par bulle, on obtenait un total de vingt-cinq millions d'enfants sacrifiés chaque année. Comme les naissances étaient tombées à soixante millions par an sur l'ensemble de la planète, que le recrutement était difficile ou fortement combattu dans certaines régions, que cinq pour cent des pédokazes mouraient avant leurs trois ans, les gouvernants et les militaires seraient bientôt à court d'effectifs. En outre, si le taux de natalité continuait à baisser, il ne suffirait plus à assurer le renouvellement des générations. Les dames blanches n'avaient pas eu besoin d'user de la force : leur seule présence avait suffi à conduire l'espèce humaine à sa perte. Camille fut de nouveau effarée de constater la vitesse à laquelle les êtres humains s'étaient habitués au sacrifice des êtres innocents qu'ils avaient autrefois chéris et protégés comme les plus précieux des trésors.

De nombreux pigeons volaient au-dessus des frondaisons. Combien d'entre eux livraient des messages ? Un peu partout sur le territoire, la Poste avait implanté des élevages intensifs de messagers ailés qu'elle louait ou vendait aux particuliers.

Elle commença à s'inquiéter vers dix-huit heures, au moment où le soleil s'empourprait et parait le ciel de stries sanglantes. Elle se demanda si Catel n'avait pas eu d'ennuis sur la route et regretta fugitivement, comme l'épicier, l'ère des téléphones portables. Elle fixait jusqu'au vertige chaque véhicule débouchant dans la rue qui ceinturait la place. Catel ne lui avait pas précisé quelle marque de voiture elle avait prévu de louer.

La camionnette de Morgan Mauléon se présenta, comme convenu, vers dix-neuf heures. L'épicier accepta volontiers de patienter, en profitant pour reprendre le cours d'une conversation interrompue au début de l'après-midi. Un quart d'heure plus tard, une petite voiture blanche de marque Tata déboucha sur la place. Le rythme cardiaque de Camille s'accéléra. Bien qu'elle ne l'eût pas revue depuis sept ou huit ans, elle reconnut immédiatement le visage de Catel. La jeune fille dont elle se souvenait s'était transformée en une femme au visage marqué, presque dur.

Elle dissimula comme elle le put son impatience, laissant le temps à Catel de restituer le véhicule avant la fermeture de l'agence, puis, lorsqu'ils apparurent sur le trottoir, elle put enfin contempler ses petits-enfants. Ils restèrent groupés autour de leur mère, intimidés. Catel elle-même ne bougea pas, incapable d'esquisser le moindre mouvement.

« Bonjour, maman. Je constate que tu as bien reçu mon courrier.

— Bienvenue dans le Sud, ma fille. Ton voyage s'est bien passé ? »

Légèrement en retrait, Morgan Mauléon observait la rencontre avec étonnement. Dans sa famille, les retrouvailles se traduisaient par des effusions, des cris de joie et des éclats de rire.

« À part un contrôle sur l'autoroute, aucun problème. »

Catel passa sous silence l'épisode sordide avec le commercial en papier dans le motel des environs de Clermont.

« Présente-moi tes enfants, proposa Camille.

— Tu as raison : mieux vaut tard que jamais. »

Elle n'avait pas changé. Même en situation précaire, même si elle requérait de l'aide, elle ne se départait pas de son agressivité. Elle poussa devant elle Ulysse, qui fixait Camille avec méfiance.

« Dis bonjour à ta grand-mère, Ulysse. »

Le garçon se retourna et colla son visage sur la hanche de Catel. Son air farouche, ses yeux clairs et ses traits saillants ressuscitèrent Lucho dans l'esprit de Camille.

« Et voici Diane. »

La fillette, moins sauvage, s'avança d'un pas et se laissa embrasser sans résistance. Catel extirpa son dernier-né du porte-bébé et le tendit à sa mère.

« Et puis Pelops. »

Camille le prit dans ses bras. Son poids la surprit. Il était adorable avec sa bouille pleine, ses grands yeux bleus, sa bouche arrondie et ses cheveux blonds bouclés. Elle l'embrassa dans le cou, charmée déjà par ce petit-fils qui la fixait d'un air absent, comme retiré dans les profondeurs de son être.

L'épicier manifesta sa présence d'un raclement de gorge.

« Je te présente Morgan Mauléon. Il est épicier ambulant. Il va nous conduire sur le causse. »

Ils s'entassèrent dans la fourgonnette entre les rayonnages vidés de leurs produits frais.

« Ça pue ! s'exclama Diane.

— Ça sent bon le fromage, les fruits et les légumes », corrigea Mauléon avec un petit rire.

Ils ne croisèrent pas une seule voiture jusqu'au plateau du Larzac. La nuit tombait, apportant un peu de fraîcheur.

Assise à côté de l'épicier, Camille jetait de fréquents coups d'œil par-dessus son épaule. Sa fille, installée avec ses enfants sur les coussins disposés à même le plancher, était devenue une étrangère. Elles avaient toutes les deux un long chemin à parcourir pour se retrouver, aussi étroit et sinueux que la route qui montait vers le causse, Camille parce qu'elle n'avait jamais fait le deuil de son fils, Catel parce qu'elle n'avait jamais fait le deuil de son père.

Fanny

L'HABIT ne fait pas le moine, songea Élodie.

Jason, pourtant, s'appliquait à parader dans son uniforme bleu, celui des cérémonies officielles ou des permissions, avait-il précisé avec fierté. En opération, il portait le treillis kaki ou sable, moins élégant mais plus pratique.

Élodie regrettait d'avoir répondu favorablement à sa demande de visite après plusieurs années de silence. Elle avait estimé que le recevoir relevait de son devoir de mère, un soubresaut de conscience sans doute. Il l'avait prévenue par courrier un mois plus tôt, précisant qu'il ne serait pas seul. Comme son unité était basée à Toulon, il n'avait pas eu beaucoup de chemin à parcourir jusqu'à Marseille, d'autant qu'il avait obtenu son permis militaire et acheté à crédit une Fengshen, une berline d'origine chinoise fonctionnant au gaz.

Élodie ne savait pas quoi faire de lui ni de son accompagnatrice, présentée comme sa fiancée, une jeune femme à la cervelle d'oiseau portant le doux prénom de Fanny, une brunette étonnamment jolie en regard du physique ordinaire de Jason. Avait-elle été, elle, séduite par l'uniforme ?

« Tu devrais acheter des pigeons voyageurs de la Poste, lança Jason.

— Pour faire quoi ?

— Les communications sont plus rapides. Tu en élèves trois ou quatre dans ton pigeonnier, tu m'en donnes un ou deux, je te donne un ou deux des miens, et on peut s'échanger des messages en moins de deux heures. C'est la meilleure façon de remplacer le téléphone portable. »

Elle s'abstint de lui rétorquer qu'elle n'avait pas envie d'échanger des messages avec lui. Quatre ans s'étaient écoulés depuis son départ, et la vie lui avait paru infiniment plus agréable.

Jason pointa le doigt sur l'écran souple toujours fixé au mur du salon.

« Pourquoi tu ne te sépares pas de cette vieillerie ?

— Je la garde pour le jour où les émissions télé reprendront.

— Il y aura certainement de nouveaux écrans, de nouvelles normes. »

Élodie se demanda avec inquiétude s'ils avaient prévu de passer la nuit chez elle, s'ils dormiraient dans le petit lit de la deuxième chambre. Elle n'était pas sûre de pouvoir supporter leurs halètements, leurs gémissements.

« Comment ça se passe, ton travail ?

— On a un peu moins d'interventions depuis la mise en place des cours de préparation à la séparation pour les familles des pédokazes. Mais il y a toujours des délinquants, des terroristes. Principalement dans les communautés religieuses, chrétiennes, musulmanes, juives, bouddhistes… Eux considèrent que la vie est sacrée. C'est pourtant de la Bible qu'on a tiré la loi d'Isaac.

— Tu ne risques pas de mourir pendant les opérations ?

— J'ai vu tomber certains de mes camarades, mais, moi, j'ai eu de la chance, les balles m'ont épargné.

— Et les pédokazes, ils font reculer les dames blanches ?

— Ils ralentissent leur progression. Sans eux, la Terre entière en serait sans doute couverte.

— Aucune d'elles ne s'est éventrée ? »

La respiration d'Élodie se suspendit. Elle allait peut-être enfin recevoir la réponse à la question qui la hantait depuis trente-cinq ans : qu'était devenu Léo dans le ventre de la bulle apparue en face de sa maison des Deux-Sèvres ? Elle ne lisait plus les journaux, lasse d'y trouver les mêmes informations, la même absence d'informations plutôt. La lutte contre les dames blanches s'intensifiait : des émeutes éclataient dans différentes régions du monde que les gouvernements locaux expliquaient par l'angoisse généralisée ; les armées de l'ONU étaient intervenues çà et là pour soumettre quelques pays réfractaires à la loi d'Isaac ; des psychologues expliquaient à longueur de colonnes comment se remettre du syndrome de l'enfant pédokaze ; on développait de nouvelles formes de technologie pour vaincre la saturation magnétique ; on rétablirait bientôt les communications numériques, téléphoniques, ainsi que les ondes radios ; on intensifiait l'exploitation des gaz de schiste et des nappes d'hydrocarbures ; on expliquait que le réchauffement climatique était pour l'instant inévitable mais qu'on y remédierait dès qu'on aurait gagné la guerre contre les envahisseuses, et qu'on pourrait relancer sans risques les centrales nucléaires ; on estimait que les importations des voitures bon marché en provenance d'Asie avaient décuplé lors des vingt dernières années et entraîné l'inexorable déclin des constructeurs européens ; on encourageait les peuples à endurer avec stoïcisme et courage la situation de crise ; on promettait des lendemains meilleurs. Aucune allusion n'était faite au nombre d'enfants capturés par les dames blanches ou utilisés comme kamikazes.

« Pas encore, répondit Jason. Elles sont plus solides que des noix, hein ! »

Réceptive à l'humour de son fiancé, Fanny lâcha un rire aigu qui perfora les tympans d'Élodie.

« Tu es une célébrité, tu sais ? reprit-il.

— Comment ça ?

— Tu sais très bien que tu es le premier être humain à avoir vu une dame blanche. »

Il tentait d'impressionner sa petite amie. Élodie refusa d'entrer dans son jeu : « Il y a bien longtemps qu'on m'a oubliée. Plus personne ne m'interroge à ce sujet. »

Il avait dû prévoir sa réaction, car il tira d'une poche de son uniforme un papier froissé qu'il déplia sous son nez.

« Lis ça. »

Signé d'un certain Mayeul d'Estienne d'Orves, l'article relatait qu'on appelait élodies les bulles les plus anciennes, les mille premières recensées, un nom inspiré d'Élodie Mangin, la première femme (une Française !) à avoir été confrontée à une dame blanche – laquelle était connue sous la double identité de F(pour France) 1 et W (pour World) 1.

« Je n'en tire aucune gloire. Ce n'est pas un bon souvenir pour moi. Je me fiche bien qu'on les ait baptisées de mon prénom. »

Jason hocha la tête d'un air de chien battu.

« Léo », marmonna-t-il.

Ce frère inconnu et son écrasante absence continueraient donc de lui faire de l'ombre jusqu'à sa mort. Élodie jugea prudent de changer de sujet et se tourna vers Fanny.

« Quels sont vos projets d'avenir ?

— On compte se marier le plus tôt possible, répondit la jeune femme, dont l'accent varois accrochait de la gaîté à ses mots. On espère bien que vous viendrez à la noce.

— Ça se passera où ?

— À La Seyne-sur-Mer, d'où ma famille est originaire.

— Vous avez vous-même un travail ? »

Elle consulta Jason du regard avant de répondre, guettant son signal ou son approbation.

« Un salaire nous suffira. J'élèverai nos enfants.

— Vous prévoyez d'en avoir combien ?

— J'aimerais cinq, Jason préférerait quatre. Nous donnerons au recrutement notre deuxième ou notre troisième. »

Elle se pencha vers Élodie comme pour la mettre dans la confidence et créer un semblant de complicité avec sa belle-mère.

« Quand une femme est décidée, elle obtient toujours ce qu'elle veut, non ? »

Si Élodie n'avait jamais obtenu ce qu'elle voulait, ni avec les hommes, ni avec l'existence, il lui apparut clairement que Jason, son uniforme impeccable, son pistolet à la ceinture et ses airs de matamore, était déjà sous la coupe de sa future femme. La petite gourde lui avait mis le grappin dessus, alléchée sans doute par son salaire et la sécurité de son emploi, se servant de ses atouts principaux, pour ne pas dire les seuls, son corps appétissant et son joli minois. Elle faisait partie de ces filles dont l'instinct de survie et une certaine habileté tenaient lieu d'intelligence.

« Vous avez fixé une date pour le mariage ?

— Dans six mois, répondit Jason. Je t'enverrai un courrier pour confirmer la date. À moins que tu ne te sois décidée pour les pigeons voyageurs entre-temps.

— Jason, tu ne crois tout de même pas que je vais installer un pigeonnier dans cet appartement !

— On l'a bien fait, intervint Fanny. Et notre appartement n'est pas beaucoup plus grand que le vôtre. Il vous suffirait de le mettre sur le balcon.

— Tu feras comme tu voudras », coupa Jason. Il fixa sa mère dans les yeux. « Tu viendras ? À notre mariage ?

— Bien sûr, quelle question ! »

En prononçant ces mots, elle se demandait déjà quel prétexte elle pourrait inventer pour ne pas y aller. Que Jason puisse se marier et procréer lui semblait le comble de l'absurdité. Certains embranchements ne méritaient pas d'être prolongés. Le sourire béat de son fils ne changea rien à sa résolution.

Il se leva.

« Si on veut être rentrés à Toulon avant la nuit, il faut qu'on se mette en route maintenant. »

Un poids s'envola des épaules d'Élodie.

« Vous ne dormez pas ici ?

— On doit nourrir les pigeons. Et puis, tu n'as pas de lit assez grand pour nous deux. »

Le petit rire aigu de Fanny souligna l'irrésistible drôlerie de l'homme qu'elle avait choisi pour époux.

« Je l'aime pas, ta mère. »

Fanny avait attendu qu'ils soient sortis de la pieuvre marseillaise pour cracher ce qu'elle avait sur le cœur. Le volume sonore du moteur l'avait contrainte à hurler.

« Pourquoi ?

— Elle est fausse, elle ne pense pas ce qu'elle dit.

— Qu'est-ce que tu en sais ?

— Une femme sent ces choses-là.

— Une femme peut aussi se tromper, non ?

— Je suis certaine qu'elle ne m'aime pas. Et qu'elle ne t'aime pas. »

Jason se claquemura dans un silence maussade jusqu'à Toulon. Fanny avait raison : sa mère n'aurait jamais pour lui l'affection qu'il attendait, qu'il quémandait, elle avait tout dépensé pour son premier fils.

« Elle ne viendra pas au mariage, reprit la jeune femme alors qu'ils sortaient de l'autoroute en direction du centre ville. Ça ne sera pas plus mal, d'ailleurs. Il faut que tu coupes avec elle. Définitivement.

— Tu dirais quoi si je te demandais de couper avec tes parents ? rétorqua-t-il.

— C'est pas pareil. Mes parents m'aiment, et ils t'aiment bien.

— Ton père me regarde d'un drôle d'air.

— Tu te fais des idées.

— Tu t'en fais pas, toi ? »

Elle mit fin à la conversation d'un claquement de langue agacé. S'il voulait passer une nuit paisible, il valait mieux, pour lui, ne pas insister. Elle pouvait à tout moment basculer dans une humeur noire où larmes, lamentations, bouderies, fausses sorties et insultes alterneraient jusqu'à l'aube. Il était à plusieurs reprises parti en opération après une ou deux heures de sommeil et avait manqué de se faire surprendre par des terroristes décidés à vendre chèrement leur peau. Il se demandait si elle l'aimait autant qu'elle le prétendait. Il pensait, avec une grande part de naïveté sans doute, qu'on ne voulait que le mieux pour ceux qu'on aimait, or Fanny ne tenait parfois aucun compte du bien-être de son futur mari.

La nuit était tombée lorsqu'ils se garèrent sur leur emplacement réservé du parking de l'immeuble de l'avenue Joseph-Louis-Ortolan. Jason entrevit des ombres mouvantes à côté du pigeonnier, sur le balcon de leur appartement situé au troisième étage. La municipalité de Toulon, conquise aux dernières élections par un représentant du parti Espoir Nouveau pour la France, avait décrété l'extinction de tout éclairage public, une mesure d'économie qui avait entraîné une recrudescence spectaculaire des cambriolages, violences et autres incivilités.

« Il y a du monde chez nous, souffla-t-il. Reste dans la voiture. »

Il tira son pistolet de sa gaine.

« Qu'est-ce que tu vas faire ? »

La peur se traduisait chez Fanny par un plissement du nez qui la vieillissait tout à coup de vingt ans et lui donnait un air fugace de boxer.

« M'en occuper moi-même. Le temps de prévenir les flics, ces salopards auront foutu le camp.

— Jason, c'est dangereux ! »

Il la dévisagea avec un petit sourire.

« Tu t'inquiètes donc un peu pour moi ? »

Elle lui posa la main sur l'avant-bras.

« J'espère que tu n'en doutes pas. »

Il déverrouilla le cran de sûreté du pistolet, ouvrit la portière et se fondit dans la nuit. Les ombres continuaient de s'agiter sur le balcon. Les roucoulements et les bruissements d'ailes indiquaient que les cambrioleurs avaient fracturé la porte du pigeonnier pour s'emparer des oiseaux. Jason vit, par la baie entrouverte, d'autres silhouettes à l'intérieur du salon. Il évalua le groupe à quatre ou cinq membres et gagna en toute discrétion l'entrée de l'immeuble. Délaissant l'ascenseur, vétuste et lent, il gravit quatre à quatre les marches de l'escalier et reprit son souffle une fois sur le palier du troisième étage. Aucun rayon de lumière ne s'échappait de la porte entrebâillée de leur appartement. Les journaux avaient parlé quelques jours plus tôt d'un gang nyctalope qui sévissait dans la ville et les environs de Toulon. Il lui fallait atteindre l'interrupteur, en espérant qu'il n'y avait pas de coupure d'électricité, et mettre à profit le bref saisissement provoqué par l'afflux de lumière.

Il se glissa dans le couloir d'entrée de l'appartement après avoir raffermi sa détermination. Il chercha l'interrupteur du salon à tâtons sur la cloison de droite et l'abaissa d'un coup sec. Les ampoules s'emplirent d'une lumière d'abord vacillante qui se stabilisa au bout de trois ou quatre secondes. Il braqua le pistolet sur les deux silhouettes vêtues de noir qui avaient suspendu leurs mouvements entre le fauteuil et le canapé de cuir et dont les yeux lançaient des éclats effrayés par les fentes de leurs cagoules. Les chandeliers d'argent offerts par les parents de Fanny dépassaient du sac de toile où elles avaient entassé le fruit de leur larcin.

L'un des cambrioleurs qui opéraient sur le balcon s'engouffra dans le salon. Jason crut qu'il braquait sur lui une arme et pressa la détente de son pistolet. Atteint à la tête, l'intrus partit vers l'arrière et s'affaissa contre la baie en abandonnant une large traînée de sang. Il ne tenait pas d'arme, mais un pigeon qui, affolé, s'envola vers le plafond, qu'il percuta de plein fouet.

L'une des deux silhouettes poussa un cri aigu et se précipita vers le corps inerte.

Le quatrième cambrioleur, de petite taille, s'introduisit à son tour dans le salon, portant sur l'épaule un sac qui contenait d'autres pigeons à en croire les convulsions de ses parois souples. Du canon de son pistolet, Jason lui enjoignit de rester immobile, puis se recula de deux pas pour les garder tous dans son champ de vision.

La silhouette penchée sur le corps sans vie se releva et retira d'un geste sa cagoule, libérant une longue chevelure noire, dévoilant un visage aux traits délicats et des joues sillonnées de larmes.

« Vous avez tué mon mari.

— Votre métier comporte un certain nombre de risques, répliqua Jason. Pas de chance pour vous : vous avez choisi le domicile d'un brigadier.

— Vous avez tiré sur un homme désarmé.

— Vous êtes mal placée pour me donner des leçons. Vous expliquerez tout ça au juge. »

Un bruit de pas retentit derrière Jason. Il se retourna, l'index crispé sur la détente de son arme, reconnut la carcasse massive d'Aimé, son voisin.

« Des ennuis, Jason ?

— Des cambrioleurs. J'ai dû en tuer un. »

Aimé ramena en pleine lumière son pas lourd, son ventre distendu, son cou épais, son teint rougeaud, ses yeux globuleux, sa chevelure clairsemée, sa robe de chambre élimée, ses charentaises éculées et son vieux fusil de chasse.

« Dites plutôt que vous l'avez abattu comme du gibier, hoqueta la femme brune.

— C'est ce qu'il était, c'est ce que vous êtes, grommela Aimé. Du gibier de potence. Tiens-les en joue, Jason, pendant que mon garçon va chercher les flics. Où est ta dame ?

— Dans la voiture.

— Il va l'inviter à monter chez nous en attendant que les flics aient embarqué tes charmants visiteurs. »

Après qu'Aimé fut sorti, Jason ordonna aux deux cambrioleurs aux visages encore dissimulés de se rapprocher de la femme et de retirer leurs cagoules. Leur jeunesse le frappa. L'un, un garçon aux yeux clairs et profonds, n'avait pas passé les quinze ans, l'autre, une fille au visage allongé, semblait âgée d'une douzaine d'années.

« Vous faites tous vos coups en famille ?

— On n'a plus rien, répondit la femme d'une voix résignée. Tout ça parce que nous avons refusé de leur donner notre isaac. Ils nous l'ont pris de force et nous ont condamnés à quatre ans de tôle. Nos deux autres enfants ont été placés dans un centre de détention en attendant notre libération. Depuis que nous sommes sortis, ils nous ont privés de nos droits, de notre travail, de notre maison.

— Pourquoi vouliez-vous nous piquer nos pigeons ?

— La Poste n'arrive plus à fournir, ils valent très cher au marché noir.

— Vous voyez quelque chose dans l'obscurité ?

— Nos enfants sont nyctalopes, comme les chats. On nous a expliqué que c'était une mutation génétique. »

À force de s'agiter dans le sac, deux pigeons parvinrent à entrouvrir la fermeture à glissière et à se faufiler par la brèche. Comme leur congénère quelques instants plus tôt, leur panique les poussa à se précipiter la tête la première contre les cloisons et les vitres.

« Je vais retourner en tôle jusqu'à la fin de mes jours, poursuivit la femme à nouveau en larmes. Pour moi, ça n'a plus d'importance, je suis morte avec mon homme. » Elle désigna ses enfants. « Mais eux, que vont-ils devenir ? »

Qu'allons-nous tous devenir ? pensa Jason. Il était, comme eux, comme les pigeons, enfermé dans une cage. Il avait l'impression que, où qu'il aille, quoi qu'il fasse, il se cognerait la tête aux murs, au plafond, aux barreaux – et sa prison porterait le doux nom de Fanny.

Diane

« PAS DE NOUVELLES de Raphaël ? »

Assise entre la dame blanche et la maison, Catel lança un coup d'œil à sa mère par-dessus son épaule. Elle avait vérifié, avant de sortir, que les enfants dormaient et que la porte et les deux fenêtres de la chambre étaient bien verrouillées. La nuit était tombée depuis deux heures, mais la chaleur n'avait que peu diminué.

« Comment veux-tu que j'en aie ? répondit Catel d'une voix sèche. Il ne sait pas où nous sommes. Enfin, j'espère.

— Il aurait pu envoyer un courrier ici à tout hasard. »

Camille s'assit à côté de sa fille ; elle eut l'impression de se frotter à un buisson d'épines. Cela faisait un mois que Catel s'était installée chez Basile et, si elle parvenait à se montrer à peu près aimable envers leur hôte, elle ne faisait aucun effort pour améliorer les relations avec sa mère.

L'énorme sphère de la F1674 se découpait sur le fond d'obscurité et dégageait une impression menaçante. Seul le friselis des herbes hautes et des buissons troublait le silence.

Catel désigna la dame blanche.

« Elle me fout la trouille.

— Basile dit qu'on doit justement ignorer la peur.

— Basile n'est qu'un doux rêveur. Il n'a aucun sens des réalités. »

Camille jugea malvenu le jugement de sa fille et décida d'ignorer la colère qui fredonnait en elle.

« Il essaie seulement de réfléchir autrement, et il n'est pas le seul au monde. Mais si, toi, tu as le sens des réalités, pourquoi cherches-tu à sauver Pelops ? »

Une incompréhension mêlée de réprobation agrandit les yeux de Catel.

« Tu connais la réponse pourtant : tu as perdu un enfant, je n'ai pas envie d'en perdre un. J'ai bien essayé de me détacher de lui, mais…

— Tu as suivi un cours de préparation à la séparation mis en place par le gouvernement ?

— Je me suis seulement entraînée à ne créer aucun lien affectif avec Pelops. Mais, quand les brigadiers sont venus chez nous, je n'ai pas pu me résoudre à l'idée de le leur donner. Ils se comportaient comme des maquignons évaluant une bête. J'aurais eu l'impression de commettre un acte monstrueux. Il porte pourtant un prénom prédestiné.

— Je sais, je me suis intéressée à l'histoire du fils de Tantale.

— Mon troisième enfant était condamné à être servi en pâture aux dames blanches. J'ai cru que son prénom m'aiderait à m'y habituer.

— L'humanité tout entière a fini par s'habituer à la monstruosité. C'est ça, le sens des réalités dont tu parlais. »

Catel se fendit d'un soupir agacé.

« Perds donc l'habitude de me faire la morale, maman, je ne suis plus une enfant. Si je vous écoutais, Basile et toi, je laisserais Diane s'ébattre en toute liberté près de votre dame blanche.

— Ce n'est pas la nôtre, elle ne nous appartient pas.

— Façon de… »

Catel s'interrompit. Son regard était tombé sur une forme claire qui fendait l'obscurité une trentaine de mètres plus loin, le long du rectangle de lumière qui se découpait devant la porte de la maison. Elle tressaillit lorsqu'elle reconnut le pyjama court, la chevelure blonde et la silhouette de Diane, se releva avec vivacité, courut en direction de la fillette, la saisit par les épaules et la secoua comme un prunier.

« Qu'est-ce que tu fiches dehors ? Comment as-tu réussi à sortir ? »

Diane ne répondit pas. Les yeux grands ouverts, elle ne semblait pas voir sa mère. Hors d'elle, Catel lui flanqua une gifle.

« Réponds !

— Arrête ! intervint Camille, qui s'était approchée d'elles.

— Ça ne te regarde pas, maman. Elle m'a désobéi. C'est à moi de régler ça.

— Tu ne vois donc pas qu'elle n'est pas dans son état normal ? »

Catel souleva Diane sans ménagement et la porta vers la maison. La fillette n'opposa aucune résistance.

Basile sortit à leur rencontre.

« Que se passe-t-il ?

— Il se passe que ma fille était sur le point de rejoindre votre satanée dame blanche, répondit Catel d'une voix fêlée par la peur et la colère. Et vous, bien sûr, vous n'avez rien vu.

— J'étais dans mon bureau.

— Vous persistez toujours à dire que je dois la laisser jouer en toute liberté ? »

Basile garda un temps les yeux fixés sur Diane pelotonnée dans les bras de sa mère.

« Je pense que vous ne parviendrez pas à l'empêcher d'être attirée par la dame blanche. Qu'elle finira par échapper à votre contrôle.

— Avec vous, en effet, c'est couru d'avance, glapit Catel. Je vais chercher un autre hébergement. En attendant, je vais l'attacher dans son lit.

— Vous croyez vraiment que ça suffira ?

— Elle n'a tout de même pas le pouvoir de se détacher toute seule !

— Vous aviez fermé la porte de la chambre à clef et barricadé les deux fenêtres. Comment est-elle sortie ? »

Catel se demanda si elle avait bien tourné la clef dans la serrure. Elle traversa le salon et gravit l'escalier toujours en portant Diane, dont le poids lui engourdissait les bras. Elle la reposa sur le palier pour tenter d'ouvrir la porte de la chambre. N'y parvenant pas, elle récupéra la grosse clef rouillée dans la poche de son short, la tourna dans la serrure et entra dans la pièce en tirant Diane par la main. Ulysse dormait paisiblement dans l'un des deux matelas placés côte à côte tandis que Pelops, réveillé, contemplait fixement le plafond dans son lit à barreaux.

Elle vérifia les fenêtres. Les lourdes barres qu'elle avait posées en travers n'avaient pas bougé. La question de Basile résonna de nouveau dans sa tête : comment était-elle sortie ? Elle repoussa, pour recoucher Diane, la frayeur qui se déployait en elle comme un oiseau aux ailes coupantes. Elle ne réussit pas à discerner la moindre émotion dans le regard de sa fille.

« Désolée, ma chérie, je n'aurais pas dû te gifler. »

Elle se pencha pour l'embrasser. Des larmes jaillirent de ses yeux et tombèrent en pluie sur le pyjama de Diane. Elle sortit, referma la porte à clef, descendit dans le salon et s'effondra dans le canapé où Camille s'était déjà assise.

« Vos enfants ne sont pas vos enfants. »

Basile versa l'infusion dans les tasses blanches en gardant la main posée sur le couvercle de la théière.

« Facile à dire pour quelqu'un qui n'en a pas, objecta Catel.

— Ce n'est pas de moi, mais de Khalil Gibran, précisa Basile. Nous devons les aimer, les accompagner, puis les lâcher.

— C'est justement ce que nous impose la loi d'Isaac.

— La loi d'Isaac ne pousse pas les hommes à se détacher de leurs enfants, elle les envoie au sacrifice pour des raisons essentiellement politiques et sociales. Un peu comme les Phéniciens qui essayaient de se ménager les faveurs de Baal en lui offrant le sang de leurs propres enfants. Le sacrifice rituel, et c'est ce qu'est devenue la loi d'Isaac, a d'abord un effet de catharsis, de purgation des passions comme le dit Aristote. Il ne change rien à la situation, mais il permet à la population de supporter son sort. C'est également une fuite en avant, un suicide : au train où nous allons, l'ONU imposera bientôt deux pédokazes par famille. Selon Khalil Gibran, les enfants sont les fils et les filles de l'appel de la vie à elle-même, ils viennent à travers nous, mais non de nous, ils ne nous appartiennent pas.

— Quel rapport avec les dames blanches ? »

Tasse en main, Basile se rencogna dans le fauteuil en face du canapé et avala avec prudence une gorgée de l'infusion brûlante. Camille ne comprenait pas comment il pouvait boire aussi chaud.

« Diane marchait vers la F1674 de son plein gré.

— De son plein gré ? protesta Catel. Comment pouvez-vous parler de volonté pour une gamine de trois ans ?

— Je cite encore Gibran : vous pouvez leur donner votre amour, mais non point vos pensées, car ils ont leurs propres pensées ; leurs âmes habitent la maison de demain, que vous ne pouvez pas visiter, pas même dans vos rêves. »

Catel se tourna vers sa mère.

« Toi qui as vécu l'expérience, maman, tu penses que Nathan s'est jeté de lui-même dans la dame blanche ? »

Camille garda les yeux baissés sur sa tasse qui tremblait légèrement dans sa main. Ce n'était que très récemment, à force d'échanges avec Basile, que le vide laissé par la disparition de Nathan avait commencé à se combler. Elle ressentait encore le manque au plus profond d'elle, cette amputation qui avait fait vaciller sa légitimité de mère, mais elle avait enfin cessé de se culpabiliser, de se reprocher ses erreurs. En acceptant de rendre à Nathan la part qui lui revenait, elle émergeait peu à peu de la souffrance.

« Ce que je sais, c'est que, comme toi, j'ai voulu prendre toutes les précautions et qu'elles n'ont pas évité son départ, répondit-elle. Comme si une autre volonté que la mienne et que la sienne avait pris le relais. Comme si une autre volonté que la tienne et celle de Diane prenait le relais. C'est de cette confiance dont parle Basile.

— Comment peut-on faire confiance à des créatures aussi hermétiques ? » coupa Catel avec rage.

Elle reposa sa tasse sur la table basse, se leva et alla pour la troisième fois vérifier que Diane était toujours dans la chambre.

« Votre fille vous a montré que garder la porte fermée à clef ne sert strictement à rien, déclara Basile lorsqu'elle revint dans le salon.

— Je suis toujours sa mère et je prends les décisions qui me semblent nécessaires.

— Je crois que les bulles, lorsqu'elles veulent attirer un enfant, le dotent de pouvoirs exceptionnels, qui dépassent en tout cas nos connaissances ordinaires. Nathan n'aurait pas pu, sinon, sortir de la maison et parcourir seul la distance jusqu'à la F729. Et Diane ne serait pas sortie d'une pièce fermée à clef.

— Qu'est-ce que vous essayez de me dire ? Que je dois lui offrir Diane, moi qui suis venue ici pour éviter le sacrifice de Pelops ? »

Basile hocha la tête d'un air grave.

« La vertu de l'acceptation, qui n'est ni résignation ni soumission. Quoi qu'il arrive, nous devons accompagner le mouvement. Si nous nous y opposons, nous empirons la situation. J'ai toujours beaucoup aimé cette phrase qu'on attribue aux Indiens d'Amérique : aujourd'hui est un beau jour pour mourir. Pour moi, c'est l'illustration même de la confiance, de la fluidité. Puisque les événements sont, soyons les événements. Les pédokazes ne figurent que l'affirmation de notre refus, qui nous mène tout droit dans l'abîme. La vie ne va pas en arrière, ni ne s'attarde avec hier. Il aurait fallu nous libérer de nos schémas habituels de pensées pour appréhender la visite des dames blanches, nous en avons été incapables.

— Et vous, avec vos théories, avec vos belles paroles, quel résultat avez-vous obtenu ? »

Basile vida sa tasse et la reposa sur l'accoudoir du fauteuil.

« J'ai renoncé à comprendre le mystère. J'essaie juste de faire un bout de chemin dans sa direction.

— Ce que vous préconisez, c'est une attitude de croyant. Vous me faites penser aux hommes préhistoriques qui vénéraient l'orage puisqu'ils ne pouvaient pas l'expliquer.

— La différence, c'est qu'ils étaient gouvernés par la peur. Ce que je veux dire, maladroitement sans doute, c'est que la peur ne doit pas nous couper des dames blanches. Que nous ne devons pas nous sentir séparés d'elles. Qu'elles nous parlent, mais que nous ne savons pas les entendre. »

Des souffles tièdes se glissaient par les fenêtres et la porte d'entrée entrouvertes. Les stridulations des grillons berçaient la nuit. La chaleur étouffante de juin présageait un été caniculaire.

« Je vais me coucher dans la chambre des enfants, déclara Catel en se levant. Je ne pourrai pas dormir, sinon.

— Vous avez besoin d'un coup de main pour vous installer ? demanda Basile.

— Pas besoin. Je m'allongerai à côté de Diane. »

Elle fila dans la chambre, referma soigneusement la porte derrière elle et se glissa entre Ulysse et Diane. Elle noua la ceinture de son peignoir autour du bras de la fillette et la relia à son propre poignet. La chaleur lourde qui régnait dans la pièce l'empêcha de trouver le sommeil, d'autant que l'agitation permanente de Diane entraînait de brusques tensions de la ceinture du peignoir et qu'un moustique vrombissait quelque part au-dessus d'elle. Elle eut parfois l'impression de percevoir des vibrations qui semaient sous son crâne des frémissements brûlants. Elle chutait de temps à autre dans une somnolence fiévreuse, se réveillait en sursaut, couverte de sueur, lançait aussitôt la main devant elle pour s'assurer de la présence de sa fille.

Un rai de lumière se faufilant par un interstice des volets lui frappa les paupières. Sa gorge était sèche. La respiration sifflante d'Ulysse, derrière elle, incisait la paix de l'aube. Elle avait fini par sombrer dans un sommeil fiévreux, cauchemardesque. Elle rouvrit les yeux. La ceinture de son peignoir reposait, lâche, sur le matelas. Il n'y avait plus personne à l'autre extrémité.

Rien d'autre qu'un pan de drap froissé.

Arthur

JASON adorait poser la main sur le ventre de Fanny qui s'arrondissait de jour en jour. Les derniers troubles qui avaient secoué la France ne lui avaient pas permis de passer beaucoup de temps avec sa femme. La brigade Arès s'était retrouvée en première ligne face à des émeutiers le plus souvent armés et bien organisés. Il s'agissait par endroits de véritables révoltes fomentées par les adversaires de l'ONU et de son valet, le gouvernement français. On fustigeait les autorités, incapables de résoudre le problème des dames blanches malgré l'emploi massif de pédokazes, on revendiquait une nouvelle politique, plus radicale, on réclamait l'utilisation d'armes encore plus dévastatrices, on préconisait de creuser d'immenses fosses pour y ensevelir les bulles diaboliques, on voulait bien accepter de donner un isaac par famille, mais, en échange, on exigeait des résultats, ou le soulèvement grandirait et finirait par renverser les gouvernements.

Jason avait lu dans un quotidien que la France n'était pas le seul pays concerné, que les contestations, souvent orchestrées par les mouvements religieux désireux de reprendre les rênes, gagnaient les voisins européens, les États-Unis, l'Amérique du Sud, l'Afrique et l'Asie. Il avait tiré un nombre incalculable de chargeurs sur les foules vociférantes, marché sur des tapis de corps déchiquetés, respiré jusqu'à la nausée l'odeur âcre de la poudre et celle, doucereuse, du sang. Il avait sympathisé avec des soldats de l'armée régulière pour laquelle les brigadiers n'avaient auparavant que du mépris. Toutes les forces de l'ordre, y compris la gendarmerie et la police, avaient été mobilisées pour endiguer les vagues de violence qui déferlaient sur le pays. On avait accordé des permissions rarissimes aux défenseurs de l'État épuisés. L'une d'elles avait suffi à Jason pour que Fanny tombe enceinte, leur unique rapport sexuel – pas vraiment réussi – après leur mariage. Depuis qu'elle attendait un enfant, elle n'accordait plus rien d'autre à son mari que des baisers distants et des caresses distraites : pas question de lui ouvrir son corps avant de donner naissance à la vie qu'il abritait. Bien sûr, ainsi qu'elle l'avait prédit, la mère de Jason n'était pas venue à leur mariage. Il supposait qu'elle était tombée malade et lui avait envoyé plusieurs lettres auxquelles elle n'avait pas répondu. Il projetait de lui rendre visite à la première occasion. Il espérait que, si elle était toujours vivante, elle n'avait pas été engloutie par les gigantesques mouvements de foule qui submergeaient Marseille.

« Celle-là sera sans doute décisive, déclara le commandant Persée d'une voix forte. Ils viennent de toutes les régions du Sud, de Montpellier jusqu'à Nice. Ils seront plusieurs centaines de milliers, et la moitié d'entre eux seront armés. La brigade sera associée à plusieurs divisions blindées et des forces spéciales. Nous serons placés sous les ordres du général Szczepiak. Nous partirons demain matin à quatre heures et prendrons la position qu'on nous indiquera, l'une des plus exposées, sans doute. Je ne considère pas ça comme une sanction, mais comme une reconnaissance de nos compétences, voire un honneur. Je suis conscient que les temps sont difficiles et qu'on exige beaucoup de vous. Aussi je vous conseille de rentrer immédiatement dans vos quartiers et de vous reposer. Aucune sortie. Une grosse journée nous attend demain. »

Jason ne parvenait pas à trouver le sommeil. Son lit grinçait à chaque fois qu'il remuait, et le ronflement sifflant d'Amar, son compagnon de chambrée, lui mettait les nerfs en pelote. Et puis, surtout, il pensait à Fanny, à son ventre et à ses seins qui se gorgeaient de vie, à sa peau chaude et douce, à son adorable bouille qui s'arrondissait en même temps que le reste. Oubliés ses sautes d'humeur, son mauvais caractère, ses exigences. Il ne se rappelait d'elle que son rire et sa sensualité. Dire qu'ils n'étaient séparés l'un de l'autre que par une poignée de kilomètres.

Il admit vers minuit qu'il ne dormirait pas. Une impulsion le poussa à se lever, à s'habiller, à sortir du bâtiment et à traverser la cour en direction de la porte latérale gardée par un seul homme de veille, Hector, un garçon sympathique originaire des Charentes. De service une partie de la nuit, il couperait à la grande bataille qui les attendait.

Les étoiles scintillaient dans le ciel lavé par le vent froid et sec.

« Jason ? Qu'est-ce que tu fous dehors ?

— J'arrivais pas à dormir. Une clope ? »

Jason tendit son paquet à Hector, qui saisit une cigarette, la coinça entre ses lèvres et l'alluma avec son briquet tempête répandant une forte odeur d'essence.

« Fais chier de pas être avec vous demain, reprit-il après avoir expulsé une interminable guirlande de fumée par la bouche et les narines.

— C'est moi qui t'envie. T'as de la chance. J'en ai ma claque du baston. »

Ils fumèrent en silence pendant plusieurs minutes.

« J'aurais bien aimé passer un moment avec ma femme.

— Elle habite loin ? »

Jason tendit le bras vers la porte métallique.

« À peine trois kilomètres d'ici.

— Je me doute que tu préférerais dormir avec elle plutôt qu'avec cette grande gueule d'Amar.

— Tu parles ! D'autant qu'elle est enceinte. Tu te rends compte, j'en aurais même pas pour cinq minutes à la rejoindre.

— Ta bagnole est où ?

— Au parking, un peu plus loin. »

Hector tira comme un damné sur sa cigarette dont la lueur rougeoyante plaqua un vernis mordoré sur son visage cabossé.

« Personne ne le saurait si tu filais maintenant et que tu revenais, disons, vers deux heures et demie, une demi-heure avant la fin de mon quart. »

Jason agrippa l'épaule d'Hector.

« Tu es un frère.

— Tu me revaudras ça. Fiche le camp avant que je change d'avis. Et fais gaffe à pas t'endormir dans ses bras après lui avoir fait sa petite affaire. Pas envie d'avoir des emmerdes. »

Hector écrasa sa cigarette du talon et déverrouilla la porte grillagée. Jason fonça vers le parking distant d'une centaine de mètres, où était garée sa voiture. La pincée d'inquiétude qu'il ressentait à chaque fois qu'il transgressait un ordre fut rapidement balayée par une vague de joie.

Il traversa Toulon avec une prudence inhabituelle – pas le moment d'attirer l'attention. Le trajet jusqu'à l'avenue Ortolan lui prit une quinzaine de minutes. Il avait presque deux heures devant lui. Il espéra que Fanny serait heureuse de la surprise. Comme une pièce jetée en l'air, on ne savait jamais sur quelle face elle allait retomber.

Aucune lumière n'était visible dans l'appartement du troisième. Elle dormait sans doute malgré une tendance à l'insomnie qu'elle combattait par la lecture de magazines féminins ineptes. Il gravit l'escalier en s'efforçant de faire le moins de bruit possible. L'heure aurait été mal choisie de tomber sur un voisin alerté par les bruits. La porte de l'appartement n'était pas fermée à clef. Elle avait encore oublié de suivre ses recommandations, de tirer les deux verrous de sécurité qu'il avait lui-même installés.

Il s'introduisit discrètement dans le couloir. Perçut, au moment où il posait l'index sur l'interrupteur, des halètements, des soupirs prolongés, des rires étouffés.

Son sang se gela.

Il se tint un long moment immobile, incapable d'esquisser un geste. Puis un feu dévorant courut dans ses veines et lui enflamma le crâne. Il tira son pistolet de sa gaine, ce même pistolet avec lequel il avait exécuté le cambrioleur quelques mois plus tôt, déverrouilla le cran et se dirigea vers la chambre.

Il demeura quelques minutes devant la porte entrebâillée, à l'écoute des bruits caractéristiques d'une étreinte passionnée. Il fallait à son esprit un peu de temps pour accepter l'inconcevable. La colère déroulait ses tentacules jusqu'aux extrémités de ses membres. Il faillit battre en retraite, puis, se rappelant qu'il était membre d'une des brigades les plus redoutées de France, il résolut de faire face. Il entra à pas de loup dans la chambre. Entrevit des ombres claires et agitées sur le lit. Chercha l'interrupteur d'une main tremblante.

Son index se crispa sur la détente du pistolet lorsque la lumière crue dévoila le corps de Fanny et celui, un peu plus clair, de l'homme qu'elle tenait dans ses bras. Plus prompte à réagir que son amant, elle se redressa comme un ressort et se couvrit d'un pan de drap. La sueur collait ses mèches brunes à son front et ses tempes. Ses yeux s'arrondirent d'effroi lorsqu'ils croisèrent ceux de son mari et découvrirent le pistolet braqué sur elle. L'homme se releva à son tour et tenta de dissimuler de la main son pénis à demi affaissé. Jason le reconnut : Arthur, le garçon d'honneur choisi par Fanny pour leur mariage, un ami d'enfance dont elle se disait très proche, un bon à rien dont le mérite tenait tout entier dans les boucles blondes et le sourire ravageur. L'expression d'effroi qui lui allongeait les traits divertit quelques secondes Jason et modéra sa colère, puis il prit conscience de sa naïveté et en fut mortifié.

« Qu'est-ce que tu fais là ? bredouilla Fanny.

— Je n'étais pas attendu, visiblement.

— Je croyais que… que tu étais consigné dans tes quartiers.

— J'en suis sorti pour venir te faire un petit coucou avant la grande bataille de demain. »

Jason dirigea alternativement le canon du pistolet sur Fanny et Arthur.

« Ça fait longtemps, vous deux ? »

Elle redressa la tête et le fixa d'un air de défi ; elle lui parut insupportablement désirable.

« Depuis toujours. Ma famille ne voulait pas de lui.

— Pourquoi t'es-tu mariée avec moi ?

— Je voulais des enfants.

— De moi ? »

Elle secoua la tête, les lèvres déformées par une moue.

« De lui. Je me serais arrangée pour te faire croire qu'ils étaient de toi.

— Celui que tu portes n'est pas de moi ?

— Nous l'avons fait, Arthur et moi, le soir de notre mariage, dans les toilettes de la salle de noces. »

Le regard qu'Arthur lança à Fanny signifiait que ce genre de révélations n'étaient pas indiquées face à un mari bafoué et armé.

« Comment peux-tu en être sûre ?

— Je connais mon corps. »

Saisi d'un vertige, Jason s'appuya de l'épaule sur la cloison.

« J'étais déjà enceinte quand tu m'as fait l'amour », précisa-t-elle avec une pointe de perversité.

Il tendit le bras dans sa direction, le pistolet tremblait dans sa main.

« Faites pas l'idiot, intervint Arthur.

— Tu t'es bien foutue de ma gueule, hein. »

Jason songea au mépris dans lequel le tenait sa mère. Elle lui préférait un fils absent de la même façon que Fanny lui préférait un ami d'enfance. Les deux femmes de sa vie lui substituaient des spectres. Il fut traversé par l'envie brutale d'enfoncer le canon du pistolet dans sa bouche et de mettre fin à ses jours. Personne ne le regretterait, pas même ses potes de la brigade, habitués à voir partir quelques-uns des leurs à chaque intervention. Puis la résolution s'imposa à lui d'affronter la mort d'une autre façon, les yeux dans les yeux, de se consumer dans un ultime embrasement. Fanny toucherait une pension de veuvage qui lui permettrait de survivre et de faire avec son amant les enfants qu'elle désirait. Sa seule punition, sa seule souffrance, serait d'en remettre un ou deux aux services de recrutement, une perspective qui, curieusement, le soulagea.

« Ma mère avait vu clairement dans ton jeu, reprit-il d'une voix sourde. C'est pour ça que tu ne l'aimais pas.

— Elle n'a de mère que le nom. »

Jason faillit verser les larmes qu'il avait toujours contenues. Il redevenait en cet instant le petit garçon qu'il ne s'était jamais permis d'être pour ne pas saccager le souvenir de Léo.

« Je m'en vais. On prendra une décision à ma prochaine permission. Pas sûr de toute façon que je revienne vivant de la bataille de demain. S'il m'arrive quelque chose, l'administration te préviendra. »

Il verrouilla le cran de sûreté avant de remiser le pistolet dans sa gaine, puis il se dirigea d'un pas lourd vers la porte de l'appartement. Fanny le rejoignit au moment où il s'engageait dans le couloir, nue, d'une beauté ensorcelante avec son ventre rond et ses seins lourds.

Elle lui agrippa le bras.

« Pardon. »

Il lui retourna un sourire imprégné de tristesse.

« Te crois pas obligée de me jouer la comédie des regrets. Moi mort, tu toucheras la moitié de mon salaire. Ça te laissera largement de quoi vivre. Et tu seras libre d'aimer qui tu veux. »

De grosses larmes roulèrent sur les joues de Fanny. Il ne l'avait jamais vue pleurer, pas franchement, ni silencieusement, en tout cas.

« Reste en vie, murmura-t-elle.

— Pour élever les enfants que tu auras avec d'autres ? »

Elle lui prit la main et la posa sur son ventre.

« Crois-le ou non, il est de toi.

— Tu disais le contraire tout à l'heure.

— Je… je voulais juste te faire mal.

— Pourquoi ?

— Parce que tu m'as surprise. Parce que tu m'as vue telle que je suis en réalité. Parce que je ne peux plus tricher avec toi. » Ses doigts se resserrèrent sur le poignet de Jason. « Reste en vie, je t'en supplie, ou j'aurai l'impression que c'est moi qui t'ai tué.

— Ça sera ta punition », rétorqua-t-il avec un rire aigu.

Il se dégagea avec brutalité, se retourna et passa sur le palier. Les larmes lui brouillaient la vue lorsqu'il arriva sur le parking. Un froid vif lui pinçait les joues et transperçait son treillis. Il s'installa dans la voiture et demeura un long moment le front posé sur le volant pour évacuer le chagrin qui le submergeait. Il releva la tête, tracassé par une sensation de présence, aperçut Fanny devant la portière, toujours nue, les bras croisés sur la poitrine. Sa peau, ses lèvres blêmies par le froid et ses yeux exorbités lui donnaient l'air d'une apparition fantomatique.

Il la rejoignit dehors, l'entoura de ses bras et la serra contre lui.

« Rentre, tu vas attraper la mort. »

Elle posa la tête sur son épaule.

« Je ne veux pas que tu l'attrapes, la mort, murmura-t-elle. Je veux que tu reviennes, je veux te montrer que je peux être une autre. J'ai demandé à Arthur de partir et de ne plus jamais revenir.

— Tu ne l'aimes plus ?

— Je ne l'ai jamais aimé. Entre nous, c'était seulement un serment, la loyauté de l'enfance. »

Il l'accompagna jusqu'à l'entrée de l'immeuble. Arthur sortit à cet instant, rhabillé à la hâte, les contourna et s'évanouit dans la nuit sans un mot ni un regard en arrière.

« Tu ne veux pas monter un moment ?

— Pas maintenant. Je dois rentrer à la bergerie. »

Elle lui caressa le visage du bout des doigts.

« Reviens. »

Son chuchotement resta un long moment en suspension dans le silence nocturne. Elle s'éloigna. L'obscurité avala sa silhouette claire. Pris entre des émotions violentes et contradictoires, il repoussa de toutes ses forces la tentation de la rattraper.

Ulysse

BIEN QUE cinq mois se fussent écoulés depuis la disparition de Diane, Catel espérait toujours la voir entrer dans la maison de Basile. Chaque fois que la porte s'ouvrait, son cœur cognait dans sa poitrine comme un oiseau affolé sur les barreaux de sa cage. En s'enfuyant de Paris pour sauver Pelops, elle avait offert sa fille à une dame blanche, condamnée qu'elle était à se séparer d'une façon ou d'une autre de l'un de ses enfants. Elle regrettait d'être partie de son appartement avant l'âge du soulagement de Diane. Il aurait mieux valu, à tout prendre, qu'elle se résignât à sacrifier Pelops, déclaré isaac à l'administration et destiné à finir dans l'estomac d'une envahisseuse. Elle avait voulu tricher avec le destin, le destin s'était vengé d'elle avec une cruauté diabolique.

Elle avait beau essayer de nouer avec son troisième enfant une relation comparable à celle qui l'unissait à ses deux aînés, elle se sentait face à lui aussi vide qu'une coquille creuse. Aucun autre élan ne lui venait qu'une colère sourde. Elle le regardait comme un usurpateur, un parasite qui se nourrissait de sa culpabilité. Il passait davantage de temps dans les bras de sa grand-mère que dans les siens. Il allait sur ses quatorze mois, et il demeurait toujours aussi silencieux et immobile, un mollusque qui ne semblait pas avoir reçu son lot de conscience. Les seuls bruits qu'il émettait concernaient les repas. Lorsqu'il avait faim, ses cris perçants, autoritaires, insupportables, poussaient sa mère à réchauffer en toute urgence une bouillie ou un petit pot de légumes. Elle le détestait alors, puis elle ressassait ses remords.

Sans les longues conversations avec Basile et Camille, elle aurait été incapable de supporter le poids de son chagrin, de se supporter elle-même. Basile lui avait raconté comment il avait essayé de sauver une fillette tandis qu'il se tenait avec son vieil ami Jean-Marc Antony devant la F992 de Saint-Martin-de-Londres. Lorsqu'il avait voulu se saisir d'elle, il avait ressenti une puissante décharge électrique et perdu connaissance, comme si l'enfant recelait en elle une énergie phénoménale. Il en avait déduit qu'on ne pouvait pas lutter contre les dames blanches, qu'elles étaient des aimants trop puissants pour maintenir les enfants cloîtrés dans des pièces fermées à double tour. D'après les rapports obtenus plus ou moins légalement par certains de ses correspondants, aucune des barrières dressées autour des bulles, parfois fabriquées en nanofibres ultrarésistantes, n'avait barré le chemin à leurs jeunes victimes. Les cordons de soldats ou de policiers armés jusqu'aux dents n'y étaient pas davantage parvenus. On racontait l'histoire de ce petit Tibétain qui avait renversé un char chinois pour s'approcher d'une dame blanche de l'Himalaya, de cette fillette brésilienne qui avait traversé un mur en béton comme s'il n'avait eu aucune consistance, de ce garçon grec qui avait bousculé les gardes de faction avec une facilité déconcertante…

« Tout ça pour te convaincre que tu ne dois jamais culpabiliser, avait conclu Basile. Quelles autres précautions pouvais-tu prendre ? Elles sont plus fortes que nous, ça fait plus de trente ans qu'elles nous tiennent en échec, il serait temps que nos dirigeants en prennent conscience, ou ils seront balayés par leurs peuples en colère.

— La population exige des résultats, pas un changement de stratégie, avait objecté Camille.

— Juste. Il conviendrait de tenir un autre discours. De préparer les mentalités au changement.

— Pourquoi nos dirigeants ne s'en rendent-ils pas compte ? s'était étonnée Catel.

— Ils sont prisonniers de leur logique. » Le murmure de Basile avait résonné comme une longue plainte. « Cette même logique qui a opposé les peuples entre eux depuis la nuit des temps. Un système de pensées tellement rodé, tellement imprimé, qu'ils ne peuvent plus en sortir. Ils ne sont plus les guides de leurs opinions, mais leurs otages. Nous avons un besoin urgent de visionnaires.

— Pourquoi n'essaies-tu pas de les alerter ? D'alerter l'opinion ?

— J'ai un double handicap. Je suis ufologue et noir. Pour les gens, les ufologues sont au mieux des farfelus, et les ufologues noirs des erreurs de la nature. » Le rire de Basile avait roulé comme un fracas d'orage. « On aurait pu croire que l'arrivée d'entités extraterrestres changerait la donne, avait-il poursuivi. C'est le contraire qui s'est produit : les politiques, les militaires et les scientifiques en vue se sont emparés du phénomène et l'ont circonscrit à leur seule légitimité. Au lieu de reconnaître leur incompétence, l'incompétence humaine en général, ils se sont obstinés dans leurs choix pour rester accrochés à leur pouvoir, quitte à envoyer à la mort des millions d'enfants. Voilà pourquoi nous n'avons pas avancé. Leur entêtement conduit l'humanité au désespoir, à l'extinction. »

Catel se demandait si Raphaël avait porté plainte à la police, s'il s'était lancé dans des recherches forcenées ou s'il avait renoncé et repris goût à la vie de célibataire. Elle l'avait côtoyé pendant sept ans sans jamais le connaître. Son penchant pour l'alcool révélait des failles profondes, mais il ne lui avait jamais parlé de son enfance, de ses béances. Elle n'avait pas rencontré ses parents, ni ses deux sœurs dont elle avait découvert l'existence en tombant un jour sur un vieux livret de famille. Elle avait épousé une ombre. Leur mariage, juste avant la naissance d'Ulysse, avait été célébré dans la plus stricte intimité entre les boiseries majestueuses de la mairie du 14ᵉ arrondissement avec deux collègues de la Poste pour témoins. Il ne s'était pas exprimé non plus sur les sentiments que lui inspirait sa paternité. Avait-il l'étoffe d'un père ? D'un mari ? N'avait-il pas simplement accompli ses devoirs ? L'alcool ne l'avait-il pas aidé à supporter une existence qui, dans le fond, ne lui convenait pas ?

« Planquez-vous dans le grenier, vite. »

Le 4x4 de l'ONU soulevait une traînée grise sur la route poussiéreuse du causse. Réveillé par un bruit lointain de moteur, Basile s'était levé et avait saisi des jumelles pour inspecter les environs par l'entrebâillement des volets du couloir du premier étage. Distinguant un point bleu sur le ruban clair qui serpentait sur le flanc du plateau, il avait aussitôt sonné le branle-bas de combat.

Catel secoua Ulysse et prit Pelops dans ses bras. Camille se tenait dans l'encadrement dans la porte, l'air inquiet.

« Ils vont voir que du monde dort ici, murmura Catel en désignant les matelas d'un coup de menton.

— Je m'en occupe. Montez vous cacher. »

Les yeux encore bouffis de sommeil, les cheveux en broussaille, Ulysse semblait ne pas prendre conscience de l'urgence de la situation. Sa ressemblance avec Lucho frappa de nouveau Camille.

Vêtue de son seul tee-shirt, Catel s'engagea dans le petit escalier qui menait au grenier. Camille récupéra les draps, les vêtements et les valises qu'elle entassa dans l'armoire charentaise, puis, aiguillonnée par le grondement qui s'amplifiait, elle empila les matelas l'un sur l'autre et poussa le petit lit à barreaux dans un coin. Elle transpirait dans son peignoir. La chaleur de l'été se prolongeait en ce mois de novembre. Des volutes de poussières dansaient dans les rayons du soleil levant qui tombaient en oblique par les interstices des volets.

Elle perçut les pas des brigadiers sur les gravillons de la cour d'entrée, inspecta une dernière fois la chambre du regard, vérifiant qu'elle n'avait oublié aucun détail qui aurait pu trahir la présence d'hôtes clandestins. Des coups violents donnés sur la porte d'entrée précédèrent de peu le crissement des verrous et le grincement des gonds. Elle attendit pour descendre que la conversation se soit engagée entre Basile et les brigadiers. Elle reconnut le visage arrogant de l'officier qui, la main sur la gaine de son pistolet, fouillait le salon du regard. Elle se souvint même de son prénom, Achille, le héros de légende qui se mariait mal avec sa petite taille et son air fourbe. Basile avait enfilé, lui aussi, son vieux peignoir comme s'il venait de se lever. Trois brigadiers armés de fusils d'assaut patientaient de chaque côté de la porte.

« Désolé de vous déranger, déclara l'officier. Nous avons un mandat pour fouiller votre maison.

— Pour quel motif ? »

Camille admira le calme de Basile, dont la voix grave ne laissait entrevoir aucune fêlure.

« Nous recherchons une certaine Catel Pernelle et ses trois enfants. Ça fait six mois qu'elle a déserté le domicile conjugal dans le but apparent de transgresser la loi d'Isaac.

— Qu'est-ce qui vous donne à penser qu'elle s'est réfugiée chez moi ? »

Les yeux clairs de l'officier se posèrent sur Camille, dont le sang se glaça.

« Un faisceau d'indices. D'abord, elle est la fille de madame. Ensuite nous avons retrouvé un rapport indiquant qu'elle a été contrôlée sur une autoroute en direction du sud. Enfin, nous savons qu'elle a rendu une voiture de location à Millau. Nous allons donc procéder à la fouille de votre maison.

— Je suppose que je ne peux pas m'y opposer. »

L'officier se haussa sur la pointe des pieds pour toiser Basile, qui le dépassait d'une demi-tête.

« Il vaudrait mieux, si vous ne voulez pas que ça finisse mal. » Il désigna la F1674 par la baie vitrée du salon. « Votre dame blanche a grossi depuis la dernière fois. Elle vous prendra bientôt toute la lumière. »

Il ordonna à ses hommes d'entrer et de commencer la visite.

« Maman, j'ai envie de faire pipi, gémit Ulysse.

— Pas de bruit, mon amour, chuchota Catel. Fais pipi dans ton pyjama.

— Pourquoi on est là ? Il fait chaud, ça pue.

— Pour l'amour du ciel, Ulysse, tais-toi. Si les messieurs qui nous cherchent nous trouvent, ils nous sépareront. »

Ulysse fixa sa mère d'un air grave. Elle lut dans ses yeux éclairés par un rai tombant des tuiles transparentes qu'il comprenait la gravité de leur situation. Les bruits qui montaient du rez-de-chaussée et du premier étage résonnaient comme autant de menaces. Catel lançait des coups d'œil angoissés à Pelops qui dormait dans ses bras. S'il se réveillait, il hurlerait jusqu'à ce qu'on lui donne à manger, et elle n'avait rien, pas même un quignon de pain, pour le calmer. Elle s'était enfermée, conformément aux instructions en cas d'alerte, dans une minuscule mansarde où elle ne pouvait pas se tenir debout. L'entrée en était dissimulée par une cloison coulissante dont les rails, encastrés dans le plancher et le plafond, ne se voyaient pas de l'extérieur. Basile avait expliqué que la maison avait servi de planque aux résistants entre 1942 et 1944, que la Gestapo l'avait explorée de fond en comble à plusieurs reprises sans jamais débusquer un seul maquisard.

Les brigadiers visitaient désormais les chambres du premier étage. Un geignement de Pelops glaça Catel d'effroi. Elle le berça doucement pour le rendormir, mais ses yeux grands ouverts et la moue étirant sa lèvre inférieure annonçaient une crise imminente. Les pensées de Catel s'entrechoquèrent. Les cris de son dernier transperceraient le plancher et donneraient l'alerte aux intrus. Elle lui effleura la joue du bout des doigts. Il continua à geindre, à chigner. Elle lui plaqua la paume de la main sur la bouche, un réflexe idiot qui ne le dissuaderait pas de hurler. Les brigadiers se rapprochaient. Deux d'entre eux s'engouffraient déjà dans l'escalier du grenier, les vibrations de leur pas se communiquaient à l'ensemble de la charpente. Le corps tout entier de Catel se crispa. Elle posa l'index sur ses lèvres pour recommander à

Ulysse de garder le silence. Une impulsion la poussa à remonter son tee-shirt et présenter un téton à Pelops qui s'agitait dans ses bras. Il l'aspira avec une voracité d'ogre, ses dents se refermèrent sur le petit bout de chair. Une douleur cinglante irradia le sein de Catel, qui étouffa son hurlement. Il y avait bien longtemps qu'elle n'avait plus de lait, mais son téton, en emplissant la bouche de Pelops, faisait office de bâillon.

Les éclats de voix et les expirations sifflantes des brigadiers transperçaient le bois de la fausse cloison sous laquelle s'infiltraient les faisceaux de leurs lampes. Elle crut cent fois qu'ils étaient sur le point de découvrir leur cachette. Leur immobilité prolongée planait par instants comme la plus terrible des menaces. Elle se mordait l'intérieur des joues pour ne pas gémir ni même souffler lorsque les dents de Pelops lui cisaillaient le tétin. De temps à autre, d'un geste, elle rappelait à Ulysse de continuer à se taire. Le garçon posait alors la main sur l'épaule de sa mère avec un sourire complice pour l'encourager à tenir. Les brigadiers prenaient tout leur temps pour vérifier chaque recoin du grenier. Elle transpirait, elle craignait que Pelops ne se lasse de son sein vide et ne se mette à vagir, sa position devenait inconfortable, ses bras et ses jambes, coincées par les chevrons, s'ankylosaient.

« Alors, là-haut ? cria une voix.

— On n'a rien trouvé, mon lieutenant, répondit un homme de l'autre côté de la fausse cloison.

— Vous avez bien cherché ?

— On a retourné chaque recoin.

— Descendez, on repart. »

Ils dévalèrent l'escalier, au grand soulagement de Catel. Elle entendit encore leurs voix lointaines, des claquements de portières, le bruit décroissant du moteur. Elle attendit encore un long moment avant de retirer le téton douloureux de la bouche de Pelops, qui se mit presque aussitôt à hurler.

Des pas, à nouveau. Elle se figea.

« Catel ? »

Elle se détendit en reconnaissant la voix de sa mère et fit coulisser la fausse cloison. Le regard de Camille tomba sur le sein de Catel encore découvert et rougi par les mordillements de son dernier fils.

« Il doit avoir faim, murmura-t-elle.

— Moi aussi j'ai faim, grand-mère ! » s'exclama Ulysse avec un grand sourire.

Cadmos

La bataille faisait rage depuis trois jours. La brigade Arès avait reçu pour consigne de défendre coûte que coûte le fortin qui dominait le plateau où s'était massé le gros des troupes adverses. Répartis en ligne sur une distance d'un demi-kilomètre, Jason et ses camarades essuyaient un feu nourri et constant qui leur interdisait de prendre des pauses régulières.

L'armement des rebelles avait surpris l'état-major. On les croyait équipés d'antiques Kalachnikov récupérées près des anciennes phalanges djihadistes du Moyen-Orient, on découvrait qu'ils disposaient également de lance-roquettes, de mitrailleuses lourdes, de grenades offensives, et qu'ils formaient une armée organisée, disciplinée, de plusieurs milliers d'hommes. Deux dames blanches de trois cents mètres de diamètre dominaient les bords opposés du plateau, comme deux yeux gigantesques supervisant l'affrontement et comptabilisant les morts. Des centaines de cadavres jonchaient le sol rocailleux au pied du fortin, paraissant flotter sur le tapis de douilles par instants scintillant qui s'épaississait autour d'eux. Les effluves de charogne s'immisçaient dans l'odeur persistante de poudre.

« Salope ! » grogna Cadmos, le voisin de Jason, un homme d'une vingtaine d'années qui s'était engagé quatre mois plus tôt.

Il désignait la dame blanche, la F2025 selon Ajax, qui les surplombait de toute sa masse.

« C'est elle et ses semblables qui sont responsables de tout ce bordel ! » poursuivit-il après avoir craché par terre.

La fatigue tirait ses traits et lui creusait les yeux, le faisant ressembler à un squelette enveloppé de peau. Jason s'abstint de lui répondre que les hommes n'avaient pas eu besoin des envahisseuses célestes pour s'entretuer tout au long de leur histoire. Il n'avait pas envie d'engager une discussion qui, les dames blanches n'ayant rien dévoilé de leur mystère, ne mènerait nulle part. Le silence retombé au milieu de la nuit après des heures et des heures d'un vacarme assourdissant était une bénédiction ; il ne voulait pas l'offenser par des mots inutiles, préférant se plonger dans la contemplation du ciel d'un noir absolu.

Fanny était le fleuve tantôt paisible, tantôt tumultueux, dans lequel se jetaient les torrents de ses pensées. Il aurait aimé la croire sincère, mais les doutes, comme les charognards s'abattant sur les cadavres lors des accalmies, venaient sans cesse déchiqueter son esprit. Il la revoyait alors dans les bras d'Arthur, il les imaginait en train de copuler, de rire de lui. Il n'aurait jamais de certitude sur sa paternité, quand bien même l'enfant lui ressemblerait, et lorsque la colère, une colère froide, blessante, se déroulait à nouveau jusqu'aux extrémités de ses membres, il se jurait de les tuer tous les deux, de pisser sur leurs cadavres, de les brûler pour effacer à jamais leurs traits de sa mémoire, et puis il tuerait sa mère, il la regarderait agoniser avec toute la cruauté accumulée en lui, il la rayerait de sa vie comme elle l'avait rayé de la sienne. Il repartait alors au combat avec une rage et une témérité qu'en d'autres circonstances ses supérieurs et ses compagnons auraient jugées suicidaires, offrant sa poitrine à l'ennemi, espérant qu'une balle ou une roquette mette fin à ses tourments. Mais les balles, les roquettes et les obus sifflaient, miaulaient, traçaient, explosaient autour de lui sans le toucher. Leur chaleur lui léchait parfois le visage. L'une d'elles lui avait effleuré le front en abandonnant un sillon brûlant au-dessus de la tempe.

« Je me demande ce que fout ma copine à cette heure-ci, reprit Cadmos. On n'était pas en bons termes, elle et moi, avant mon départ. Depuis, pas de nouvelles.

— Pas de nouvelles, bonnes nouvelles, intervint une voix grave que Jason identifia comme celle d'Orion.

— Bah, elle m'a sans doute oublié avec un planqué. »

Le silence retomba, morne, traversé par les ululements du vent soufflant sur le plateau. Des feux lointains, mourants, signalaient la présence de l'ennemi déployé derrière la muraille rocheuse barrant l'horizon. Certains membres du gouvernement avaient réclamé l'intervention d'avions pour prendre un avantage décisif, mais la commission chargée de la question avait déclaré que l'activité magnétique des dames blanches rendait aléatoire, donc dangereux, le pilotage des aéronefs. De même l'utilisation de lance-roquettes et de lance-missiles par les rebelles interdisait le recours aux ballons dirigeables. La voie des airs abandonnée, on n'avait pas d'autre choix que l'affrontement au sol, ligne contre ligne. Un retour aux guerres du début du XXe siècle. Les pluies d'obus précédaient les offensives des fantassins lancés contre les positions adverses. Les rafales des mitrailleuses fauchaient comme des herbes les pantins gesticulants qui surgissaient de la fumée grise. Les officiers de l'état-major et les chefs rebelles se montraient aussi obtus les uns que les autres. Jason avait lu dans un vieux bouquin sur la stratégie militaire qu'entre 1914 et 1918 on avait sacrifié plusieurs millions d'hommes pour des gains de terrain dérisoires. C'était le même entêtement qui présidait à la bataille des Cévennes, comme si les responsables n'avaient retenu aucune leçon de l'histoire, pire, comme s'ils n'avaient jamais ouvert le moindre livre d'histoire. En trois jours, les fronts n'avaient quasiment pas bougé, l'un conquérant avec les pires difficultés une centaine de mètres que l'autre lui reprenait le lendemain. La brigade Arès demeurait, quant à elle, retranchée en haut d'un large relief transformé en fortin à quelques centaines de mètres de la F2025. Elle avait repoussé plusieurs assauts de divisions ennemies passées au travers des tirs de barrage des défenseurs déployés en contrebas. Jason regrettait de ne pas faire partie de l'une de ces vagues suicidaires balayant le plateau, de courir vers sa mort comme tous ces anonymes envoyés à la boucherie.

Il se leva pour se dégourdir les jambes et griller l'une de ces cigarettes au vague goût de savon fournies par l'armée à ses troupes. Il marcha sur le chemin de ronde d'une extrémité à l'autre de l'intervalle de trente mètres qu'il était chargé de surveiller. Le tabac lui arrachait la gorge et les poumons. Jason fumait avec l'enthousiasme compulsif des nouveaux convertis, espérant bien que la cigarette diminuerait son espérance de vie comme stipulé sur les paquets. Elle lui permettait en tout cas d'oublier quelques instants ses pensées, comme si elles s'évacuaient sur les volutes de fumée s'évadant de sa bouche et de ses narines. L'afflux de nicotine et, sans doute, des substances chimiques ajoutées au tabac lui procuraient également une douce euphorie qui l'aidait à supporter la tension et la mélancolie. Il s'assit sur le muret bordant le chemin de ronde, bravant les consignes de sécurité, et leva les yeux sur la sphère claire qui se découpait, tout là-haut, sur le fond d'obscurité. Aucune étoile ne brillait dans le ciel habillé d'un épais manteau nuageux.

Trônant sur son relief, la F2025 narguait de toute sa masse les humains engagés dans une bataille sanglante dont elle était la cause. Il contempla d'abord avec colère cette boule obèse et immobile, puis, après avoir écrasé sa cigarette du talon, il ressentit une paix inattendue, comme si toute sa haine, tous ses doutes, toutes ses peurs le désertaient. Il retira son casque et reposa son fusil d'assaut contre le muret. L'air frais de la nuit lui fit l'effet d'une caresse exquise sur le visage et le crâne. Penser à sa mère et à sa femme ne déclenchait plus en lui aucune réaction de rejet, aucune douleur. Il avait seulement envie de passer du temps avec elles, de les serrer dans ses bras, de partager leurs rires et leurs larmes. Il vérifia que les autres sentinelles allongées ou assises ne lui prêtaient pas attention. Les officiers, quant à eux, s'étaient retirés depuis longtemps dans leurs quartiers et ne reparaîtraient pas avant l'aube. Jason traversa le chemin, enjamba le muret opposé et se lança dans l'escalade de la paroi. Il n'avait aucune idée de la raison qui le poussait à grimper en direction de la dame blanche ; c'était seulement une évidence, un appel.

Il se retourna à mi-pente pour lancer un regard derrière lui. La perspective le surprit. L'obscurité noyait le plateau et les environs du fortin. Il avait l'impression de contempler un trou noir, comme s'il avait soudain changé de plan et s'était coupé des autres hommes. Il reprit son escalade en s'agrippant aux saillies rocheuses, se demandant si la F2025 avait déjà capturé des enfants, si quelqu'un d'autre que lui l'avait déjà approchée. La fatigue n'était qu'une ombre légère qui lui effleurait la nuque et les épaules. Oublié l'épuisement des derniers jours, cet engourdissement qui transformait le corps en automate grinçant et poussif. Les rafales de vent, de plus en plus violentes, transperçaient son treillis pourtant épais. Les prises se raréfiaient sur la dernière partie de la paroi et l'obligeaient à progresser avec prudence. Le manque de visibilité ne lui facilitait pas la tâche. Il regrettait de ne pas s'être débarrassé des chargeurs répartis dans ses poches. Son pied ripa à plusieurs reprises, mais, à chaque fois, il parvint à agripper une saillie et à se rétablir.

Il fut surpris, en arrivant en haut de la paroi, de se retrouver aussi près de la dame blanche, qui occupait pratiquement toute la surface plane du sommet, comme un œuf abandonné sur son aire par un rapace aux dimensions titanesques. Il s'assit sur un rocher et embrassa d'un regard panoramique l'océan de ténèbres en contrebas. Plus aucune lumière ne brillait, plus aucun repère n'était visible, comme si la nuit avait enseveli le monde des hommes.

Il se sentait magnifiquement bien à proximité de l'ennemie du genre humain. Ses formes rondes avaient quelque chose de rassurant. Difficile, dans la paix de la nuit, de la considérer comme une envahisseuse, comme une dévoreuse d'enfants. Pour la première fois depuis son intégration au sein de la brigade, il envisagea l'idée que les hommes n'avaient pas choisi la bonne solution en volant tous ces gosses à leurs familles et en les regroupant dans des camps de préparation qui n'étaient que des sas d'extermination. Combien de pédokazes avait-on tués depuis le début de la guerre ? Plusieurs dizaines de millions sans doute. Jamais dans l'histoire on n'avait massacré à une telle échelle. Les politiques avaient beau vanter les mérites de la loi sacrificielle d'Isaac, ils provoquaient dans le tissu humain des déchirures, des failles comparables à l'océan de ténèbres qui submergeait le plateau. Ils n'avaient pas empêché la capture d'enfants par les dames blanches ; ils l'avaient accompagnée, systématisée, accélérée, déclenchant partout dans le monde des affrontements sanglants qui conduisaient l'humanité à sa perte.

Une onde de chaleur intense, à la limite du supportable, se déploya tout à coup en Jason. Il faillit tomber de son rocher. Ses veines lui parurent charrier du plomb fondu, comme si une entité d'une fantastique puissance tentait de se comprimer dans son organisme. Il tenta de desserrer l'étau en se relevant et en effectuant quelques pas, mais, peinant à garder l'équilibre, il finit par s'effondrer. Il lui sembla percevoir des murmures, une pluie vibrante, sonore, se déversant autour de lui et en lui. La sensation de brûlure s'accentua et, avec elle, une douleur inconnue, indicible. Il roula sur lui-même dans l'espoir de soulager son corps, puis ses pensées lui échappèrent et il perdit connaissance.

« Qu'est-ce que tu foutais là ? »

Accroupi près d'un rocher, Cadmos alluma une cigarette. Les rideaux mouvants de fumée occultèrent ses yeux luisants sous son casque. Toujours allongé sur le sol, Jason fixa le croissant de lune qui opérait une percée entre les nuages. Il ne subsistait rien d'autre qu'un léger frémissement de l'incendie qui lui avait embrasé le corps.

« J'en sais rien. »

Il avait eu du mal à expulser ces quelques mots entre ses lèvres sèches.

« Tu as déserté ton poste, tu sais ça ? insista Cadmos.

— Personne ne nous attaquera cette nuit.

— Sans doute pas, mais les consignes sont strictes. »

Jason se demanda où son vis-à-vis voulait en venir.

« Pourquoi tu es monté, alors ?

— Je t'ai vu foutre le camp, répondit Cadmos. Tu marchais comme un possédé. Je voulais savoir où tu allais.

— Pour me dénoncer ?

— Pas mon genre. C'est la seule curiosité qui m'a fait à mon tour déserté mon poste. Et puis j'avais envie de bouger. Ras le cul de me fatiguer les yeux à surveiller du noir. Je serai dans la même merde que toi si on nous surprend dans le coin.

— Ça fait longtemps que tu es là ?

— Une bonne heure. Tu paraissais dormir comme un bienheureux. J'ai pas voulu te réveiller. »

Jason se redressa sur un coude.

« J'ai ressenti une chaleur insupportable. » Il désigna la F2025. « Je crois que ça venait d'elle. »

Cadmos hocha la tête en recrachant une nouvelle guirlande de fumée.

« J'ai vécu la même chose. Quand l'une de ses sœurs a avalé mon petit frère, j'ai essayé de la crever avec une hache. Non seulement j'ai pas réussi, mais je me suis pris en retour une putain de brûlure pire que si je cramais sur un bûcher. J'ai l'impression que c'est leur façon de se défendre.

— De nous ? Des humains ? Elles ne prendraient pas les enfants en ce cas. »

Cadmos fit tourner son index sur sa tempe.

« Va savoir ce qui se passe dans leur tête. Si ces grosses rondouillardes en ont une. » Un ricanement s'envola de sa bouche. « Peut-être que notre bidoche est trop boucanée à leur goût. Comme nous avec les moutons : on ne mange que les jeunes.

— Rien ne dit qu'elles les mangent. »

Cadmos tira une dernière fois sur sa cigarette avant de la balancer d'une chiquenaude ; elle atterrit quelques mètres plus loin en semant autour d'elle des éclats rougeoyants.

« Qu'est-ce qu'elles en feraient sinon ? Elles sont comme tous les êtres vivants : faut bien qu'elles se nourrissent. » Il se redressa dans une succession de craquements. « Bon, faudrait songer à redescendre, mec. Si les têtes d'œuf décidaient tout à coup d'inspecter les troupes, on aurait des emmerdes. Tiens, je t'ai ramené ça. »

Il tendit à Jason son casque et son fusil d'assaut.

« Imagine qu'un groupe rebelle décide de nous prendre à revers par les crêtes, t'aurais même pas de quoi te défendre. »

Jason enfila son casque, noua la mentonnière et mit son fusil d'assaut en bandoulière.

« Merci.

— Et puis, au cas où une tête d'œuf nous demanderait d'où on vient, on pourrait toujours lui raconter qu'on a entendu des bruits là-haut. »

Cadmos ponctua sa déclaration d'un sourire entendu. Jason ne jugea pas nécessaire de lui parler de la paix incroyable qu'il avait ressentie avant de grimper vers la dame blanche et d'être embrasé par son feu.

Sacha

Le docteur Sacha Truong planta ses yeux sombres en forme d'amande dans ceux de Catel.

« Je soupçonne une forme d'autisme. »

D'un geste nerveux, elle l'invita à continuer.

« Il ne répond pas aux sollicitations du regard. Il me paraît incapable d'établir le contact visuel. Il est très en retard sur le plan du langage et de la motricité. Et puis, il y a ce balancement métronomique que vous m'aviez indiqué et que j'ai moi-même observé. Son cas nécessiterait une étude plus approfondie. Vous devriez le faire examiner par un pédopsychiatre. J'en connais une excellente à la clinique de Millau. »

Catel lança un regard haineux à l'adresse de son fils allongé dans le lit à barreaux. Elle ne pouvait s'empêcher de lui en vouloir. Il était la cause de son départ de Paris, la cause de son état de fugitive, la cause de la disparition de Diane, et il ne savait que fixer le plafond de ses grands yeux inexpressifs, reproduire sans cesse les mêmes gestes stupides, se balancer d'un côté sur l'autre, hurler lorsqu'il avait faim ou qu'on le changeait d'endroit. Exaspérée par son inertie, elle avait dit à Morgan Mauléon de contacter un médecin de Millau pour lui demander de passer sur le causse. Sacha Truong s'était présenté quelques jours plus tard, à bord d'une minuscule voiture coréenne qui crachait une fumée puante.

À Camille, qui lui avait posé une question sur ses origines, il avait répondu que son arrière-grand-père s'était enfui du Vietnam au début des années 1950, qu'il avait rencontré une fille de l'Aveyron à Paris et qu'ils s'étaient installés à Millau après leur mariage.

« Votre fils n'est pas le seul : les cas ont tendance à se multiplier ces dix dernières années, ajouta le médecin. On soupçonne un lien avec la présence des dames blanches. »

Le regard de Catel s'évada par la fenêtre de la chambre et se posa sur la F1674 dont l'ombre blanche bouchait pratiquement tout l'horizon.

« Elles vont donc tout nous prendre, marmonna-t-elle sans desserrer les lèvres.

— Leur activité magnétique altère les fonctions cérébrales. » Sacha Truong remisa ses instruments dans sa mallette. « Ce n'est pas moi qui l'affirme, mais une très sérieuse revue médicale américaine. Les comportements humains se modifient, de nouvelles pathologies apparaissent. Vous ne devriez pas vivre si près de cette dame blanche.

— Je n'ai pas d'autre endroit où aller. »

Il la fixa quelques instants. Elle eut la vague impression qu'il l'évaluait.

« Je vis seul dans un grand appartement du centre de Millau. Je peux vous héberger si vous le souhaitez, vous et vos enfants.

— Je n'ai pas de travail, ni de quoi vous payer un loyer. »

Il balaya l'objection d'un revers de main.

« Je ne vous réclamerai pas d'argent.

— Quoi, alors ? »

Un sourire fugitif affleura sur les lèvres brunes de Sacha Truong.

« Vous occuperez deux chambres sur les cinq disponibles, nous partagerons la cuisine, le salon et la salle de bains. Votre compagnie amènera un peu de mouvement, un peu de gaîté, dans mon quotidien. Je ne demande rien en échange. »

Elle envisagea un instant les avantages de la vie en ville, loin de ce causse désertique et de cette dame blanche de malheur, puis la réalité la rattrapa.

« Certains… éléments me contraignent à refuser votre proposition.

— La loi d'Isaac, je suppose. »

Elle marqua sa surprise d'un haussement de sourcils.

« Que voulez-vous dire ?

— Rassurez-vous : personne ne m'en a parlé, ni ne vous a dénoncée. J'ai seulement appris à reconnaître les mères qui tentent de soustraire leurs enfants à la loi. J'en ai soigné quelques-unes dans le coin. Les brigadiers m'ont rendu plusieurs fois visite pour m'interroger. Ils pensent sans doute que je leur cache quelque chose.

— Je ne serais donc pas en sécurité chez vous. »

Sacha Truong ferma sa mallette avec les gestes délicats et silencieux d'un chat. Il semblait taillé tout entier dans un bloc de discrétion. Sa voix elle-même, bien que très audible, se coulait dans le silence comme un fredonnement musical. Catel se demanda quel âge il pouvait avoir. Trente-cinq, quarante ans ? Les origines asiatiques se traduisaient chez lui par une chevelure brune, raide et dense, une peau foncée et des yeux légèrement fendus.

« Au contraire : vous me semblez plus exposée ici. Les brigadiers ne prendront jamais l'initiative de fouiller mon appartement. Ils n'envisagent même pas l'idée que, dans ma position, je puisse héberger des fugitifs. Je connais quelqu'un qui fabrique d'excellents faux papiers. Il vous faudra seulement veiller à ne pas attirer l'attention sur vous. »

Les lueurs vives qui léchaient les iris du médecin n'incommodaient pas Catel ; elles éveillaient en elle des sensations agréables, chaudes.

« Et puis ce serait plus pratique pour soigner votre fils, reprit le médecin.

— Je vais réfléchir. Je vous ferai part de ma décision par monsieur Mauléon.

— Mon adresse, au cas où. »

Il lui tendit une carte de visite avant de s'incliner et de se diriger vers la porte de la chambre.

« Tu ne le connais pas, objecta Camille.

— Je sens que je peux lui faire confiance. Et puis, si Pelops est vraiment autiste, je pourrai le faire suivre par un spécialiste. »

Les deux femmes s'étaient assises à la table de bois posée sur la vieille terrasse qui dominait le causse. L'ombre de la dame blanche n'avait pas encore englouti la maison, et elles profitaient de l'agréable soleil d'automne toujours haut dans le ciel. Un peu plus loin, Ulysse pourchassait des ennemis imaginaires en brandissant un bout de bois en guise d'épée. Pelops, lui, dormait dans l'antique landau à grandes roues, calé contre le mur de pierres.

« Tu en as marre d'être ici ?

— Un peu, je l'avoue. J'ai l'impression de vous déranger dans votre intimité. Et puis j'ai besoin de voir un peu de monde.

— Ne me dis pas que tu es tombée amoureuse de lui. »

Catel leva les yeux au ciel.

« Maman ! »

Elle songea en même temps à l'attirance qu'elle avait ressentie pour Sacha Truong et devinée chez lui. Elle souffrait depuis si longtemps de sécheresse affective qu'elle s'imaginait peut-être des courants qui n'existaient pas. Camille posa la main sur celle de sa fille, un geste auquel elle ne se serait pas hasardée quelque temps plus tôt. Catel ne chercha pas à échapper au contact.

« Quelle que soit ta décision, n'oublie jamais que cette maison t'est toujours ouverte.

— Il faudrait encore avoir la permission de Basile.

— Je lui en parlerai, bien sûr, mais je connais déjà sa réponse. »

Elles contemplèrent le causse en silence.

« Tu comptes partir quand ? reprit Camille.

— Dans deux ou trois jours. Le temps de préparer mes affaires et d'avertir le docteur Truong par l'intermédiaire de Morgan Mauléon. »

Camille ne parvenait pas à définir la sensation qui dominait chez elle, la tristesse ou le soulagement. La présence de Catel et de ses enfants la fatiguait autant qu'elle la réjouissait. Elle ne pouvait ignorer son envie de souffler, de se retrouver enfin seule avec Basile. L'angoisse et la souffrance de Catel finissaient par la contaminer, par la replonger dans ses propres tourments, et elle avait maintenant besoin de sérénité.

« Je pourrai aller te voir à Millau ?

— Je ne sais pas. Peut-être qu'on devrait communiquer par courrier au début.

— Les lettres ne sont plus un moyen très sûr. Elles transitent toutes par les bureaux des brigades.

— Si on essayait les pigeons ?

— Il faudrait que le docteur Truong accepte d'accueillir un pigeonnier en plus d'une famille. »

Elles éclatèrent de rire.

Catel suivit du regard les évolutions d'Ulysse entre les herbes sèches du causse.

« On se débrouillera... » Elle se mordilla la lèvre inférieure. « Tu penses toujours à Nathan, maman ? »

Camille rencontra des difficultés étonnantes, déstabilisantes, à se remémorer le visage de son fils ; il s'estompait de sa vie.

« Il me parle parfois dans mes rêves, répondit-elle.

— Il t'a fallu combien de temps pour... l'oublier ?

— Je ne l'ai jamais oublié, j'ai seulement cessé d'en souffrir depuis peu. Basile m'y a beaucoup aidée.

— Diane me manque cruellement. J'ai l'impression qu'une grande partie de moi est partie avec elle. Que je ne pourrai jamais combler le vide.

— L'épreuve la plus difficile pour un être humain, *a fortiori* pour une mère, c'est de perdre un enfant. » Camille pointa le bras sur la dame blanche. « Elles nous le rappellent sans cesse. »

Basile les rejoignit sur la terrasse en brandissant deux feuilles couvertes d'une écriture serrée.

« Je viens de recevoir cette lettre de mon ami Brad Dunn, du Nevada. Les choses sont en train de bouger. »

Basile avait souvent parlé à Camille de Brad Dunn, scientifique de renom qui avait plaqué son poste de professeur à l'UCLA pour se consacrer entièrement à l'étude des dames blanches. Les deux hommes entretenaient une relation épistolaire régulière depuis que, une vingtaine d'années plus tôt, l'attention de l'homme de science avait été attirée par le blog de l'ufologue avant l'interruption du Net.

« Le gouvernement américain essaie de convaincre les autres membres permanents de l'ONU d'amender la loi d'Isaac, poursuivit Basile, qui s'assit à côté de Camille. De contraindre chaque famille à fournir au minimum deux pédokazes. Les Américains veulent tester à grande échelle de nouveaux explosifs basés sur les propriétés vibratoires. Mais le gouvernement se heurte à une forte opposition. Comme partout dans le monde, de véritables batailles rangées opposent les forces de l'ordre aux contestataires.

— Morgan Mauléon disait l'autre jour que la bataille des Cévennes, tout près d'ici, a fait plusieurs dizaines de milliers de morts, intervint Camille.

— Plusieurs millions dans le monde, précisa Basile. Toutes les armes rescapées des anciens conflits ont été ressorties pour l'occasion. L'humanité est en train de perdre définitivement la tête.

— Qu'est-ce qu'on peut faire ? »

Le regard de Basile s'attarda un moment sur la F1674.

« La solution se trouve en elle.

— La solution, je ne sais pas, grommela Catel. Mais ma fille, oui.

— En es-tu si sûre ?

— Tu as été toi-même le témoin de la capture d'une fillette. Où veux-tu que Diane soit allée ? »

Basile avoua son ignorance d'un haussement d'épaules.

« Catel va nous quitter, déclara Camille. Le docteur Truong lui a offert de les héberger à Millau, elle et ses enfants.

— Quand ? demanda-t-il après un moment de silence.

— Dans quelques jours, répondit Catel. Il vaut mieux, pour tout le monde, que je m'en aille.

— Personne ne te chasse.

— Vous avez besoin de vous retrouver tous les deux et moi, j'ai besoin de mettre un peu de distance.

De plus, Pelops doit être suivi, et ce sera plus facile à Millau.

— Tu ne tenterais pas plutôt de mettre de la distance avec la F1674 ? »

Les traits de Catel se tendirent.

« Chaque fois que je la vois, elle me rappelle la disparition de Diane, et je la vois sans cesse. À Millau, au moins, je ne l'aurai plus dans mon champ de vision.

— Tu ne crains pas de tomber sur la brigade ?

— Le docteur Truong m'a proposé de nouveaux papiers. D'après lui, je suis davantage en danger sur le causse que chez lui.

— Comment a-t-il su que tu es une fugitive ? »

Catel se leva et jeta un coup d'œil au landau où Pelops, réveillé, contemplait le ciel avec une fixité inquiétante.

« Il en a soigné plusieurs, il sait les reconnaître.

— Qui va te conduire chez lui ?

— Morgan Mauléon. »

L'épicier passa trois jours plus tard. Il apportait à la fois la réponse du docteur Truong et une cage en fer où roucoulaient trois pigeons voyageurs portant des bagues de la Poste. Il demanda à Basile où l'installer.

« Je n'ai pas acheté de pigeons, protesta ce dernier.

— C'est moi qui vous les offre, intervint Catel. Le docteur Truong en possède lui aussi. Nous pourrons communiquer sans risque. »

Ils décidèrent d'installer le pigeonnier dans l'un des greniers bien aéré qui disposait de deux étroites lucarnes orientées à l'est. Selon Morgan Mauléon, il fallait du soleil aux pigeons pour développer leur sens de l'orientation. L'épicier avait prévu des mangeoires, qu'ils remplirent d'un mélange de graines, et des abreuvoirs dans lesquels ils versèrent un peu d'eau, puis ils disposèrent des perchoirs sommaires au travers des barreaux de la cage.

« Laissez-les une bonne semaine là-dedans, recommanda Mauléon. Je viendrai vous en prendre deux pour les conduire chez le docteur et je vous en donnerai deux des siens. Comme ça, vous pourrez commencer à vous en servir. Surtout, ne tardez pas trop à les lâcher. Sinon, ils prendront votre pigeonnier pour le leur et ils ne bougeront plus. Le principe, c'est qu'ils sont guidés par l'envie de retrouver leur pigeonnier d'origine. »

Après qu'ils eurent entassé les maigres affaires de Catel dans le fourgon de l'épicier, ils s'aperçurent qu'Ulysse avait disparu. Le garçon s'était caché dans une cave parce que, expliqua-t-il entre deux sanglots, il n'avait pas envie de partir de la maison de Camille et Basile. Catel lui promit qu'ils reviendraient les voir aussi souvent que possible. Pelops, lui, passa du vieux landau aux bras de sa mère sans manifester la moindre émotion.

« Je vous renvoie vos pigeons dès que monsieur Mauléon me les aura apportés. »

Elle monta à l'avant de la fourgonnette. Camille plongea son regard dans celui de sa fille.

« Tu peux encore changer d'avis. »

Catel secoua la tête d'un air farouche, referma la portière, posa Pelops sur ses genoux tandis qu'Ulysse, la mine chagrine, se collait contre elle sur le siège, puis elle abaissa la vitre et ajouta, avant que l'épicier ne démarre :

« Vous aurez de mes nouvelles dans une dizaine de jours. »

Mustapha

L'ENFANT ne lui ressemblait pas ; il ne ressemblait pas davantage, d'ailleurs, à Arthur, l'ex-amant de Fanny – était-il vraiment un ex ? Fanny jouait à la perfection son rôle d'épouse et de mère vertueuse depuis son retour, mais Jason n'avait aucune certitude à ce sujet.

La bataille des Cévennes s'était achevée huit mois plus tôt par la victoire totale des forces de l'ordre et la mort de plus de cent mille rebelles. Depuis, aucun affrontement n'avait eu lieu, la police et la gendarmerie suffisant largement à disperser les rassemblements sporadiques des insurgés. Après la permission exceptionnelle d'un mois accordée aux brigadiers, ils avaient réintégré leur base de Toulon où ils demeuraient trois ou quatre jours par semaine. Jason rentrait donc régulièrement chez lui, avec, chevillée au corps, l'angoisse de découvrir Arthur ou un autre homme dans le lit conjugal. Mille fois, il avait souhaité la mort sur le champ de bataille, mille fois il avait voulu grossir le tapis de cadavres jonchant le plateau, mille fois il avait tenté d'oublier les corps nus et enlacés de Fanny et d'Arthur révélés par la lumière du plafonnier, mille fois la mort l'avait frôlé sans jamais le faucher, mille fois il avait entendu tout près son ricanement funèbre. Toujours en première ligne, toujours volontaire pour les missions les plus dangereuses, toujours prêt à voler au secours d'un camarade blessé. Sa bravoure lui avait valu les félicitations du commandant Persée, une citation à l'ordre du mérite et une promotion au grade de sous-lieutenant. Chargé d'encadrer les nouvelles recrues, il avait désormais accès au mess des officiers et bénéficiait d'une chambre et d'une douche individuelles. De même, sa solde avait augmenté dans des proportions non négligeables qui lui permettaient de s'offrir quelques extras comme un dîner dans un bon restaurant, un cognac de cinquante ans d'âge ou un cigare de Saint-Domingue. Il n'avait pas assisté à l'accouchement de Fanny ; la hantise de découvrir un nouveau-né ressemblant à Arthur, la peur de perdre tout contrôle sur lui-même et de vider le chargeur de son pistolet sur la mère et l'enfant. Il s'était débrouillé pour être de permanence ce jour-là et ne s'était rendu à la maternité que le lendemain de la naissance.

Fanny lui avait tendu l'enfant avec un large sourire.

« Je te présente ta fille. »

Jason avait examiné avec attention le visage encore plissé de la nouvelle-née, puis, après avoir vérifié qu'elle ne présentait aucun trait commun avec Arthur, il l'avait enfin prise dans ses bras, surpris par sa taille de poupée et sa fragilité apparente.

« Comment allons-nous l'appeler ? » avait demandé Fanny.

L'un des camarades de Jason lui avait parlé une nuit de Hestia, sa fille née quelques jours avant la bataille des Cévennes. Il avait alors pensé que, si Fanny accouchait d'une fille, il aimerait lui donner ce prénom. Lors de sa première permission, il en avait vérifié l'origine en consultant une vieille encyclopédie mythologique : déesse de l'Olympe, sœur de Zeus, protectrice des foyers, douce, vertueuse, effacée, vénérée, elle était parée de toutes les qualités.

« Hestia. »

Jason s'était attendu à une protestation véhémente de Fanny, mais elle avait approuvé avec un enthousiasme qui avait réveillé ses soupçons.

Il ne savait toujours pas comment se comporter avec sa fille, qui allait désormais sur ses dix mois. Il se sentait gauche, raide, stupide, dès lors qu'il devait s'occuper d'elle, à croire que la fibre paternelle ne s'était pas déployée en lui. Fanny tentait bien de lui expliquer en riant comment donner le biberon – elle n'avait pas souhaité l'allaiter, de peur d'abîmer ses seins, sa fierté de femme –, mais il ne pouvait se départir du sentiment de ridicule lorsqu'il tenait la fillette dans ses bras. Fanny et lui n'avait que peu de relations sexuelles. Elle se disait fatiguée, indisposée, et, de son côté, il n'avait pas très envie d'elle, moins à cause de son ventre distendu et de ses vergetures que de l'ombre omniprésente et humiliante d'Arthur. Le ressac des souvenirs sapait la famille ordinaire qu'ils tentaient de former.

Jason s'était rendu à plusieurs reprises devant d'autres dames blanches des environs sans ressentir le calme merveilleux qui l'avait imprégné devant la F2025. Le contact semblait rompu, comme s'il avait laissé passer sa chance dans les Cévennes, comme si les envahisseuses n'entrouvraient qu'une seule fois la porte et la refermaient à tout jamais lorsque la physiologie humaine se montrait incapable de tolérer l'intensité de l'échange. Il lui arrivait de rester plusieurs heures sans bouger devant une sphère blanche posée au milieu des collines de l'arrière-pays varois. Il croisait parfois des promeneurs qui le fixaient avec des lueurs de réprobation dans les yeux, le regardant au mieux comme un détraqué, au pire comme l'un de ces adorateurs des bulles surnommés les pactiseurs.

Il était tombé un jour sur un groupe de ces étranges dévots habillés, hommes et femmes, de longues robes blanches et psalmodiant des prières dans une langue incompréhensible – le *primor,* ou langue primordiale, était un ensemble de syllabes susceptibles selon les pactiseurs d'être entendues et comprises par les visiteuses extraterrestres. Une partie non négligeable de la population mondiale considérait désormais les dames blanches comme des entités divines et réclamait à l'ONU et aux gouvernements locaux un changement radical de comportement à leur égard. Bien que le mouvement des pactiseurs fût considéré comme illégal, le petit groupe ne lui avait accordé aucune attention. Jason s'était laissé bercer par leur curieuse mélopée et avait envié leurs traits extatiques. Eux au moins semblaient épargnés par les peurs et les tourments. Il se demandait parfois quelles seraient ses réactions s'il perdait Hestia comme sa mère avait perdu Léo. Quelles seraient les réactions de Fanny. Il avait l'impression que les liens n'étaient pas aussi forts entre parents et enfants que dans l'ancienne génération. La loi d'Isaac et les cours préparatoires au recrutement avaient généré une forme de résignation qui débouchait sur l'indifférence. Fanny ne parlait plus d'avoir cinq enfants, peut-être parce qu'elle avait découvert, après son accouchement, qu'elle n'avait pas l'étoffe d'une mère, ou encore parce que leur géniteur potentiel n'était pas l'élu de son cœur.

Jason n'était pas retourné chez sa mère, qui n'avait pas répondu à son dernier courrier annonçant la naissance de Hestia. Il ne savait pas comment elle allait, ni même si elle était encore vivante. Pressée de rejoindre Léo de l'autre côté, elle s'était délestée du fardeau de son deuxième fils. L'envie de la revoir et de l'étreindre qu'il avait ressentie lorsqu'il s'était retrouvé devant la F2025 s'était évanouie dans le fracas de la bataille des Cévennes.

D'un geste rageur, Mustapha lança sa cigarette par-dessus le muret. Son treillis sable se coulait à la perfection dans le fond de pierres ocre et brunes des bâtiments environnants. Le vent soulevait sa chevelure frisée. Admis dans la division Arès six mois plus tôt, placé sous la responsabilité de Jason, il n'avait pas encore connu le baptême du feu. La seule intervention notable de la brigade avait concerné un rassemblement clandestin de pactiseurs dans la crypte d'un château en ruine, une cinquantaine d'hommes et de femmes qui, tels des martyrs chrétiens, s'étaient laissé embarquer sans résistance.

« Le recrutement est venu hier me prendre Tahar, mon deuxième, gronda-t-il.

— Tu le savais, non ? » répliqua Jason.

Mustapha enfouit son visage entre ses mains jointes.

« Pour vous, les roumis, ça ne semble poser aucun problème, pour nous, les musulmans, l'enfant est sacré.

— Pourquoi as-tu intégré la brigade ? »

Mustapha s'essuya les lèvres d'un revers de manche avant de lancer un regard fureteur autour de lui. Les deux hommes étaient seuls dans la cour, les autres s'étant retirés dans leurs chambrées après l'exercice du matin. Le soleil étincelait dans le ciel d'un bleu pur et soutenu.

« J'ai fait partie de ceux qui se sont opposés à la loi d'Isaac, je l'ai même combattue par les armes, puis j'ai vu que ça ne servait à rien, et comme je devais gagner ma vie…

— Tu aurais pu choisir un autre travail.

— Y a rien d'autre dans le coin que des petits boulots sous-payés. La vie devient de plus en plus chère. Au moins, dans la brigade, la solde est bonne.

— Tu es toujours croyant ? »

Mustapha leva les bras au ciel en signe de protestation.

« Évidemment.

— Tu as confiance en ton dieu ?

— Je prie Allah tous les jours.

— Je suppose que tu ne songes pas à te révolter contre lui.

— Quelle idée ! »

Le ton de Mustapha était devenu véhément, vaguement menaçant.

« Moi, je ne crois pas en Dieu, je pourrais donc me révolter, poursuivit Jason. Mais toi, si tu as la foi, tu dois accepter le sacrifice de ton enfant. Comme Abraham. C'est le destin. »

Les traits de Mustapha se crispèrent, puis il hocha la tête, comme frappé par une évidence.

« C'est ce que raconte l'imam au prêche du vendredi. Mais j'aimais mon fils. Il venait tout juste d'être circoncis. Dans quel monde on vit, qui nous oblige à remettre nos enfants à des salopards qui les envoient se faire exploser dans les ventres des dames blanches ?

— Le monde voulu par ton dieu, si tu crois vraiment en lui. »

Mustapha marmonna quelques mots en arabe, se leva, récupéra son fusil d'assaut posé contre le muret et se dirigea d'un pas lourd vers l'entrée d'un bâtiment.

Le ululement de la sirène lacéra le silence de la nuit. L'alerte n'était pas un exercice. Jason sauta du lit, s'habilla en hâte et se rendit dans la cour où commençaient à se masser les hommes encore mal réveillés. Les moteurs des camions bâchés alignés contre le mur d'enceinte ronronnaient, les faisceaux de leurs phares écartaient l'obscurité. Le commandant Persée attendit que les cinq cents permanents de la brigade Arès se fussent regroupés et mis au garde-à-vous pour prendre la parole :

« Les dames blanches vont apparemment passer à l'offensive. Nous avons reçu pour ordre de protéger à tout prix la centrale thermique à flamme de Martigues. » Persée marqua un petit temps de silence avant d'ajouter, presque à voix basse : « Espérons que nous serons utiles à quelque chose. »

Les brigadiers se répartirent dans les camions en quelques minutes, et le convoi s'ébranla. Il lui fallut un peu moins d'une heure pour gagner le secteur de Martigues. Placé à l'arrière du plateau bâché, Jason crut entrevoir la Lune à plusieurs reprises avant d'identifier son croissant tout là-haut au milieu des étoiles.

« Les dames blanches, murmura Mustapha assis en face de lui. Elles se sont allumées. »

Les sphères disséminées de chaque côté de l'autoroute brillaient en effet d'un vif éclat, donnant l'impression que la Lune s'était posée et multipliée sur Terre.

« Je me demande bien ce qu'elles peuvent mijoter. » Mustapha empoigna son fusil d'assaut. « C'est pas avec ça qu'on pourra les arrêter si elles ont décidé de passer à l'attaque. Déjà que les missiles nucléaires ne leur font strictement aucun effet. »

Ils gardèrent le silence jusqu'à l'arrivée du convoi près de la centrale thermique de Martigues. Les hommes se déployèrent devant le bâtiment éclairé. L'ensemble avec ses hautes cheminées blanches et rouges, ses tours de contrôle aux formes transparentes et arrondies, son corps principal en forme de quadrilatère abondamment éclairé, évoquait un vaisseau spatial sur le point de décoller. En arrière-plan, la mer se parait de scintillements fuyants. Le vent du large ne parvenait pas à disperser les relents de gaz qui masquaient par instants l'odeur de saumure.

« La F2941. »

Le lieutenant Triton, le supérieur direct de Jason, désignait l'énorme dame blanche posée au milieu d'un nœud routier distant de moins d'un kilomètre. Elle avait troqué sa couleur blanche habituelle pour une teinte dorée, flamboyante, qui faisait reculer les ténèbres sur plusieurs centaines de mètres, dévoilant les barrières métalliques, les terrains vagues et les marécages hérissés d'herbes frissonnantes.

« On dirait qu'elle est sur le point d'exploser, sergent », lança un homme du premier rang.

Jason discerna, à la lueur de la dame blanche et des étoiles, la frayeur sur les traits et dans les yeux des brigadiers. Il en connaissait parmi eux qui, pourtant, n'avaient pas exprimé la moindre peur lors de la bataille des Cévennes. Ils ne craignaient pas d'affronter un ennemi qui leur ressemblait, mais ils ignoraient tout des intentions de la dame blanche, de ses armes, de sa puissance. Les salves de leurs fusils d'assaut ne l'empêcheraient pas de rouler sur eux si elle décidait d'avaler la centrale thermique qui fournissait en électricité Marseille et ses environs. Ils se sentaient minuscules et impuissants face à cette sphère gigantesque dressée devant eux comme un monstre surgi des enfers.

L'intensité de la lumière de la dame blanche s'accrut tout à coup, contraignant les hommes à baisser les yeux.

« Putain ! glapit le lieutenant Triton. Elle va nous péter à la figure ! »

Paul

« On est en train de brûler », souffla Camille. Elle éprouvait les mêmes sensations que face à la bulle du Nevada trente-cinq ans plus tôt : l'impression qu'un feu insupportable se diffusait dans ses veines, que son sang allait bientôt se mettre à frémir, à bouillir.

La lumière vive qui s'était engouffrée dans la maison au milieu de la nuit et les avait réveillés, Basile et elle, provenait de la F1674, transformée en luminaire titanesque, comme un soleil tombé sur Terre. Son éclat la rendant impossible à regarder à l'œil nu, Basile avait récupéré les lorgnons munis de lentilles teintées jadis utilisées par Jean-Marc Antony pour observer les éclipses.

« Tu ne crois pas qu'on devrait partir ? », suggéra Camille.

Elle connaissait la réponse à cette question. Basile ne s'en irait pas, quitte à perdre la vie. La curiosité estompait toute frayeur en lui. Il lui lança un regard à la fois complice et déterminé.

« Je ne t'en voudrai pas si tu décides de t'en aller. »

Elle savait également qu'elle resterait avec lui quoi qu'il arrive. Elle ne se souvenait pratiquement pas des autres hommes qui avaient croisé sa vie, pas même de Lucho, le père de ses enfants, qui n'était plus qu'une ombre triste effleurant de temps à autre son esprit. Elle se demandait souvent pourquoi elle n'avait pas rencontré Basile plus tôt.

Équipés de leurs lentilles, ils sortirent de la maison. La lumière de la dame blanche éclairait le causse des centaines de mètres à la ronde, déployant un immense halo traversé par les flèches claires et furtives d'oiseaux nocturnes. Camille fut surprise de ne pas ressentir davantage de chaleur lorsqu'ils se rapprochèrent de la F1674. Le feu s'apaisait au contraire à l'intérieur d'elle. Lorgnons sur le nez, ils s'arrêtèrent à une cinquantaine de mètres de la sphère pour l'observer. À travers les lentilles, ils discernèrent les mouvements incessants qui parcouraient l'enveloppe convexe, des courants légèrement plus foncés, parfois rougeoyants, se jetant les uns dans les autres sans cohérence apparente.

« J'espérais qu'on apercevrait l'intérieur, chuchota Basile. Un peu comme ces rideaux opaques en plein jour et qui, à la lumière artificielle, deviennent pratiquement transparents. Si elle est d'origine électrique, il faut une sacrée puissance pour produire toute cette lumière. »

Ils durent interrompre leur observation au bout d'une demi-heure. Les lentilles ne suffisaient plus à les protéger de la luminosité par instants éblouissante. Ils s'assirent dans l'herbe sèche, le dos tourné à la dame blanche pour reposer leurs yeux irrités.

« Tu crois qu'elles font toutes la même chose en même temps ? » demanda Camille.

Basile lui proposa de grimper en haut du causse, d'où ils auraient une bonne chance d'apercevoir la dame blanche située à une dizaine de kilomètres en direction du Caylar. Ils se mirent en chemin vers la crête la plus proche. Il leur fallut parcourir deux kilomètres pour sortir du halo lumineux de la F1674 et s'enfoncer de nouveau dans l'obscurité.

Le dernier raidillon avant le sommet leur coupa les jambes et le souffle. Leur intrusion délogea de son aire un rapace qui s'envola en poussant un cri rauque. Un vent froid et sec sifflait entre les rochers.

« Là ! » s'exclama Camille.

Basile braqua les jumelles qu'il portait en bandoulière sur la tache claire visible en contrebas au milieu du plateau.

« C'est bien la dame blanche du Caylar. Elle brille comme la nôtre. »

Il aperçut d'autres lueurs plus lointaines, disséminées dans la nuit, et songea que, vues de l'atmosphère, les visiteuses célestes devaient former un gigantesque quadrillage lumineux. Il passa les jumelles à Camille avant de s'asseoir sur un rocher. L'ascension de la crête l'avait exténué. Le souvenir de la dernière marche de Jean-Marc Antony lui revint à l'esprit. Il ne s'imaginait pas atteindre l'âge de son ancien mentor. Les dames blanches avaient occupé près de quarante ans de son existence, et il partirait sans doute avant de percer leur secret. Il en concevait une profonde tristesse teintée de fatalité.

Camille vint s'asseoir près de lui et glissa sa main dans la sienne.

« Tu as l'air préoccupé, mon amour. »

Il garda un petit temps de silence avant de répondre, avec un sourire amer :

« Je mesure toute l'étendue de mon ignorance.

— Nous en sommes tous là. Personne ne peut prétendre connaître les mystères de la vie.

— Elles sont quand même là depuis quarante ans, objecta-t-il sans conviction.

— On meurt depuis toujours, et on ne sait toujours pas ce qui se passe de l'autre côté. On rentre ? »

Au moment où ils se relevaient, une colonne étincelante descendit du ciel et vint frapper la F1674 qui, d'où ils se trouvaient, ressemblait à l'une de ces structures en papier utilisées comme lustres ; elle semblait provenir directement des étoiles et scintillait à la façon d'un cordon argenté.

« Il y en a partout », cria Camille.

Une colonne brillante était également tombée sur la dame blanche du Caylar. D'autres étaient visibles dans l'obscurité, plus ou moins proches, certaines de la taille d'un sillage d'avion, d'autres paraissant à peine plus épaisses qu'une aiguille ou un cheveu. Le phénomène, fascinant, dura plusieurs minutes avant de s'interrompre subitement. Les colonnes et les dames blanches s'éteignirent en même temps, et la nuit ensevelit de nouveau le causse.

Camille frissonna.

« On aurait dit des cordons ombilicaux, murmura-t-elle.

— C'est sans doute pour cette raison qu'elles se sont illuminées, déclara Basile. Elles ont émis un appel, un signal. »

Camille repéra le pigeon voyageur du docteur Truong et ouvrit la grande cage. Les oiseaux ne réagirent pratiquement pas lorsqu'elle s'introduisit dans le pigeonnier. Elle remplit leurs mangeoires, leurs abreuvoirs, puis, impatiente de lire le message roulé dans la bague du messager, remit à plus tard le nettoyage quotidien. Le pigeon se laissa prendre sans résistance et attendit avec docilité qu'elle détache la bague et le libère pour picorer les graines en compagnie de ses congénères. Elle sortit de la cage et s'assit près de la lucarne pour dérouler la feuille de papier et lire le message. Elle reconnut instantanément l'écriture appliquée, presque scolaire, de Catel.

Maman,

La dame blanche du causse s'est-elle éclairée il y a de cela cinq nuits ? Les trois qui se trouvent près de Millau sont devenues brillantes et ont semé une belle panique dans la population. Les gens se sont rués dans les voitures pour fuir. Certains sont devenus enragés et ont essayé de forcer les bouchons qui s'étaient formés aux sorties de la ville, provoquant des accidents. On a compté au matin une dizaine de morts et une cinquantaine de blessés. Les dames blanches se sont éteintes après avoir été frappées par des colonnes de lumière venues du ciel. Comme l'appartement de Sacha est situé au dernier étage, nous avons pu voir le phénomène depuis la terrasse. Un spectacle à la fois grandiose, envoûtant et effrayant. Le calme est revenu, mais la peur semble toujours rôder dans les rues de la ville. Comme j'ai besoin de prendre l'air, il m'arrive de sortir avec Ulysse au crépuscule, moment où on ne risque plus de voir des gendarmes ni des brigadiers dehors. Pelops, lui, ne marche toujours pas, ni ne fait aucun effort pour se déplacer. Il s'est beaucoup agité la nuit de l'illumination des dames blanches, au point que nous l'avons cru malade – Sacha pensait à une crise d'appendicite ou un autre problème intestinal –, mais il s'est calmé au petit matin et, depuis, il reste égal à lui-même, immobile, inexpressif.

En dehors de ces événements, la vie est plutôt paisible à Millau. Sacha est un homme calme et discret dont la compagnie m'est très agréable. Nous avons souvent de longues discussions après le dîner. Nous apprenons à nous connaître. Parfois, quelqu'un vient frapper en pleine nuit à sa porte pour une urgence, et il ne rentre qu'au petit matin. Il n'a pas le temps de se remettre de sa fatigue qu'il doit aussitôt recevoir les patients qui se pressent en grand nombre dans sa salle d'attente. La présence des dames blanches et leur activité magnétique engendrent des pathologies nouvelles. Il pense que nos enfants sont en train de muter, que l'inertie de Pelops, par exemple, participe de ces modifications génétiques, un peu comme ces enfants qui vivent dans un environnement soumis aux radiations nucléaires. Il ne dispose pas toujours des bons médicaments pour soigner ces maux inconnus, mais il s'efforce de soulager de son mieux les souffrances de ses patients. Il s'occupe souvent des clandestins réfugiés dans les villages du Larzac, parfois même sans se faire payer. La loi d'Isaac le révulse tout autant que nous. Il veille seulement à ne pas attirer sur lui l'attention des forces de l'ordre. Les brigadiers se sont présentés chez lui à plusieurs reprises, mais ils n'ont jamais osé fouiller *son appartement. Je crois que je suis en train de tomber amoureuse de lui. Que Raphaël me paraît loin, comme si le père de mes enfants n'avait jamais existé !*

Une pédopsychiatre amie de Sacha est venue récemment examiner Pelops. Elle ne parle pas d'autisme, mais d'un désordre d'origine physiologique. Il n'y aurait, chez lui, presque pas de différence entre l'état de veille et l'état de sommeil. On pourrait dire qu'il sommeille pendant qu'il est éveillé et qu'il reste éveillé pendant qu'il sommeille. Elle ne connaît aucun remède pour l'aider à réapprendre le cycle naturel veille / sommeil. Je ne sais pas s'il marchera un jour, et je m'inquiète pour son avenir. Ulysse réclame souvent votre présence, mais je crois qu'il est préférable pour le moment de ne pas nous voir, nous risquerions d'être surpris par des regards indiscrets. J'espère que vous allez bien. J'attends avec impatience ta réponse. Je vous embrasse.

Catel

Un visiteur se présenta à la maison aux alentours de midi. La quarantaine élégante, l'allure sportive, le cheveu impeccable malgré la marche qu'il venait d'effectuer sous le chaud soleil de ce début d'automne.

Il s'essuya le front à l'aide d'un mouchoir en tissu.

« Je ne pensais pas que la chaleur serait si forte en cette saison. » Il s'inclina devant Camille avec une raideur quasi militaire. « Ai-je bien à faire à madame Grosjean ? »

Camille acquiesça d'un mouvement de tête circonspect.

« Je suis Paul Cardoz, reprit le visiteur. Mon nom ne vous dit probablement rien, mais celui de Raphaël Pernelle éveillera peut-être quelque chose en vous. »

Elle faillit lui répondre que non et refermer la porte quand une petite lueur s'alluma dans son esprit.

« Le mari de ma fille ? »

Un large sourire plissa le visage du visiteur.

« Votre gendre, en effet. Je viens vous apporter de ses nouvelles. »

Elle hésita quelques secondes avant de l'inviter à entrer. Basile sortit de son bureau et les rejoignit dans le salon.

« Basile Traoré.

— Paul Cardoz. Je suis chargé d'une communication pour madame Grosjean. »

Ils s'installèrent dans le canapé et les fauteuils. Le visiteur vida d'une traite le verre d'eau fraîche proposé par Camille.

« Eh bien, monsieur, qu'avez-vous donc à me dire sur mon gendre ? »

Elle lut un rappel à la méfiance dans le regard de Basile ; ce type pouvait très bien travailler pour le compte des brigades de recrutement.

« De mauvaises nouvelles, hélas ! Il est très malade. Il n'en a probablement plus que pour quelques semaines à vivre et, comme il est sans nouvelles de son épouse et de ses enfants depuis plus d'un an, il se demande si vous ne pourriez pas servir de courroie de transmission entre elle et lui. »

Elle rencontra des difficultés à soutenir le regard de son interlocuteur, un regard fixe et perçant de rapace.

« Il faudrait pour ça que j'aie moi-même des nouvelles de ma fille et de mes petits-enfants.

— Selon l'enquête de police, votre fille a loué une voiture à Paris qu'elle a ensuite restituée à Millau. Raphaël estime fort probable qu'elle vous ait rendu visite.

— Raphaël se trompe. Il n'ignore pourtant pas que je suis fâchée avec Catel. »

Elle avait prononcé ces mots avec un peu trop de vivacité. Elle enviait la placidité de Basile en toutes circonstances. Le temps passait sur elle, et elle n'avait toujours pas appris à maîtriser ses émotions.

« Vous ne cacheriez pas à un mourant des informations concernant sa famille ?

— À quel titre posez-vous ces questions, monsieur ? » intervint Basile.

Le visiteur se raidit.

« Au titre de collègue et ami de Raphaël. Et vous, monsieur, à quel titre répondez-vous à la place de madame ?

— Au titre d'ami de madame et de propriétaire importuné de cette maison. »

Paul Cardoz se leva avec une précipitation révélatrice de son exaspération. « Il ne me reste plus qu'à vous remercier de votre accueil et à prendre congé.

— Dites à Raphaël que nous compatissons mais que nous ne pouvons malheureusement pas l'aider, ajouta Camille.

— Je ne manquerai pas de l'en informer dès que je serai rentré.

— Quand prévoyez-vous de regagner Paris ? » demanda Basile.

Le visiteur le fixa d'un air à la fois étonné et soupçonneux.

« Je suis en congé pour un mois. Sur ces trente jours, il m'en a déjà fallu trois pour faire le voyage entre Paris et Millau, et il m'en faudra trois supplémentaires pour le voyage retour.

— Que venez-vous faire un mois dans le coin ? »

Un petit sourire effleura les lèvres de Paul Cardoz.

« Chacun son tour de poser des questions, n'est-ce pas ? » Il tendit le bras vers la baie vitrée donnant sur le causse. « Ça doit être perturbant de vivre si près d'une dame blanche.

— On tient le coup. »

Le visiteur se dirigea vers la porte.

« Je reviendrai sans doute vous rendre visite.

— Vous n'y êtes pas invité, lança Basile d'une voix dure.

— Je suis un éternel optimiste. Je suis persuadé que nos relations iront en s'améliorant. Belle journée à vous. »

Basile attendit que la silhouette eût disparu sur le causse pour murmurer :

« À mon avis, ce type est de la police, et Raphaël n'est pas plus mourant que toi et moi.

— Qu'est-ce qui te fait dire ça ? »

Basile revint s'asseoir près de Camille.

« On ne donne pas un délai de trente jours à un ami qui est censé n'avoir plus que quelques semaines à vivre. »

Pholos

Les forages de gaz de schiste aux abords de Paris, devenue sale et noire, lui donnaient des airs d'usine géante à ciel ouvert. Les fumées crachées par les hautes cheminées se jetaient dans le couvercle de nuages bas. Les voitures roulaient pour la plupart au gasoil – la production de gaz ne parvenant pas à répondre à la demande énergétique depuis l'arrêt des centrales nucléaires, la plupart des automobilistes se rabattaient sur le gasoil de mauvaise qualité dont les réserves s'épuisaient à une vitesse alarmante –, et les émanations de leurs pots d'échappement formaient un brouillard épais. D'innombrables pigeons voyageurs volaient au-dessus des toits.

Les trois véhicules blindés de la brigade Arès encalminés dans le trafic n'avançaient que mètre par mètre sur la bretelle d'autoroute. Jason avait pris le volant quelques kilomètres avant Orléans. À ses côtés était assis Pholos, un ancien récemment promu au grade de sous-lieutenant, lui aussi ; sur la banquette arrière se tenaient le colonel Persée et le commandant Ajax. Les deux autres véhicules placés devant et derrière le leur renfermaient chacun deux chauffeurs et trois tireurs d'élite. Le voyage depuis leur base de Toulon leur avait pris deux jours entiers, l'état et l'encombrement des routes ne leur ayant pas permis de dépasser la moyenne de cinquante kilomètres à l'heure. Le pays semblait plongé tout entier dans une désolation blanche et morne.

D'abord fier d'avoir été choisi pour intégrer la délégation invitée au palais de l'Élysée, Jason regrettait à présent cette échappée parisienne qui le priverait pendant une dizaine de jours de sa fille Hestia. Si Fanny n'était plus que le fantôme de la femme fraîche et joyeuse qu'il avait autrefois connue, Hestia, âgée maintenant de deux ans, était le soleil qui illuminait sa vie. Il ne couchait pratiquement plus dans sa chambre de la brigade et rentrait chez lui après ses heures de service, même en pleine nuit, pour le simple plaisir de contempler sa fille qui dormait paisiblement dans son lit à barreaux. La puissance de son sentiment paternel l'étonnait. Il n'aurait jamais cru qu'il contenait au fond de lui un tel gisement de tendresse. Il s'émerveillait de chacun des mots d'Hestia, de chacune de ses mimiques, de chacun de ses rires, de chacune de ses colères, de chacun de ses gestes. Il adorait la prendre dans ses bras, s'asseoir sur le balcon, goûter avec elle la caresse du jour mourant. Il s'efforçait de compenser l'apathie de Fanny et de passer le plus de temps possible avec leur fille pour favoriser son développement. Ne l'ayant pas déclarée comme isaac, ils s'étaient engagés par écrit auprès des envoyés de la brigade de recrutement à concevoir un deuxième enfant, mais Fanny cadenassait son corps et son esprit lorsqu'il abordait le sujet. Le temps s'égrenait à une vitesse inquiétante. S'ils ne pouvaient pas fournir un certificat de grossesse lors du prochain passage des brigadiers du recrutement, ils n'auraient pas d'autre choix que de leur remettre Hestia.

Ils entrèrent dans Paris par la porte d'Orléans.

« Vous êtes déjà venus à Paris ? s'enquit le colonel Persée.

— Pour moi, c'est la première fois », répondit Pholos.

Jason croisa le regard clair de son supérieur dans le rétroviseur.

« Pour moi aussi.

— Une ville magnifique, je vous assure, reprit Persée. Et j'espère que nous aurons le temps de goûter à ses charmes, y compris les plus vénéneux. » Il ponctua ses propos d'un petit rire entendu. « Nous serons logés du côté de Montmartre. En plein cœur de la vie nocturne.

— En quel honneur sommes-nous invités, mon colonel ? demanda Pholos.

— Je ne suis pas dans le secret des dieux. Je sais seulement que les responsables de l'armée, de la police et des brigades sont tous convoqués pour, je suppose, une communication de la plus haute importance.

— Cette invitation concernerait la loi d'Isaac que ça ne m'étonnerait pas, intervint le commandant Ajax.

— Vous voulez dire… »

Jason hésita, l'officier l'invita à continuer d'un geste de la main.

« … qu'ils vont l'abolir ? »

Son cœur cognait à tout rompre dans sa poitrine.

« Je dirais plutôt l'amender, sous-lieutenant, répondit Ajax. À mon avis, ils sont à court d'isaacs, et ils vont obliger chaque foyer à sacrifier deux enfants. »

Jason eut l'impression qu'une lame glacée se fichait dans ses tripes.

« Et si une famille n'a qu'un enfant ? » parvint-il à bredouiller.

Ce fut Persée qui répondit :

« Eh bien, ils prendront l'enfant et prélèveront un impôt de compensation. On a un besoin grandissant de pédokazes. On craint en haut lieu que les dames blanches ne passent à l'offensive, comme si leur illumination soudaine n'avait été qu'un préambule à une offensive générale.

— Les pédokazes n'obtiennent pourtant pas de résultats probants », marmonna Pholos.

Jason remercia intérieurement son collègue de son intervention. Lui n'aurait sans doute pas osé formuler, à l'encontre de la politique de l'ONU et du gouvernement français, une objection qui aurait pu être considérée comme un délit et valoir des poursuites pénales.

« Sans eux, on serait peut-être déjà ensevelis dans l'oubli, rétorqua Persée. Ils ont sans doute perturbé ces foutus gros ballons au point d'affaiblir leur puissance. Ne me dites pas que vous faites partie de ces irrécupérables sentimentaux, Pholos.

— Si j'étais de ceux-là, mon colonel, je ne me serais pas engagé dans la brigade », se défendit le sous-lieutenant.

Persée et Ajax acquiescèrent tous les deux d'un sourire. Jason, lui, avait perçu dans la voix de son collègue des fêlures qui démentaient ses propos. Il se promit de lui en parler lorsqu'ils se retrouveraient tous les deux dans un endroit tranquille. Il se demanda si les officiers supérieurs étaient eux-mêmes soumis à la loi d'Isaac. Si les membres du gouvernement, les députés et les hauts fonctionnaires étaient, comme les simples citoyens, contraints de donner un de leurs enfants au recrutement. Il n'avait rien lu à ce sujet dans les quotidiens, comme si les journalistes ne s'étaient jamais posé la question. Comme s'ils étaient liés par une entente tacite avec les sphères du pouvoir. Quels avantages en retiraient-ils ? Échappaient-ils à la loi en échange de leur silence ? L'extinction du Net et des réseaux sociaux avait sans doute relancé la vieille pratique des collusions.

« Quelqu'un connaît le chemin ? » demanda Jason.

Il se rappelait vaguement le guidage par satellite de la voiture de sa mère. L'activité magnétique des dames blanches avait contraint les constructeurs automobiles à supprimer tout équipement électronique de leurs véhicules, à privilégier la simplicité, la rusticité, la solidité.

« Remontez le boulevard, répondit Ajax. Je vous guiderai jusqu'à Montmartre. »

Le soir tombait, et avec lui une lumière terne qui plongeait Paris dans une grisaille lugubre.

« Nous sommes attendus demain à onze heures au palais présidentiel, déclara Persée. Nous avons donc une nuit pour nous familiariser avec les dessous de notre belle capitale. »

L'établissement suintait l'ennui et la mauvaise conscience. L'assistance constituée en majorité d'hommes suivait d'un air las les évolutions sans grâce d'une danseuse sur la scène mal éclairée. Jason et Pholos avaient pris place à une table située au milieu de la salle. Le colonel Persée, invité en compagnie du commandant Ajax à une soirée privée, leur avait donné quartier libre après le dîner ; les deux officiers supérieurs, escortés par les tireurs d'élite, se rendraient à pied à leur réception et n'auraient pas besoin de leurs services.

Jason et Pholos avaient erré un long moment dans le quartier de Pigalle avant d'être alpagués par un rabatteur et d'échouer dans une boîte de striptease où ils avaient commandé des cognacs de mauvaise qualité. Ils avaient regardé un premier effeuillage sans dire un mot. La fille, une blonde platine, s'était débarrassée de ses frusques sans conviction et avait exposé pour quelques minutes son corps blanc et dodu, ses seins lourds et sa toison curieusement teinte en rouge. Le rabatteur leur ayant promis qu'ils verraient un couple faire réellement l'amour sur scène, ils attendaient le clou du spectacle sans se bercer d'illusions quant à la qualité de la prestation. La première effeuilleuse avait réveillé la libido de Jason, endormie depuis des mois, mais la chaleur s'était déjà retirée de son bas-ventre et avait cédé la place à une ombre vaguement douloureuse.

La deuxième danseuse, une brune au corps athlétique, dégrafa son soutien-gorge et gonfla le torse pour tenter de mettre en valeur une poitrine fuyante. Des sifflets accompagnèrent ses contorsions, plus moqueurs qu'admiratifs.

« Tu as eu du cran cet après-midi de dire que les pédokazes n'arrivaient à aucun résultat, murmura Jason tandis que la stripteaseuse prenait des poses pathétiques en jouant avec l'élastique du string qui lui sciait le gras des hanches. Les vieux auraient pu mal le prendre. »

Pholos vida son verre, le reposa sur la table, puis alluma une cigarette dont l'extrémité rougeoyante lui enflamma les sourcils. Le rabatteur leur avait précisé qu'ils pourraient fumer à leur guise à l'intérieur du Flamant Rose. La fumée estompa un court instant le visage carré de Pholos.

« Je leur ai donné un fils et j'ai pas l'impression qu'il est mort pour quelque chose, répondit-il sans desserrer les lèvres.

— Il y a longtemps ?

— Cinq ans, mais la brûlure reste toujours aussi vive, elle m'empêche encore de dormir la nuit.

— Tu as d'autres enfants ?

— Une fille. Elle vient d'avoir six ans. Elle est sortie d'affaire. Et toi ?

— Une fille de deux ans.

— Pédokaze ?

— Non. Mais il faut que ma femme et moi mettions en route une deuxième gosse en vitesse. »

Le string de la fille roula entre ses longues jambes. Entièrement rasée, elle exhiba crûment son sillon bordé d'ourlets légèrement renflés. Une nouvelle vague de chaleur roula dans le bas-ventre de Jason. Des souvenirs de plaisir éclatèrent comme des bulles à la surface de son esprit.

« Nos chefs font semblant de ne rien savoir, mais ils sont parfaitement au courant. La loi d'Isaac exigera deux enfants par famille. Même si tu fais un autre gosse, ils te prendront ta fille.

— Je suis… je suis pas sûr de pouvoir le supporter. »

Les sifflets et les applaudissements des spectateurs redoublèrent. Pholos leva la main pour attirer l'attention du serveur, qui se présenta à leur table au bout d'une poignée de secondes.

« Cognac pour moi, commanda Pholos. Et pour toi ?

— Même chose.

— Quarante euros, payables d'avance. »

Aucune trace d'amabilité dans le ton du serveur. Pholos extirpa deux billets fripés de son portefeuille et les lui tendit en grognant :

« Putain, on aurait du mal à survivre dans cette foutue ville avec notre misérable paie. »

L'effeuilleuse brune agita son string comme un trophée avant de saluer, de ramasser ses frusques et de disparaître dans les coulisses. Pholos attendit que le serveur se fût éloigné pour se pencher vers Jason et ajouter, à voix basse :

« Si tu peux pas le supporter, mon vieux, t'as plus qu'à déserter et te planquer.

— Je suis pas trop mûr pour la vie clandestine. Mais il y a peut-être d'autres façons de couper à cette satanée loi d'Isaac. »

D'un regard circulaire, Pholos vérifia que personne ne leur prêtait attention.

« Tu as des relations haut placées ?

— Non, mais je peux essayer de m'en faire.

— On a donné notre sueur et notre sang pour défendre leur système. Il devrait y avoir une exception pour nous, les brigadiers. J'en ai parlé au Vieux. Il m'a répondu que nous devions donner l'exemple. Que personne n'est exempté.

— Tu y crois ? »

Les mâchoires de Pholos se crispèrent, soulignant la dureté de son visage.

« Bien sûr que non. Ils sont pas fous : ils nous prennent nos gosses, mais ils ne donnent pas les leurs.

— Ça ne te pose pas de problème ? »

Ils se turent le temps que le serveur dépose les deux verres bombés sur la table, puis ils trinquèrent.

« J'ai failli rejoindre un groupe de terroristes, j'en ai pas eu les couilles. » Le regard de Pholos se perdit dans le vide. « C'est comme ça qu'ils tiennent la population, par la trouille. Et nous, les brigadiers, nous sommes leur bras armé. J'ai voulu me flinguer, puis j'ai songé à ma fille et j'ai décidé de veiller sur elle. Et le mieux, pour lui être utile, c'est encore de toucher ma solde et de mener une vie tranquille.

— T'aurais pu mourir dans les Cévennes.

— J'ai fait gaffe à ne pas m'exposer, crois-moi. » Pholos but une deuxième gorgée de cognac avant de poursuivre : « J'ai tenté de savoir, pour faire mon deuil, dans quelle dame blanche mon fils avait explosé. Je suis allé à l'administration du recrutement, mais j'ai eu beau insister, supplier, ils n'ont rien voulu me dire. Ils ont pour consigne de garder secrètes les affectations des pédokazes. J'ai seulement appris que mon gosse était parti pour le camp de concentration du Sud-Est. De là, il a pu être envoyé sur n'importe quel site. On traite environ cinq mille dames blanches en France. À raison de quatre enfants par mois pour chacune d'elles, ça fait deux cent quarante mille par an. Ils seront bientôt à court d'effectifs. Voilà pourquoi ils vont doubler le nombre d'isaacs par famille. Si les responsables des forces de l'ordre sont convoqués demain à l'Élysée, c'est sans doute pour les avertir que de nouvelles émeutes risquent d'éclater après la modification de la loi. »

Des murmures de protestation s'élevèrent autour d'eux. Un couple venait de faire son apparition sur scène, et leur conversation résonnait comme un fracas d'orage dans le silence presque suffocant retombé sur la salle. Les hommes et les femmes répartis autour des deux brigadiers n'osaient pas les fixer, intimidés par leurs uniformes bleus et les pistolets pendant à leurs ceintures. Jason éteignit d'un regard glacé la moue réprobatrice d'un homme entre deux âges assis à deux mètres de lui. Il prit conscience d'être un rouage de l'implacable machine à semer la trouille dont avait parlé Pholos, cette même machine qui s'apprêtait à lui faucher sa fille.

Le couple sur la scène se lança dans une danse qui, lorsqu'on n'était pas dans l'ambiance, semblait davantage grotesque qu'érotique.

Typhon

Catel,

As-tu des nouvelles de Raphaël ? Nous pensons que ce Paul Cardoz qui est passé nous voir à trois reprises est un fouineur, un enquêteur de la police ou des brigades. Heureusement que, grâce à toi, nous disposons des pigeons voyageurs : les courriers postaux sont probablement vérifiés par la censure gouvernementale.

La vie suit son cours sur le causse. Notre voisine ne s'est pas rallumée, et je suppose que les autres, non plus. Depuis l'épisode de l'éclairage des bulles, Basile se sent de plus en plus fatigué. Il ressent des vibrations parfois insupportables qui l'obligent à rester alité. Peut-être Sacha pourrait-il passer à la maison pour l'examiner. Peut-être pourriez-vous l'accompagner, les enfants et toi, en vous cachant dans sa voiture. Je reconnais que je n'ai pas été une grand-mère très présente. Sans doute avais-je peur inconsciemment de nouer une relation affective avec mes petits-enfants en sachant que, comme Nathan, ils pouvaient m'être retirés à tout moment. Je me rends compte aujourd'hui que c'était une erreur. Comme on ne connaît pas l'heure de son départ, on doit profiter au maximum de chaque seconde qui nous est donnée, sans rien attendre en retour. Je n'ai pas assez profité de Nathan, ni de Diane, et je ne voudrais pas commettre la même erreur avec Ulysse et Pelops. Ni avec toi. Alors oui, j'avance en âge et j'aimerais vous embrasser et passer au moins quelques minutes avec vous. Si tu juges une excursion sur le causse trop dangereuse, je comprendrai et ne t'en voudrai pas. Je ne peux pas me déplacer, l'état de Basile requérant ma présence permanente à ses côtés. J'espère que tu vas bien et suis très heureuse pour toi que tu sois tombée sur un homme aussi bon et généreux que Sacha. Tu as trouvé ton Basile, en quelque sorte. Je te souhaite de connaître avec lui un bonheur sans nuage. Quelque chose me dit que les dames blanches vont bientôt partir. C'est comme un murmure qui s'impose en moi, une intuition persistante. Comme si elles en avaient fini avec nous, qu'elles avaient achevé leur tâche sur Terre. Nous ne saurons sans doute jamais pourquoi elles nous ont pris nos enfants. Nous n'aurons jamais aucune certitude sur leurs intentions. Basile répète souvent que nos réflexes belliqueux nous ont fait manquer la rencontre. Pratiquement toutes les familles sur Terre ont été touchées, et l'humanité est invitée à entreprendre un gigantesque travail de deuil et de reconstruction. Quel avenir pour les hommes ? Pour toi ? Pour tes enfants ?

Quoi qu'il en soit, j'espère bientôt ta visite et je t'embrasse fort.

Maman et mamy Camille

Le cœur de Camille bondit dans sa poitrine lorsque la voiture de Sacha Truong se présenta dans la cour. Catel n'avait pas répondu à son dernier message, et elle craignait que le pigeon ne se soit perdu ou n'ait été victime d'un rapace, d'un chasseur ou d'un malfaiteur. Une épidémie avait décimé plus de la moitié des pigeons voyageurs l'année précédente, la Poste ne parvenait plus à répondre à la demande et, un peu partout, s'étaient constituées des bandes qui capturaient les messagers ailés pour les revendre au marché noir. Selon Basile, la police et les brigades infiltraient ces gangs d'un genre nouveau pour inciter la population à en revenir au système du courrier et renforcer son contrôle sur la population.

Elle eut un pincement de déception lorsque Sacha descendit seul de la voiture. Elle alla à sa rencontre. Il lui fit signe, d'un geste péremptoire, de retourner dans la maison. Elle s'exécuta et l'attendit dans le salon. À peine entré, il lança un coup d'œil en arrière par-dessus son épaule.

« Vous êtes surveillés.

— Par qui ?

— Deux brigadiers planqués sur le causse.

— Comment le savez-vous ?

— Un brigadier de mes patients m'a dit qu'il était régulièrement de quart sur le causse. Sa mission est de surveiller le couple de dingues – c'est son expression – qui réside dans la maison près de la dame blanche. Apparemment, le mari de Catel a des relations et met le paquet pour récupérer ses enfants.

— Ça veut dire qu'elle n'est pas venue avec vous ? »

Une lueur furtive éclaira les yeux noirs de Sacha.

« Elle est planquée dans la voiture avec les enfants. Elle a tenu à vous voir malgré la surveillance étroite dont vous faites l'objet. Il faut juste s'assurer qu'ils puissent descendre sans être vus. Nous allons attendre la tombée de la nuit. Puis vous éteindrez les lumières dans la maison comme si vous alliez vous coucher. D'après mes renseignements, les brigadiers sont postés en haut de la crête dite de l'Âne Mort. Vous la connaissez ?

— Elle donne sur la cour.

— Ils sont probablement équipés de jumelles à infrarouges. J'ai garé la voiture le plus près possible de l'entrée. Normalement, en restant accroupis, Catel et les enfants devraient pouvoir entrer sans être repérés. »

Camille serra la main de Sacha avec ferveur.

« Merci de prendre tous ces risques.

— C'est bien normal : j'ai… comment dire ? Enfin, j'apprécie beaucoup votre fille. »

Il chassa son embarras d'un demi-sourire qui implorait son interlocutrice de ne pas insister sur le sujet.

« J'ai le temps d'ausculter votre ami Basile avant la tombée de la nuit. »

Elle le conduisit dans la chambre où reposait Basile. Il refusait de manger ces derniers temps. Il n'avait pas seulement perdu l'appétit, mais la petite flamme qui brillait habituellement dans ses yeux s'était également éteinte et sa peau avait viré du bronze au gris terne.

« Vous pouvez nous laisser ? »

Camille hocha la tête, quitta la chambre, se rendit près de la baie vitrée du salon et surveilla la tombée de la nuit qui, peu à peu, se resserrait autour de la F1674.

Même si l'obscurité assombrissait ses traits, Camille se rendit compte qu'Ulysse avait changé en quelques mois. Il aurait bientôt neuf ans, et sa ressemblance avec Lucho s'était tellement accentuée qu'elle en devenait troublante. Il semblait heureux de revoir sa grand-mère. Catel lui avait expliqué qu'il devait à tout prix rester dans une partie du salon comprise entre le canapé et la baie vitrée pour éviter d'être repéré par les hommes qui surveillaient les environs. Il avait acquiescé d'un hochement de tête avec la mine grave de l'enfant mis dans la confidence des adultes. Catel avait franchi accroupie la courte distance entre la voiture et l'entrée de la maison en portant Pelops qui commençait à peser lourd. Pour autant que pût en juger Camille, le deuxième fils de Catel avait toujours le même regard absent, la même indifférence apparente au monde, les mêmes gestes mécaniques.

« Tu n'aurais peut-être pas dû prendre ces risques. »

Catel lança à Camille l'un de ces regards chargés d'agressivité qu'elle semblait lui réserver.

« Tu n'es pas heureuse de nous voir ?

— Bien sûr que si. Mais je ne voudrais pas être la cause de…

— Cesse d'avoir des pensées négatives. Nous sommes assez grands pour mesurer les risques. »

Après avoir aidé Catel et les enfants à descendre de la voiture, Sacha était remonté dans la chambre de Basile et, depuis, n'était pas reparu.

« Rien de nouveau pour Pelops ?

— La pédopsy est à court de références. On en reste pour l'instant à l'hypothèse de l'activité magnétique des dames blanches et de l'altération de l'ADN.

— Ça se passe bien à Millau ?

— Je me dis chaque jour que j'ai bien fait d'accepter la proposition de Sacha. Si j'étais restée ici, ils m'auraient depuis longtemps arrêtée. Les brigadiers sont devenus nerveux depuis le renforcement de la loi d'Isaac.

— Et avec Sacha ? »

Un sourire effleura les lèvres de Catel. Son visage clair et celui d'Ulysse flottaient dans l'obscurité comme des masques de tragédie. Allongé sur le canapé, Pelops bougeait frénétiquement les mains au-dessus de sa tête sans proférer un son.

« Pas toujours facile de se comprendre, mais on progresse. Tu crois que c'est grave pour Basile ? »

Camille haussa les épaules.

« Aucune idée. J'ai l'impression qu'il perd peu à peu le goût de vivre, une dépression, à mon avis, liée aux dames blanches. Il est abattu par son impuissance à les comprendre.

— Personne n'y est parvenu.

— C'est ce que je lui répète sans cesse. »

Elles furent interrompues par l'irruption de Sacha, dont l'air soucieux les alarma.

« Alors ? » demanda Camille.

Il prit le temps de s'asseoir à côté de Catel avant de répondre.

« Le pouls et les réflexes sont normaux. Je n'ai décelé aucun symptôme physique. Il faudrait faire une analyse de sang pour vérifier que tout est normal de ce côté-là. Un IRM du cerveau serait également indiqué, mais les appareils ne fonctionnent plus. Je n'en sais pas plus.

— Tu es resté longtemps avec lui, remarqua Catel.

— Nous avons discuté. Il pense que les dames blanches… »

Un fracas de vitre brisée résonna comme un coup de tonnerre dans le silence nocturne.

« Personne ne bouge », hurla une voix.

Ulysse poussa un gémissement de terreur. Des rayons de lumière brutale, aveuglante, traversèrent la pièce.

« Vous êtes en état d'arrestation. »

Un homme en uniforme bleu frappé du sigle ONU-F s'avança dans le croisement des faisceaux de lumière, un fusil d'assaut en main. Camille reconnut immédiatement Achille Bonchamps, l'officier brigadier qui leur avait rendu visite quelques années plus tôt et dont les yeux clairs brûlaient de satisfaction. Il n'avait pas changé, même si la patine du temps avait creusé ses rides et durci ses traits. Il promena, avec une lenteur calculée, un regard torve sur Camille, Catel et Sacha.

« Il manque quelqu'un. »

D'un geste, il ordonna à deux hommes derrière lui de fouiller le premier étage de la maison. Les planches de l'escalier et les lattes du parquet craquèrent sous leurs pas. Catel serra Ulysse contre elle.

« Que nous vaut cette visite ? » demanda Camille.

Le visage d'Achille Bonchamps demeura impassible.

« Vous auriez tort de jouer au plus fin avec moi, madame. Les chefs d'inculpation ne manquent pas. Nous vous soupçonnions de dissimuler des informations et d'accueillir chez vous des fugitifs. Nous avions également des soupçons sur le docteur Truong et sur le soutien qu'il apporte aux clandestins. » Il pointa l'index sur Catel : « Quant à vous, vous avez tenté de vous soustraire à la loi d'Isaac, un délit qui peut valoir jusqu'à vingt ans d'emprisonnement.

— Considérez-moi comme le seul responsable et laissez les tranquilles », intervint Sacha.

L'officier s'avança d'un pas vers lui et le fixa avec une morgue que Camille jugea à la fois détestable et dérisoire.

« Gardez pour vous votre grandeur d'âme, docteur. Grâce à vos précieux agendas et vos autres documents, nous allons pouvoir opérer un vaste coup de filet sur la région de Millau. »

Sacha demeura quelques secondes immobile, comme déconnecté, puis il se détendit tout à coup à la façon d'un chat, bondit sur l'officier et referma ses doigts sur sa gorge.

« Sacha ! » hurla Catel.

Achille Bonchamps lâcha son fusil d'assaut. Les deux hommes déséquilibrés roulèrent sur le sol et heurtèrent la table basse. Leurs souffles et leurs gémissements enflèrent dans le silence stupéfait retombé sur la maison. L'officier, échappant un bref instant à l'étreinte de son adversaire, parvint à râler :

« Qu'est-ce que… vous… attendez ? »

Deux brigadiers se portèrent au secours de leur supérieur. Ils tentèrent de séparer les deux hommes, mais Sacha, hors de lui, refusa de lâcher son adversaire. Un violent coup de crosse lui percuta la base du crâne dans un craquement sinistre. Il s'effondra sur le carrelage comme un pantin aux fils coupés. Achille Bonchamps se dégagea, ramassa son arme, se releva comme un coq ébouriffé, toussa, reprit sa respiration, remit de l'ordre dans sa tenue, puis il frappa du pied le corps inerte de Sacha avec une moue de dédain avant de se retourner d'un air furieux vers ses hommes.

« Nom de Dieu, vous l'auriez laissé m'étrangler.

— Il nous a surpris comme il vous a surpris, objecta un brigadier. On ne pouvait pas lui tirer dessus, on aurait risqué de vous blesser.

— Tu ne mérites pas ton nom, Typhon. La prochaine fois, il faudra te montrer un peu plus rapide. »

Le dénommé Typhon tenta de désamorcer la colère de son supérieur.

« Personne n'aurait pu prédire que ce mec était aussi dingue. Le principal est que vous vous en tiriez sans une égratignure. »

Bonchamps désigna sa gorge cerclée d'un large trait rouge.

« Tu appelles ça comment ? »

Ulysse se mit à pleurer. Catel le plaqua contre sa poitrine pour étouffer ses sanglots. Camille observait d'un air inquiet Sacha, qui ne bougeait plus.

« Il a son compte en tout cas », reprit Typhon.

Les deux brigadiers chargés d'explorer le premier étage revinrent en compagnie de Basile, qui peinait à marcher.

« Voilà celui qui nous manquait, siffla Achille Bonchamps. La bande est au complet. Pas tout à fait… » Il se tourna vers Catel : « Où est votre fille ?

— Elle a été capturée par la F1674, répondit-elle d'une voix tremblante. Allez donc la chercher si vous en êtes capable.

— Dommage pour vous, s'exclama l'officier avec un sourire venimeux. Vous perdrez deux enfants sur trois. Quant à l'aîné, vous ne le reverrez pas de sitôt. » Il décrivit un large cercle du bras. « Embarquez-moi tout ce beau monde.

— Il est malade, plaida Camille en désignant Basile.

— Ne vous inquiétez pas pour lui, rétorqua l'officier. À l'ombre, il aura tout le temps de se soigner. »

Lorsque les brigadiers voulurent relever Sacha, ils se rendirent compte qu'il était mort ; le coup de crosse lui avait brisé les vertèbres cervicales.

Charon

MÊME s'ils avaient davantage fait l'amour en deux semaines que durant tout le reste de leur existence, Fanny n'était pas tombée enceinte. Le toubib avait refusé de leur fournir un faux certificat de grossesse qui lui aurait permis de gagner quelques mois : trop dangereux, s'était-il justifié. Un grand nombre de ses confrères avaient été arrêtés et lourdement condamnés pour s'être livrés à ce genre de trafic.

Fanny semblait enfin avoir pris conscience de l'urgence de la situation. Dans deux mois, les jours suivant l'anniversaire de Hestia, le recrutement se présenterait à l'appartement pour récupérer la fillette et l'expédier dans un camp de pédokazes. Jason, qui avait imploré sa femme d'accepter une nouvelle grossesse pour sauver leur enfant, lui avait même proposé, si elle ne voulait vraiment plus de lui, de renouer avec Arthur, son ancien amant, mais elle avait secoué la tête en murmurant, au bord des larmes, que ce dernier avait été retrouvé pendu dans sa cave deux mois plus tôt. Elle lui avait donc ouvert son corps, et ils s'étaient aimés avec acharnement, en exploitant au maximum les temps libres de Jason, les périodes de fécondation de Fanny et les positions, qui, selon un ouvrage médical, favorisaient la conception.

Les tests restaient désespérément négatifs.

Jason avait demandé à être reçu par le colon pour lui exposer son problème et lui demander s'il ne pouvait pas intervenir auprès des autorités du recrutement pour obtenir une exemption. Persée l'avait fixé avec froideur, rétablissant tout à coup la distance hiérarchique en partie abolie par l'intimité qui s'était établie entre eux pendant leur voyage à Paris.

« *Dura lex, sed lex,* avait-il tranché. La loi d'Isaac est dure pour tout le monde. Il n'y a pas, et il n'y aura pas, d'exception.

— Ma femme est sans doute devenue stérile, avait plaidé Jason. Je suis prêt à payer un impôt supplémentaire pour compenser… »

Le colonel avait frappé son bureau du plat de la main.

« Assez, sous-lieutenant. Ma réponse est négative. Et définitive. »

Jason avait rassemblé tout son courage pour poser la question qui lui brûlait les lèvres

« Et vous, mon colonel, vous y êtes soumis, à la loi ? »

Il avait perçu une infime hésitation dans les yeux de son supérieur.

« Je pourrais considérer comme une offense le fait que vous en doutiez. Restons-en là, sous-lieutenant, je ne veux pas perdre le reste d'estime que j'ai pour vous. »

Persée avait congédié son subordonné d'un geste de la main.

« Un hypocrite, avait commenté Pholos après que Jason lui eut rapporté son entrevue avec le Vieux. J'ai mené mon enquête. Il a eu quatre enfants, il lui en reste quatre.

— Peut-être qu'ils étaient trop vieux pour le recrutement…

— Tu parles. Il tutoie la soixantaine, mais sa femme a tout juste trente-cinq ans. Sûr qu'il aurait dû donner un de ses gosses au recrutement. Je me suis intéressé aux gros bonnets du coin. Pas facile de percer à jour leurs petites combines, mais j'ai un bon réseau d'informateurs. Même chose que pour le colon : ils se débrouillent pour échapper à la loi, hommes politiques, grands patrons, rupins, hauts fonctionnaires… Le fric et l'influence achètent absolument tout. Comme toujours, ce sont les classes populaires qui trinquent. Toi et moi, Jason, on est doublement les cons : on est victimes d'un système dont on est les putain de chiens de garde. »

Se résigner, accepter que Hestia lui soit arrachée, ou se révolter, devenir l'un de ces clandestins qu'il avait combattus et parfois tués : c'était la seule alternative. Il ne tenait pas à associer Fanny à ses réflexions. Il n'aurait su dire pourquoi, mais il pensait qu'elle serait un frein, voire un obstacle, s'il se décidait à franchir le pas. Seul, il lui serait plus facile d'organiser son éventuelle disparition. Il se débrouillerait ensuite pour la recontacter et lui donner rendez-vous dans un endroit sûr. Il hésitait à mettre Pholos dans la confidence, mais, celui-ci connaissant des réseaux qui pouvaient l'aider à entrer en clandestinité, il résolut de lui en parler. Il invita son collègue à boire un verre à la terrasse ensoleillée d'un café des faubourgs de Toulon.

Pholos vida un tiers de sa chope de bière et vérifia que personne ne pouvait les entendre avant de demander :

« Tu es sûr de ta décision ? »

Jason acquiesça d'un mouvement de tête.

« Ce serait à refaire, j'agirais comme toi. Je connais un passeur qui te fournira des papiers et t'aidera à t'installer dans un coin peinard. »

Jason se souvint de sa première grande mission dans la Petite Camargue, du mas isolé, des explosions, du miaulement des balles, des hurlements, des hommes, des femmes et des enfants rassemblés dans la pièce principale, du massacre absurde des jumeaux d'Iphigénie, des machines à fabriquer des faux papiers, de la mort d'Iphigénie tombée du camion et criblée de balles. Il était en train de passer dans le camp des réprouvés, après avoir été, selon l'expression de Pholos, un chien enragé au service du pouvoir.

« Je te dirai quand et où le contacter. Vous serez combien ?

— Deux. Ma fille et moi.

— Et ta femme ?

— Je préfère pour l'instant qu'elle reste en dehors de ça. »

Pholos tiqua.

« Les limiers du recrutement vont l'asticoter. Elle risque de passer un sale quart d'heure.

— Je ne suis pas sûr d'elle. Ils ne pourront pas l'inculper s'ils se rendent compte qu'elle ne sait strictement rien. »

Pholos écarta les bras.

« C'est ton affaire, mon vieux. Quand le recrutement doit-il passer chez toi ?

— Dans trois semaines au grand maximum.

— Ça urge, si je comprends bien. » Pholos vida sa chope, se leva et, bien que corpulent, se faufila avec souplesse dans l'étroite allée entre les tables de la terrasse. « Je te donne des nouvelles très bientôt. »

Le passeur portait le prénom – le pseudo ? – de Charon. C'était un petit homme sec, brun, plus vif et nerveux qu'un moineau. Son regard volait sans cesse d'un point à un autre, et les mots s'échappaient de ses lèvres comme des rafales de fusil d'assaut. Le point de rencontre était un entrepôt délabré infesté de rats, dans une zone industrielle désaffectée proche de la mer. La nuit étoilée se dévoilait parcimonieusement par les béances du toit. L'odeur lourde de pourriture et de saumure maintenait Jason au bord de la nausée. Il avait patienté une bonne demi-heure avant que la silhouette furtive du passeur n'émerge de l'obscurité.

« Heureusement que Pholos vous a recommandé à moi. » Le débit saccadé de son interlocuteur contraignait Jason à une concentration de tous les instants. « Je prends pas d'habitude les porteurs d'uniforme qui projettent de déserter. On n'a que des emmerdes avec ces gens-là. Mais il a répondu de vous et, comme c'est un ami, je lui fais confiance. Vous avez le fric ? »

Jason tira de la poche de son treillis l'enveloppe qui contenait la moitié de la somme exigée, soit trois mille euros en espèces. Il s'était rendu deux jours plus tôt à l'agence bancaire pour expliquer à la gestionnaire de son compte qu'il avait besoin de vingt mille euros en liquide, la quasi-totalité de ses réserves, pour régler des travaux dans son appartement. On les lui avait remis, non sans préciser qu'il aurait été préférable pour lui de solliciter un prêt, les taux de crédit étant inférieurs aux intérêts des investissements.

Charon compta les billets avec une avidité dérangeante.

« Votre effacement est prévu dans trois jours. Rendez-vous ici même à vingt-trois heures. Interdiction de venir avec votre bagnole. Nous disposons de nos propres moyens de transport. La filière comptera cinq autres personnes. Des questions ?

— Qu'est-ce que je dois emmener ?

— Rien. On évite toute trace qui pourrait mettre les bleus sur votre piste. On se charge de tout, nourriture, affaires de toilette, vêtements.

— Où nous conduirez-vous ? »

Le passeur lui lança un regard indéchiffrable.

« Vous le saurez quand vous y serez. S'agirait pas que la bleusaille de l'ONU vous mette le grappin dessus et vous tire les vers du nez.

— Et si la destination ne me plaît pas ?

— Vous n'êtes pas en position de choisir, vous irez là où il y a de la place et là où c'est le plus sûr. »

Jason scella le pacte d'une poignée de main. Il irait n'importe où, en enfer s'il le fallait, pour empêcher Hestia d'être transformée en bombe.

Il s'en était fallu de peu. Si Pholos ne s'était pas proposé de le remplacer, il serait resté consigné dans ses quartiers et aurait manqué le rendez-vous fixé par le passeur. Des rumeurs de soulèvement avaient incité le colon à décréter l'état d'alerte et une surveillance renforcée de la caserne. La loi d'Isaac 2 avait déclenché d'importantes secousses insurrectionnelles dans plusieurs pays et la contagion, selon les services de renseignement, gagnait la France. Pholos n'avait pas eu besoin d'une longue explication pour donner son accord, comprenant instantanément que Jason s'apprêtait à franchir cette nuit la frontière de la légalité.

« Bonne chance, avait-il seulement murmuré.

— Merci pour tout. »

Jason regagna son domicile au milieu de l'après-midi, emportant avec lui, en plus de son pistolet, son fusil d'assaut et deux chargeurs supplémentaires. Hestia avait commencé sa sieste depuis peu, ce qui leur laissait environ deux heures. Fanny se dévêtit sans dire un mot et se rendit dans la chambre. Il la rejoignit, retira à son tour ses vêtements et s'allongea sur le lit. À plusieurs reprises, tandis qu'il était en elle, il faillit lui parler de son projet, mais, à chaque fois, quelque chose l'en dissuada, la fragilité psychologique de Fanny, sa propre souffrance lorsqu'il l'avait surprise dans les bras d'Arthur, l'intérêt supérieur de Hestia… Elle n'eut aucune réaction pendant l'acte, ni soupir, ni gémissement, ni agacement, ni satisfaction, ni colère. Il dormit une demi-heure après avoir irrigué sa chair stérile. Lorsqu'il se réveilla, les rires de sa fille s'épanouissaient comme des fleurs sonores dans la paix du crépuscule.

Comme chaque soir, le babillage incessant de Hestia accompagna le dîner. Il fuma plusieurs cigarettes sur le balcon pendant que Fanny lavait la fillette. Le pigeonnier, vide, occupait une bonne partie de l'espace. Dire qu'il avait tué un homme simplement parce que sa famille et lui étaient en train de lui voler des pigeons. Ses pensionnaires ailés n'avaient pas survécu à l'épidémie qui avait emporté la moitié de leurs congénères vingt mois plus tôt. Il n'en avait pas racheté, d'abord parce qu'il n'en avait pas vraiment l'utilité, ensuite parce qu'ils atteignaient des coûts exorbitants au marché noir. Il songea qu'il allait changer d'existence sans avoir revu sa mère. Il n'en éprouvait aucune tristesse, aucune nostalgie. Il avait tourné autour d'elle comme un satellite lointain, elle était restée un astre inaccessible, une étoile à la lumière pâle et glacée.

Fanny se coucha vers 21 h 30 après avoir avalé sa dose quotidienne de somnifère. Elle dormirait comme une souche jusqu'à l'aube. Il patienta encore une heure et demie avant d'enfiler son treillis de camouflage, de s'équiper de ses armes et d'entrer dans la chambre de Hestia. Il prévoyait de prendre la voiture jusqu'à un kilomètre de l'ancien entrepôt, puis de finir à pied. La fillette ensommeillée ne protesta pas lorsqu'il la souleva et qu'il l'enveloppa dans une couverture de laine. Il sortit de l'appartement en veillant à ne pas faire de bruit. Il craignait moins de réveiller Fanny que de donner l'alerte aux voisins ; il aurait été bien en peine de leur fournir une explication plausible à son escapade nocturne. Il traversa le parking sous le ciel étoilé et atteignit sans encombre sa voiture, dans laquelle il installa Hestia. Elle bougea, gémit, mais demeura endormie. Le glissement vers la clandestinité lui semblait étrangement facile. Presque évident.

Il traversa avec prudence la ville assoupie. Il ne croisa qu'une poignée de véhicules dans les rues, dont deux voitures de police et une ambulance aux lumières clignotantes. Depuis la ruelle déserte où il abandonna la Fengshen, il entrevit la forme claire d'une dame blanche posée dans le terrain vague séparant la ville de l'ancienne zone industrielle. Il ne se rappelait pas l'avoir déjà vue. Peut-être était-elle apparue au début de la nuit ? Son diamètre n'excédait pas les cinquante mètres. Il ressentit une pression soutenue dans la région du plexus solaire, comme si une invisible main lui appuyait sous le sternum. Il faillit lâcher Hestia dont le poids commençait à lui tétaniser les bras. L'odeur répandue par le vent chaud lui rappela la puanteur de l'entrepôt. Toute cette partie de la ville semblait croupir dans un marécage putride. Il s'aventura sur le terrain vague en espérant ne croiser aucune patrouille. En principe, les brigadiers ne mettaient jamais les pieds dans le coin, mais il ne commença à se détendre que lorsqu'il atteignit les premiers grands bâtiments à l'abandon. Il lui fallut encore dix minutes pour rejoindre l'entrepôt, après avoir traversé plusieurs voies ferrées à l'abandon et contourné une mare à l'eau noire et visqueuse.

Il pénétra dans la bâtisse et l'odeur âpre lui retourna de nouveau les tripes. Des silhouettes s'agitèrent dans l'obscurité. Il transféra le poids de Hestia sur son épaule, libérant sa main droite pour la poser sur la crosse de son pistolet. Le canon de son fusil d'assaut glissé sous sa veste lui irritait les côtes.

« On vous attendait, vous êtes le dernier. »

Il reconnut la voix de Charon. Le passeur s'avança vers lui. Un peu en retrait, se tenaient un homme, deux femmes et deux enfants d'environ trois ans.

« Le reste du fric. »

Jason posa délicatement Hestia sur le sol de terre, puis tendit l'enveloppe à Charon, qui en vérifia le contenu à la lueur d'une lampe de poche.

« Il est temps d'y aller. »

Ils se dirigèrent vers l'autre extrémité de l'entrepôt. Jason avait hésité à réveiller Hestia, puis, voyant qu'elle dormait profondément, il s'était de nouveau résolu à la porter. Ses cinq compagnons de clandestinité avançaient en silence. Il se rendit rapidement compte que l'homme, un grand efflanqué aux joues creuses et aux cheveux fous, l'une des femmes, petite et plutôt boulotte, et l'un des deux enfants, un garçon à la bouille frondeuse, formaient une famille.

« Je m'appelle Éris. » La deuxième femme aux courts cheveux gris s'était approchée de lui sans relâcher la main de la fillette qui peinait à suivre l'allure. « Un drôle de nom, poursuivit-elle. Il symbolise la discorde. Je suppose que mes parents l'ignoraient. Et voici Sibylle, ma fille.

— Jason. Et ma fille qui dort, c'est Hestia. »

L'arrière de l'entrepôt donnait sur une falaise balayée par le vent. En contrebas, se dévoilait la surface frissonnante de la mer.

« Nous allons descendre par un sentier. Faites attention : la pente est raide et, par endroits, dangereuse.

— Qu'est-ce qu'on va faire en bas ? demanda l'homme maigre d'un ton rogue.

— Prendre le bateau, répondit le passeur.

— Il n'a jamais été question de ça ! Je suis malade comme un chien sur un foutu bateau.

— C'est le moyen le plus sûr pour vous mettre en sécurité. » Charon évacua son agacement d'une expiration sifflante. « Fallait pas vous lancer dans ce genre d'expédition si vous vouliez garder votre petit confort.

— Vous auriez dû nous prévenir, insista l'homme maigre.

— Calme-toi, Matis, intervint sa femme. On n'a plus le choix maintenant. »

Ils se lancèrent sur l'étroit sentier creusé dans le rocher et bordé d'une végétation clairsemée. Jason distingua, près du rivage, un petit bateau qui dansait au gré des ondulations. Ayant besoin de ses deux mains pour contrôler la descente, il fut cette fois obligé de réveiller Hestia. Elle grogna, se plaignit du froid, se frotta les yeux un long moment avant de demander à son père ce qu'elle faisait là. Il lui promit de lui expliquer dès qu'ils seraient sur le bateau.

Il l'aida à dévaler le sentier, l'assit sur le sable et lui posa la couverture sur les épaules avant de remonter d'une dizaine de mètres pour secourir Éris et Sibylle coincées au milieu de la pente.

« On se magne, cria le passeur. On n'a pas tout notre temps. »

Éris

CAMILLE était épuisée lorsqu'elle arriva sur le causse.

Morgan Mauléon avait accepté, visiblement à contrecœur, de la déposer à trois kilomètres de la maison de Basile. Ses huit mois d'incarcération dans le centre pénitentiaire de Béziers l'avaient vidée de ses forces. La promiscuité, la vétusté des locaux, la brutalité des gardiennes, la piètre qualité de la nourriture l'avaient laminée sur les plans moral et physique, d'autant qu'elle était restée sans nouvelles de Basile, de Catel et de ses petits-enfants. Elle avait partagé sa cellule de sept mètres carrés avec deux femmes jeunes et agressives, condamnées l'une pour meurtre, l'autre pour extorsion de fonds et mauvais traitements – son compagnon et elle avaient torturé un couple de personnes âgées pour les contraindre à avouer où ils avaient caché leurs économies –, et elle avait dû déployer des trésors de patience et de diplomatie pour esquiver les agressions. Elle était parvenue à obtenir, sinon leur respect, au moins leur indifférence. Elle n'avait que quelques mois à tirer, tandis que ses codétenues passeraient sans doute le reste de leur existence entre ces murs sales et puants. Le manque de place contraignait la direction du centre à entasser les prisonnières dans les cellules déjà surchargées sans tenir compte de la gravité de leur peine ni de leur âge. Les criminelles endurcies côtoyaient les délinquantes mineures et les réfractaires à la loi d'Isaac. Les cris poignants et les sanglots de désespoir avaient au début empêché Camille de dormir, puis ses insomnies avaient pris une autre tournure au bout de deux mois. Elle se reprochait d'avoir suggéré à Catel de lui rendre visite sur le causse. À cause d'elle, à cause de son désir égoïste, sa fille avait été arrêtée, ses petits-enfants rendus à leur père ou envoyés dans un quelconque centre d'éducation, Basile, propriétaire de la maison et considéré à ce titre comme le donneur d'asile, condamné à trois ans de prison ferme, Sacha Truong tué d'un coup de crosse et, probablement, les clandestins qu'il soignait capturés par les brigades. Rongée par la culpabilité, elle avait versé des larmes silencieuses pratiquement toutes les nuits, au point que son corps lui semblait être devenu plus sec qu'une branche morte.

Elle entra dans la maison, dont la porte n'avait pas été fermée à clef. Accueillie par une suffocante odeur de renfermé, elle ouvrit les volets. La lumière s'engouffra à flots par les baies et les fenêtres, comme impatiente et joyeuse de reconquérir un espace dont elle avait été privée pendant plusieurs mois. Tout était resté en place, y compris les derniers documents que Basile avait consultés à son bureau, y compris le pain abandonné qui avait pris une consistance de pierre sur la table de la cuisine. Comme il n'y avait plus d'électricité, l'EDF ayant suspendu l'approvisionnement pour non-règlement des factures empilées dans la boîte à lettres, les aliments avaient pourri dans le réfrigérateur. Elle dut le vider et le désinfecter avec une éponge imbibée d'eau de Javel. Elle versa les dernières larmes de son corps, prostrée sur le carrelage, envahie d'un désespoir qui lui coupait le souffle. Elle ne savait même pas où Basile et Catel étaient incarcérés. Si elle voulait leur rendre visite, elle devait se renseigner au greffe du tribunal de Millau. Pas évident que sa requête aboutisse à un quelconque résultat : l'administration soumettait les demandes des usagers au comité de censure, qui décidait d'y répondre ou non, dans des délais parfois interminables.

Camille entreprit de nettoyer les deux étages et se donna du courage en imaginant le retour de Basile. Il serait heureux de retrouver une maison propre et accueillante après trois ans dans l'enfer d'un centre pénitentiaire. Elle repoussa l'interrogation qui effleurait sans cesse ses pensées : sa santé chancelante avait-elle supporté l'épreuve de la détention ? Était-il toujours vivant ? Elle se promit d'entamer ses démarches dès qu'elle aurait repris suffisamment de forces pour descendre à pied à Millau. Une fois le ménage terminé, elle eut envie d'aller rendre visite à la F1674. Elle sortit par la baie vitrée et s'avança vers la bulle, qui n'avait pas bougé ni grossi depuis la dernière fois. Le visage de Diane lui revint en mémoire. Sa petite-fille se trouvait depuis plus de deux ans à l'intérieur de cette enveloppe blanche. Elle eut l'impression d'entendre le rire de la fillette résonner dans l'air chaud comme les notes délicates d'un charme suspendu à la branche d'un arbre. Un rire à la fois moqueur et joyeux. Elle crut percevoir également des voix entrelacées, chuchotées, évoquant un groupe d'enfants cachés derrière un buisson, en train de fomenter un mauvais coup. Le regard minutieux qu'elle jeta sur les environs ne révéla aucune silhouette, aucune présence, rien d'autre que des herbes jaunes frissonnantes sous les caresses du vent. Elle se dit avec une bonne dose de dérision que ses huit mois de prison l'avaient métamorphosée en une nouvelle Jeanne d'Arc. Elle s'assit à même le sol et demeura immobile devant la dame blanche jusqu'à la tombée de la nuit. Elle crut encore entendre le rire de Diane, des murmures d'enfants, puis, après qu'un silence profond se fut déployé sur le causse en même temps que l'obscurité, son estomac se rappela à son bon souvenir. Elle revint dans la maison et ouvrit le sac de vivres qu'elle avait achetés – à crédit – à Morgan Mauléon.

« Nous sommes des clandestins. »

L'homme la fixait droit dans les yeux. Son treillis, ses cheveux courts l'apparentaient plutôt à un militaire qu'à un réfugié ; une barbe de plusieurs jours ombrait ses joues creuses ; la fatigue tendait ses traits déjà saillants et parsemait le blanc de ses yeux de stries sanguines. L'accompagnaient une femme aux cheveux gris et deux fillettes d'environ trois ans.

« Je vous trouve bien imprudent de vous présenter comme clandestin à quelqu'un que vous ne connaissez pas.

— Nous marchons depuis presque trois jours, les filles sont épuisées, nous sommes affamés. Il me semble normal, si je vous demande de nous héberger, que vous sachiez à qui vous avez affaire. »

Camille désigna les deux fillettes.

« C'est en rapport avec la loi d'Isaac, non ?

— Éris et moi, on a refusé de leur donner nos filles, confirma l'homme.

— Ce sont des jumelles ?

— On ne se connaissait pas il y a trois jours. La brune, c'est Hestia ma fille, la blonde, Sibylle, la fille d'Éris. Nous nous sommes seulement retrouvés dans la même filière. Dans la même galère, je devrais dire : ça ne s'est pas très bien passé. »

Camille lança un regard en direction de la crête de l'Âne Mort. Elle supposa que les brigadiers avaient autre chose à faire que surveiller une maison restée vide pendant huit mois.

« Entrez. Vous allez me raconter tout ça. »

Elle les prévint tout d'abord qu'une dame blanche était posée tout près de la maison, que cette dernière avait capturé Diane, sa petite-fille, malgré toutes les précautions de sa mère, qu'il y avait donc du danger pour leurs filles à dormir dans la maison. Ils lui répondirent que, trop épuisés pour aller plus loin, ils acceptaient de prendre le risque. Elle attendit qu'ils se soient restaurés et qu'ils aient couché les fillettes tombant de fatigue dans l'ancienne chambre des enfants de Catel pour leur demander de lui raconter leur aventure. À la lueur des bougies, elle leur confectionna un repas avec les maigres ingrédients dont elle disposait. Par chance, elle avait prévu un grand paquet de farfalles qu'elle versa en entier dans le faitout posé sur la gazinière. Les fillettes dévorèrent de bon appétit les pâtes au beurre fondu. Pour les grands, Camille prépara une sauce à base de concentré de tomate délayée dans un peu d'eau qu'elle releva avec les épices conservées dans des boîtes hermétiques. Elle dénicha également une bouteille de gaillac rouge dans la cave très peu fournie de Basile.

L'homme vida son troisième verre de vin et se rencogna dans le fauteuil en face du canapé avant de prendre la parole :

« Je m'appelle Jason Mangin. Je suis, j'étais, membre de la brigade Arès, chargée de lutter contre ceux que nous appelions les terroristes, les opposants à la loi d'Isaac et les filières d'évasion principalement. J'ai choisi de passer à mon tour dans la clandestinité avant que le recrutement ne vienne me prendre ma fille unique Hestia. J'ai contacté, par l'intermédiaire d'un ami, un passeur du nom de Charon chargé d'organiser notre effacement, de nous fournir une nouvelle identité et de nous conduire en un lieu sûr. Nous nous sommes embarqués à bord d'un bateau aux environs de Toulon. Il prévoyait de nous déposer deux jours plus tard à Leucate, d'où nous devions gagner à pied les Pyrénées. Nous avons été pris en chasse par les garde-côtes au large des Saintes-Maries-de-la-Mer. Le batelier a réussi à les semer, mais Charon et lui ont décidé de nous débarquer entre Agde et Valras-Plage. Nous avons eu beau protester, leur rappeler que nous avions payé une petite fortune pour être conduits à la destination prévue, ils n'ont rien voulu entendre. Ils nous ont braqués pour nous prendre nos derniers euros. Je n'ai pas pu riposter, ils m'avaient piqué mes armes pendant mon sommeil. Ils nous ont largués quelque part sur la côte sans nous laisser la moindre possibilité de contacter une autre filière. Nous nous sommes séparés : la famille qui voyageait avec nous a voulu tenter sa chance de son côté. Éris et moi, on a résolu de se réfugier sur le Larzac, un coin tranquille et relativement accessible depuis l'endroit où Charon et son complice nous avaient lâchés. On a évité la ville de Béziers, puis on a emprunté les sentiers et les chemins entre Pézenas et la Couvertoirade. Pas facile de se ravitailler sans fric. On a pratiquement rien mangé, on a bu aux sources qu'on a trouvées sur notre route, on a dormi à la belle étoile. Les petites nous ont retardés. On a dépassé la Couvertoirade, puis on a aperçu votre maison à la tombée de la nuit. Elle n'était pas éclairée, comme s'il n'y avait personne. Je suis parti en reconnaissance, je vous ai vue, je suis revenu près d'Éris, on s'est demandé quoi faire, et puis on a décidé de tenter la chance, de vous demander de nous héberger pour la nuit. »

Il se tut et, les yeux brillants, se servit un nouveau verre de vin.

« Je n'ai plus rien, déclara la femme aux cheveux gris, au bord des larmes. Ni domicile, ni boulot, ni argent. Le père de ma fille ne voulait pas s'opposer au recrutement, il refusait même d'en discuter. Il a toujours été soumis, peureux. Nous avons eu Sibylle sur le tard. Pas question pour moi qu'elle devienne une pédokaze. J'ai préparé notre effacement à l'insu de mon mari. Il a fallu que j'emprunte de petites sommes à gauche à droite et que je vende pratiquement tous mes bijoux pour rassembler la somme réclamée par le passeur. J'ai endormi mon mari le soir de notre départ en versant une bonne dose de somnifère dans son vin, puis je suis partie avec Sibylle. Le reste, Jason vous l'a raconté. »

Camille retraça son propre parcours, la disparition de Nathan, le suicide de son mari, l'arrivée de Catel, la capture de sa petite-fille par la F1674, les étapes successives ayant abouti à l'intervention de la brigade de Millau, à son incarcération, à celle de Basile, à celle de sa fille et de ses petits-enfants.

« Les dames blanches ont apporté le malheur sur Terre, commenta Éris.

— Les dames blanches ou les hommes eux-mêmes ? releva Camille.

— Ce sont quand même elles qui ont commencé à nous prendre nos gosses, intervint Jason. La première fois que c'est arrivé, c'est à ma propre mère.

— Comment ça ? »

Jason but une gorgée de vin et en apprécia la saveur d'un claquement de langue. Les ténèbres qui noyaient la maison enveloppaient cette scène d'un voile onirique. Camille crut qu'elle allait bientôt se réveiller dans la cellule cauchemardesque du centre pénitentiaire de Béziers.

« Ma mère est la première femme au monde à avoir signalé la capture de son enfant par une dame blanche. On a même donné son prénom aux cent premières arrivées sur Terre : on les appelle les élodies. »

Un voile se déchira dans l'esprit de Camille, qui établit le lien entre cette histoire et le nom de famille de Jason.

« Votre mère est Élodie Mangin ? »

Il lui décocha un regard stupéfait.

« Vous la connaissez ?

— Disons que je l'ai connue autrefois. J'étais journaliste au magazine *Femme(s)* et, comme j'étais chargée du phénomène naissant des bulles, je l'ai interrogée. Vous êtes donc le frère de Léo ?

— Seulement son demi-frère », corrigea Jason. Un voile sombre glissa sur son visage. « Moins que ça, même. Ma mère ne l'a jamais oublié. Il n'y avait plus de place pour moi en elle. »

Camille songea avec amertume qu'elle-même n'avait pas accordé une grande place à Catel après la disparition de Nathan, que l'agressivité de sa fille à son égard plongeait sans doute là ses racines.

« Vous la voyez encore ?

— Ma mère ? Ma dernière visite, c'était pour lui annoncer mon mariage, et j'ai compris ce jour-là qu'elle ne me regarderait jamais comme un fils à part entière, seulement comme une copie ratée de son cher Léo. Elle n'est pas venue à mon mariage, et j'ai renoncé définitivement à la voir. Je ne sais même pas si elle est encore vivante.

— Et votre femme ? »

Jason hocha la tête avec tristesse.

« Elle ne m'a jamais aimé non plus. Je ne suis pas sûr que notre disparition, à Hestia et à moi, lui fasse quelque chose. »

Il sembla à Camille percevoir les éclats d'un rire enfantin, étouffé.

« Nous devrions aller voir si vos filles sont toujours dans la chambre. Elles sont des proies faciles pour la F1674. »

Bougie en main, ils se rendirent au premier étage. Les fillettes dormaient à poings fermés sur les matelas.

« Peut-être que l'un d'entre nous devrait s'installer avec elles, suggéra Jason.

— Inutile, objecta Camille. Sa mère dormait à côté d'elle quand Diane a disparu. Selon Basile, les dames blanches dotent les enfants qu'elles attirent de pouvoirs extraordinaires les rendant capables de traverser les murs, de parcourir à pied un grand nombre de kilomètres, de traverser sans difficulté une haie de soldats…

— Ça ne servirait à rien de nous en aller plus loin, coupa Éris. Il ne reste plus qu'à faire confiance. »

Camille fixa tour à tour les visages de ses vis-à-vis caressés par les flammes dansantes des bougies.

« La confiance, chuchota-t-elle. C'est tout ce qui nous reste. »

Anne

« PERNELLE, parloir. »

Catel lâcha le téléphone portable qu'elle était en train de démonter et fixa avec étonnement la gardienne en uniforme bleu marine qui s'était engouffrée dans l'atelier.

« Alors, Pernelle, c'est pour aujourd'hui ou pour demain ? »

Catel se leva. Les conditions de détention étaient si dures à la maison d'arrêt de Fleury-Mérogis qu'elle n'avait jamais pensé qu'on pût y recevoir des visites. Pendant les dix premiers mois, le temps s'était écoulé avec la lenteur d'une eau boueuse, visqueuse. Elle n'avait pas revu ses enfants après son arrestation. Elle était restée une semaine dans un centre pénitentiaire des Cévennes, avait été jugée et condamnée à vingt années d'emprisonnement par le tribunal de Montpellier, puis transférée par fourgon cellulaire à la prison de Fleury-Mérogis pour y accomplir la totalité de sa peine. On n'avait pas daigné répondre à ses questions au sujet de ses enfants : où étaient-ils ? Qu'allaient-ils devenir ? Elle avait fini par se résigner. L'indifférence était probablement la meilleure manière – la seule – de supporter l'enfer. Les sentiments, les émotions, les flammes se mouraient en elle. Du lever à 6 heures du matin au coucher un peu après 21 heures, elle s'adonnait à ses activités quotidiennes comme un automate. Après l'avoir employée pendant un mois aux corvées de ménage et de lessive, la direction l'avait affectée au service de recyclage. De 7 h 30 à 19 heures, elle travaillait dans un immense entrepôt glacial l'hiver et brûlant l'été, qui abritait une quantité phénoménale d'appareils électroniques rendus inutilisables par l'activité magnétique des dames blanches – téléphones portables, GPS, ordinateurs, téléviseurs, électroménager… Elle démontait chaque appareil, gros ou petit, et triait les composants qu'elle jetait ensuite dans de grands conteneurs métalliques. Les différentes matières, dont les métaux rares, les plus recherchés, serviraient à fabriquer les nouveaux équipements lorsque l'humanité aurait gagné la guerre contre les envahisseuses célestes.

Catel pensait, elle, que les humains avaient déjà perdu la guerre. Que les dames blanches ne partiraient pas avant d'avoir obtenu ce qu'elles étaient venues chercher. Les rodomontades des hommes politiques, les lois d'Isaac 1 et 2, l'unité de façade des nations regroupées sous l'égide de l'ONU ressemblaient fort aux agitations dérisoires de rats prisonniers d'une cage de verre. Elle s'efforçait de ne pas trop penser à ses enfants. Les larmes coulaient d'elles-mêmes dès que les visages d'Ulysse et de Diane s'affichaient sur l'écran de sa mémoire. Le souvenir de Pelops provoquait en elle d'autres réactions, indéchiffrables, un mélange de colère et remords. Elle n'avait pas été une mère pour lui, seulement une mauvaise nourricière. Elle regrettait amèrement le sursaut maternel qui l'avait poussée à tenter de le soustraire à la loi d'Isaac : à cause de Pelops, à cause d'un enfant légume qui semblait n'avoir jamais reçu sa conscience, elle avait tout perdu. Alors, la tête posée sur l'établi, elle pleurait jusqu'à ce qu'une codétenue vienne lui conseiller de se reprendre avant l'intervention d'une gardienne.

Catel en voulait également à sa mère. Si Camille n'avait pas insisté pour la voir, elle n'aurait pas été arrêtée, ses enfants ne lui auraient pas été enlevés et Sacha Truong, avec qui elle avait pensé atteindre enfin une forme d'équilibre à défaut de bonheur, n'aurait pas été tué. Elle n'avait pas cherché à savoir ce qu'étaient devenus sa mère et Basile. Leur sort ne la concernait pas, comme si l'intervention des brigadiers avait tranché avec eux tous les liens.

La gardienne la conduisit au parloir par d'interminables couloirs grisâtres où s'agitaient des ombres silencieuses. Elles franchirent trois portes verrouillées avant de parvenir à l'espace de visite. Une deuxième gardienne prit le relais pour installer Catel dans une alcôve munie d'un téléphone et séparée de la salle extérieure par une vitre blindée.

« Vous avez trente minutes. Pour parler, utilisez le téléphone. »

Catel ne put retenir un geste de surprise lorsqu'elle découvrit, de l'autre côté de la vitre, le visage bouffi de Raphaël, qui la dévisageait d'un air mi-courroucé mi-narquois. L'alcool avait étendu sur lui ses ravages. Elle faillit tourner les talons : cette visite ne présageait rien de bon. Puis la curiosité l'emporta et elle décrocha le téléphone. La voix nasillarde de Raphaël qui grésilla dans le combiné l'horripila.

« Ça fait un sacré bail, hein. »

La boule qui gonfla dans sa gorge empêcha Catel de répondre.

« Te barrer comme ça avec les enfants, poursuivit Raphaël. Une belle saloperie, tu ne trouves pas ? J'ai rêvé souvent de te voir entre quatre murs avec des frusques de tôlarde.

— Ce n'était pas la peine de te déplacer à Sainte-Geneviève-des-Bois pour me balancer ce genre de connerie, rétorqua Catel.

— Pas seulement. Je venais aussi te donner des nouvelles des deux enfants qui nous restent.

— Pas par bonté d'âme, je suppose. »

Il éclata d'un rire rauque. Il n'était plus qu'une caricature de l'homme séduisant qu'elle avait un jour croisé dans les bureaux de la Poste.

« Tu restes leur mère, ça me paraît normal de te tenir informée. »

Des lueurs sardoniques brillaient dans ses yeux à demi occultés par ses paupières gonflées.

« Ulysse va bien, poursuivit-il. Il a intégré l'école de la Poste de Paris. Il obtient d'excellents résultats et semble s'y plaire. Comme j'ai eu de l'avancement, j'ai pu revendre l'appartement du 18e pour m'installer dans un quartier nettement plus agréable. Ulysse peut aller à l'école à pied, et je rentre assez tôt pour m'occuper de lui. » Il marqua un temps de pause pour ménager son effet. « Quant à Pelops, le recrutement est venu le chercher hier. Il était déclaré comme isaac, il finira isaac, on n'échappe pas à son destin. »

Le sang de Catel se figea. Elle avait complètement occulté le troisième anniversaire de son fils.

« Il n'a même pas appris à marcher, bredouilla-t-elle.

— Figure-toi que si. Il s'est mis à cavaler quelques semaines après que je l'ai récupéré. Comme si, désolé de te le dire, c'était toi le problème. Comme s'il refusait d'évoluer tant que tu restais près de lui.

— Il parle ?

— Il ne parlait toujours pas quand ils sont venus le chercher. Quelle importance ? La parole ne lui sera d'aucune utilité là où il va. »

La colère, à nouveau, frémit dans les veines de Catel.

« Garde ton cynisme pour toi.

— Quel cynisme ? Pelops va simplement accomplir son devoir.

— Comment un gamin de trois ans peut-il avoir la moindre notion de devoir ? »

Le visage de Raphaël s'empourpra.

« C'est la guerre, bordel ! Une guerre totale ! Tu as toujours eu du mal à piger ça. C'est notre survie qui est en jeu. La seule façon de gagner, c'est d'utiliser des pédokazes jusqu'à ce qu'on ait trouvé le bon explosif ou le bon gaz. »

Catel se souvint de ses discussions avec sa mère et Basile et, pour la première fois depuis son incarcération, elle fut traversée par l'envie de les revoir, de les entendre, de partager un moment avec eux.

« Notre survie, tu parles. Elles nous sont infiniment supérieures. Nous croyons voir une guerre là où il n'y a peut-être qu'une rencontre manquée. »

Il se recula derrière la vitre pour la fixer d'un air méprisant.

« À cause de toi, Catel, j'ai perdu ma fille. Si tu étais restée avec moi, que tu m'avais parlé au lieu de t'enfuir comme une voleuse, Diane serait toujours avec nous.

— Tu n'en sais rien : je dormais dans la même chambre qu'elle lorsqu'elle a été capturée par la dame blanche.

— C'est ta négligence qui est la cause de sa disparition. Tu as inconsciemment reproduit le drame de ta mère. »

Catel se contint pour ne pas raccrocher.

« Quand une dame blanche décide de capturer un enfant, personne ne peut l'en empêcher. Va consulter les articles consacrés à ce sujet dans les archives.

— Tu es intoxiquée par le copain de ta mère. Les ufologues ne sont pas seulement dingues, ils peuvent être dangereux.

— Pourquoi es-tu venu me voir exactement ? »

Un sourire indéfinissable flotta sur les lèvres rainurées de Raphaël. Elle crut discerner dans ses yeux un vague désir, un souvenir fugace des prémices de leur histoire.

« Pour te tenir informée au sujet de Pelops. Tu as voulu le soustraire à la loi, ta fuite n'a servi à rien d'autre que nous coûter deux enfants au lieu d'un. Je voulais que tu le saches, te donner de quoi ruminer pendant vingt ans. Dans vingt ans, tu ne seras plus qu'une vieille folle, Catel. »

Il marqua un temps d'hésitation avant de poser la question qui, visiblement, le taraudait :

« Comment ça se passe ici sur le plan… tu sais, sexuel ? Tu es devenue gouine ? »

Elle raccrocha, se leva et s'éloigna sans esquisser un geste ni lui accorder le moindre regard.

Ses trois codétenues posaient sur Catel des regards envieux. Assises sur les deux lits du bas, elles se passaient une cigarette au goût atroce. Un désordre insensé régnait dans la minuscule cellule, vêtements entassés, papiers chiffonnés, restes de nourriture, paquets de gâteaux et de cigarettes vides, cendriers improvisés débordants de mégots… Aucune porte, ni même un simple rideau, n'isolait la cuvette des chiottes nue et grise placée sous la lucarne à côté du minuscule lavabo. L'odeur était la même à l'intérieur de la pièce que dans le reste du bâtiment, un mélange de pourriture, de fosse septique et de détergent. Des photos disposées sans aucune cohérence ne parvenaient pas à égayer la grisaille des murs.

« C'était qui, au parloir ? » demanda Anne, la plus âgée de ses codétenues, la plus bavarde et curieuse également, une drôle de petite bonne femme ridée et tassée, condamnée à perpétuité pour avoir tué un brigadier d'un coup de couteau au cours d'une émeute.

« Mon ex-mari, répondit Catel.

— Qu'est-ce qu'il te voulait ?

— M'annoncer que mon troisième enfant avait été récupéré hier par le recrutement.

— C'était bien la peine de te tirer de chez toi.

— T'es relou, Anne, lança Héloïse, une femme athlétique aux cheveux courts et aux traits durs, coupable d'avoir assassiné mon mari avec l'aide de son amant et tirant une peine de trente ans. Pas la peine d'en rajouter.

— Ta gueule ! répliqua Anne. Je dis ce que je veux. »

Les deux femmes se toisèrent pendant quelques secondes. Elles s'étaient battues à trois reprises depuis l'arrivée de Catel dans leur cellule, s'arrachant avec frénésie cheveux et bouts de peau. Il avait fallu l'intervention des gardiennes pour les séparer. Catel supposait que leurs bagarres relevaient de leur lutte incessante pour la position dominante.

« C'est juste ce qu'il te voulait ? » intervint Zoé, la plus jeune des occupantes de la cellule, la plus renfermée également, capable de passer des heures prostrée sur son lit, ses longues mèches noires tirées en paravent sur son visage. Elle avait pris vingt ans pour avoir tenté de donner au recrutement un autre enfant que le sien.

« Il avait envie de me narguer, je suppose. Me rappeler que ma vie était foutue, que je ressortirais vieille et seule de ce trou. Sa petite vengeance.

— Un tordu, ce mec, gronda Héloïse.

— Parce que toi, ce que tu as fait, c'est pas tordu, peut-être ? cracha Anne.

— Putain, tu me cherches !

— Assez, vous deux », cria Zoé d'une voix suraiguë, insupportable.

Les éclats de la benjamine étaient aussi rares que spectaculaires, presque hystériques ; celui-là eut en tout cas le mérite de mettre fin à la querelle naissante.

« Tu as eu de la chance, reprit Anne. Moi, je donnerais n'importe quoi pour recevoir une visite, au moins une fois. Mais ils m'ont oubliée à l'extérieur. Ça fait six ans que je croupis dans ce trou, et personne ne m'a demandée. Même mon Baptiste m'a laissée tomber.

— Ton Baptiste ? releva Catel.

— Elle t'a pas encore parlé de SON Baptiste ? siffla Héloïse.

— Il s'est peut-être tapé une jeunette du parti, poursuivit Anne. Il est resté bel homme et il inspire confiance. On avait pourtant les mêmes rêves. Sauf pour les enfants. J'en voulais, pas lui. Pas question de leur fournir un isaac, il disait. J'en ai pas fait pour le garder.

— Résultat : il t'a oubliée en moins de deux », coupa Héloïse avec, cette fois, des nuances de compassion dans sa voix rauque.

Anne hocha la tête, les larmes aux yeux.

« J'ai espéré tous les jours la première année, tous les deux jours la deuxième, toutes les semaines la troisième, tous les mois la quatrième, tous les ans à partir de la cinquième. On ne peut pas empêcher une femme d'espérer, pas vrai ? La guerre contre les dames blanches va peut-être prendre fin, ils se rendront alors compte de l'injustice qui nous est faite et nous relâcheront. »

Elles allumèrent une autre cigarette et fumèrent sans un mot pendant quelques minutes. La nuit tombait sur Fleury. Un air froid se glissait par la lucarne entrouverte aux barreaux épais, reliés entre eux par un grillage aux mailles fines, afin de dissuader les détenues de jeter leurs mégots dans la cour. Les premiers cris du soir, lugubres, déchirants, trouaient le silence nocturne.

« C'est notre tour ce soir aux douches, murmura Zoé.

— J'espère qu'elles seront plus chaudes que la dernière fois, marmonna Héloïse.

— Ça fait presque cinq ans qu'elles sont toujours aussi froides », renchérit Anne.

Même brûlantes, elles ne seraient jamais en mesure de réchauffer l'âme de Catel.

Magnus

Ils avaient établi des tours de surveillance pour prévenir l'irruption des brigadiers sur le causse. Du matin au soir, ils s'installaient à tour de rôle dans le grenier pour surveiller les environs à l'aide de jumelles. Les pigeons voyageurs avaient disparu. Ils s'étaient sans doute envolés pour chercher leur pitance à l'extérieur, puis, après être revenus à plusieurs reprises, ils avaient constaté que leurs mangeoires restaient vides et étaient définitivement partis.

Comme la tournée de Morgan Mauléon évitait désormais la maison, Camille se rendit à pied à Millau pour effectuer le ravitaillement, munie des quelques dizaines d'euros qu'Éris avait réussi à soustraire à la rapacité du passeur et de son complice. Il lui fallut trois heures pour gagner la ville, et elle y arriva dans un tel état d'épuisement que, éreintée, elle dut rester assise une heure sur un banc pour récupérer. Elle se rendit d'abord à la banque, où on la fit patienter presque deux heures. Une jeune femme élégante et agressive, qui portait le titre ronflant de chargée de clientèle, l'invita enfin à entrer dans un bureau surchargé de classeurs et lui annonça du bout des lèvres que la rente de monsieur Basile Traoré avait été versée régulièrement sur leur compte commun, qu'ils disposaient d'une somme d'environ douze mille euros, qu'elle pouvait donc utiliser son chéquier et retirer des espèces – elle devait passer par l'agence pour cette dernière opération, le service des cartes bancaires n'ayant toujours pas été rétabli. Camille calcula que cinq mille euros leur permettraient, aux réfugiés et à elle, de tenir le coup pendant un bon moment. On lui remit les coupures dans deux enveloppes, en lui conseillant de ne pas traîner dans les rues avec une telle somme sur elle.

Elle se rendit ensuite au tribunal où elle parvint *in extremis* à être reçue par une secrétaire du greffe, une femme sans âge au visage osseux. Celle-ci l'écouta sans dire un mot, le menton posé sur ses mains croisées, figée au point que Camille eut l'impression déroutante de s'adresser à une statue de cire.

La secrétaire, s'animant enfin, consulta un épais registre posé sur un coin de son bureau.

« Je n'ai pas le droit de vous dire où sont incarcérés votre ami et votre fille, madame, je dois soumettre votre requête au bureau de contrôle. » La douceur de sa voix offrait un contraste saisissant avec son apparence revêche. « Où puis-je vous adresser leur réponse ? »

Camille lui donna l'adresse de la maison de Basile.

« Comptez deux bons mois. Les différents services sont débordés. » La secrétaire referma le registre. « Vous avez été libérée depuis peu, n'est-ce pas ? »

Camille acquiesça d'un hochement de tête circonspect, ne sachant pas où son interlocutrice voulait en venir.

« Étant donné votre âge, ce n'était pas trop dur ?

— La prison n'est jamais agréable. Mais ma peine était courte, tandis que certaines de mes anciennes codétenues en ont encore pour vingt ou trente ans. »

Des rais de lumière oblique tombaient des hautes fenêtres et teintaient les boiseries du greffe d'un vernis mordoré. Un peu partout, sur les bureaux, sur les rayonnages, s'amoncelaient des dossiers parfois empaquetés à l'aide de simples ficelles. Des effluves de poussière se glissaient dans l'odeur piquante de papier moisi.

« Je n'ai pas eu d'enfant. Je ne voulais pas risquer de tomber dans l'illégalité, vous comprenez. La peur… »

Un voile fugace de tristesse glissa sur le visage de la secrétaire, qui congédia la visiteuse d'un mouvement de menton. Camille sortit du tribunal et se rendit dans la première supérette qu'elle trouva sur son chemin.

La montée vers le causse se révéla plus pénible que la descente. Le poids des deux sacs qu'elle portait l'obligeait à prendre des pauses fréquentes. Elle emprunta la route, estimant qu'il valait mieux marcher sur un revêtement à peu près lisse plutôt que sur des sentiers truffés d'ornières. La nuit la surprit alors qu'il lui restait cinq bons kilomètres à parcourir. Ses hanches, ses genoux, ses chevilles, son dos l'élançaient. Elle repoussa à plusieurs reprises la tentation de s'arrêter, de s'allonger quelque part dans les fourrés bordant la chaussée. Les nuages s'amoncelaient au-dessus de sa tête, l'air se chargeait d'humidité. Elle prit conscience que l'âge s'était installé en elle et avait grippé ses rouages. La vie avait coulé entre ses doigts à une vitesse effarante. Elle se souvint de ses songeries d'adolescente, de ce mélange de mélancolie et d'idéalisme dont elle avait pétri ses rêves. Les événements s'étaient enchaînés sans lui laisser le choix, comme le lui avait suggéré Basile. Qu'avait-elle maîtrisé ? Les précautions prises pour Nathan ne l'avaient pas empêché d'être enlevé, elle n'avait pas pu dissuader Lucho de se suicider, elle avait elle-même causé la perte de Catel, de Pelops, de Basile, elle ne saurait jamais ce qu'étaient devenus ses parents. De sa famille, il ne restait rien. Elle se retrouvait seule sur cette route de montagne aussi déserte et noire que son âme, les épaules et les bras sciés par le poids des sacs.

Un grondement de moteur retentit derrière elle. Des phares balayèrent la route et dévoilèrent la béance d'un fossé. Elle s'immobilisa sur le bas-côté. Une voiture la dépassa en abandonnant une odeur pestilentielle de gasoil dans son sillage, parcourut encore une trentaine de mètres avant de freiner et de reculer. Le conducteur en descendit. Elle se souvint qu'elle avait près de cinq mille euros sur elle et ralentit sa respiration pour desserrer l'étau qui lui comprimait la poitrine. Un crâne lisse et un visage buriné émergèrent de l'obscurité. Les tatouages de l'homme se devinaient au-dessus du col de son blouson de cuir et sur ses avant-bras.

Il posa sur Camille un regard indéchiffrable.

« C'est dangereux de se balader seule en pleine nuit. Je vais sur le causse. Vous voulez que je vous y dépose ? »

Sa voix semblait traverser un cornet empli de boue et de cailloux.

« Qu'est-ce que vous allez faire sur le causse à cette heure-ci ? »

L'homme sourit, exhibant une dentition en grande partie métallique.

« Ça, ma petite dame, sauf votre respect, j'ai envie de dire que ça vous regarde pas.

— Il n'y a qu'une maison là-haut.

— Ce qui veut dire que vous y allez vous aussi, je me trompe ? On pourrait… »

Il se tut, comme frappé par une évidence.

« Hé, vous vous appelleriez pas Camille, par hasard ? »

Le fait qu'il connaisse son nom acheva de la rassurer.

« Comment le savez-vous ?

— J'ai partagé pendant dix mois la piaule d'un mec appelé Basile Traoré, ça vous dit quelque chose ? »

Le cœur de Camille s'arrêta de battre.

« Vous… Comment va-t-il ?

— Il m'a justement chargé de vous donner de ses nouvelles. Filez-moi vos sacs, on parlera dans la bagnole. »

Il disposa les courses dans le coffre et dégagea précipitamment le siège de droite du foutoir qui le recouvrait.

« Désolé pour le bordel. J'avais pas prévu de prendre une passagère. »

Camille fut soulagée de s'asseoir et de finir la montée en voiture. L'homme s'appelait Magnus, mais le milieu le connaissait plutôt sous le surnom de Squale, à cause de sa dentition qui rappelait Jaws, un personnage d'un James Bond des années 1980. Condamné pour braquage, il avait purgé une peine de sept ans au pénitencier de Toulouse-Seysses. C'est là qu'il avait rencontré Basile, un mec bien, mais vraiment pas adapté à la vie carcérale. Il l'avait placé sous sa protection et lui avait évité deux ou trois passages à tabac.

« Et sa santé ? demanda Camille. Il n'était pas en grande forme lorsque les brigadiers nous ont arrêtés.

— Il a connu deux ou trois mois difficiles, mais il s'en est sorti. Il va bien maintenant. Il m'a souvent parlé de vous. Il s'occupe de la bibliothèque de la zonzon, un boulot peinard qui lui va bien.

— Vous avez fait tout ce chemin seulement pour me donner de ses nouvelles ? »

Les doigts cerclés de bagues de Magnus heurtèrent en cadence le tableau de bord.

« Je lui en ai fait la promesse. Une parole est une parole. Et puis, je suis curieux de voir la grosse dondon dont il m'a farci les oreilles.

— La grosse dondon ?

— La dame blanche. Il m'en a causé si souvent que je me souviens même de son matricule : F1674. Vous avez vécu tout près d'elle pendant un sacré bail.

— Vous n'avez jamais vu de dame blanche ?

— De loin, seulement. Je suis vraiment pas du genre trouillard, mais elles m'ont toujours foutu les foies, ça s'explique pas. La façon dont Basile m'en a parlé m'a donné envie d'admirer celle-là de près. »

Des trombes dégringolèrent soudain des nuages crevés. L'essuie-glace poussif de la voiture, une Peugeot-Tata, ne parvint pas à balayer l'eau déferlant sur le pare-brise. Un ruisseau gonflait sur un côté de la route.

« Putain, on n'y voit plus que dalle », maugréa Magnus.

Il gara la voiture sur une aire de dégagement déjà nappée d'une épaisse couche d'eau.

« Attendons que ça se calme, ou on risque de finir dans le fossé. »

Le martèlement de la pluie les obligeait à parler fort, à crier presque.

« Vous faisiez quoi, avant ? demanda Camille.

— Comme travail, vous voulez dire ? » Magnus éclata de rire. « J'ai jamais travaillé. Enfin, j'ai participé à quelques affaires qui ont bien demandé un peu de boulot, mais j'ai jamais été un mec rangé.

— Quel genre d'affaires ?

— Cambriolages. Le système des cartes abandonné, des sommes en espèces de plus en plus importantes transitaient par les agences bancaires. Avec quelques potes, on s'est spécialisés dans l'attaque de banques. Les Dévaliseurs, on nous surnommait. On a réussi une vingtaine de braquages. Et puis le dernier a foiré : une bande de brigadiers passait par là au moment où on sortait. Ils nous ont tiré dessus. On s'est réfugiés dans l'agence, pensant qu'ils n'oseraient pas intervenir. Mais ces enfoirés ne nous ont pas lâchés. Le GIGN s'en est mêlé. Ils ont fini par nous avoir. J'en ai pris pour sept ans. Mes potes qui s'étaient servis des employés comme de boucliers humains ont été condamnés à trente ans. »

Magnus sortit un paquet de cigarettes de la poche de son blouson de cuir.

« Ça vous dérange pas si je fume ? »

Sans attendre la réponse de Camille, il baissa la vitre de son côté avant d'allumer la cigarette à l'aide d'un vieux briquet à essence et de recracher une interminable guirlande de fumée.

« Basile m'a dit que vous étiez journaliste.

— Je travaillais pour le magazine *Femme(s)*, mais il y a si longtemps que j'ai l'impression que c'était quelqu'un d'autre. Je me suis occupée du dossier des dames blanches au tout début du phénomène. Bilan : elles ont capturé mon fils, ma petite-fille, et je n'en sais pas davantage sur elles qu'au premier jour.

— Heureusement que j'ai pas eu de gosse. Ça m'aurait rendu malade. Ça me paraît dingue d'avoir foutu en tôle un mec comme Basile simplement parce qu'il était opposé à cette saloperie de loi d'Isaac. Faut qu'on soit descendus bien bas pour faire exploser des gosses dans le ventre des grosses dondons, c'est un ancien braqueur qui vous le dit. »

La pluie se calma. Magnus finit sa cigarette avant de redémarrer la voiture. Une dizaine de minutes plus tard, ils se garaient dans la cour de la maison de Basile. Ils y furent accueillis par les mines inquiètes d'Éris et de Jason. Camille leur expliqua brièvement qu'elle avait perdu du temps à la banque et au greffe du tribunal, et que, par chance, elle avait été ramassée sur la route par Magnus, un ancien compagnon de cellule de Basile. Jason fit preuve vis-à-vis du nouvel invité d'une méfiance exacerbée par les années passées au sein de la brigade Arès. Ses réflexes de représentant de l'ordre lui revenaient spontanément lorsqu'il se retrouvait face à un repris de justice. À l'issue du dîner, ils couchèrent les filles et profitèrent d'une accalmie pour rendre une visite à la F1674.

Elle s'était légèrement dilatée ces derniers temps, les repères placés par Basile avaient disparu l'un après l'autre sous son enveloppe blanche. Elle parut à Camille, qui pourtant la voyait tous les jours, particulièrement imposante, telle une femme enceinte sur le point d'accoucher. De même, elle eut l'impression que sa couleur était plus claire que d'habitude. Son blanc éclatant offrait un contraste étonnant, presque surnaturel, avec le fond de ténèbres. Elle ne semblait pas appartenir à l'environnement terrestre, mais s'y être superposée, comme si les éléments n'avaient aucune emprise sur elle, qu'elle pouvait s'arracher à tout moment à la gravité de la planète. Camille crut de nouveau percevoir des voix d'enfants. Les sensations s'étaient accentuées depuis son retour. Il lui était impossible de déterminer où résonnaient les voix, à l'extérieur ou à l'intérieur d'elle. Elle perdait toute notion d'espace et de temps, persuadée par instants d'avoir basculé dans la folie. Un article du quotidien qu'elle avait acheté à la supérette prétendait que l'activité magnétique avait encore augmenté, perturbant le sens de l'orientation des pigeons voyageurs dont les disparitions se multipliaient. La dame blanche lui avait peut-être détraqué le cerveau.

« Je dois reconnaître qu'on se sent minus près d'elle, s'exclama Magnus. Ils ont jamais essayé de la faire sauter ?

— Ils en ont choisi d'autres, répondit Camille.

— Comment pouvez-vous être sûre que c'est elle qui a avalé votre petite-fille ?

— C'est la seule explication possible.

— Je me suis toujours demandé comment les gosses pouvaient entrer là-dedans.

— Ça fait partie du mystère.

— En tout cas, elle n'a pas attiré nos filles », intervint Jason.

Éris lui jeta un regard implorant.

« Tais-toi. Tu vas nous porter malheur. »

Camille contempla la sphère blanche avant de murmurer :

« Sommes-nous sûrs que c'est un malheur ? »

Magnus hocha la tête.

« Je croirais entendre Basile. C'est le seul que je connaisse qui les considère pas comme des ennemies. »

Les nuages déferlèrent à nouveau, occultant les quelques grappes d'étoiles apparues dans les trouées.

« Nous n'avons pas d'autres ennemis que nous-mêmes, affirma Camille. Elles ne sont que des miroirs à peine déformants. »

La pluie tomba de nouveau et, bien qu'elle les trempât rapidement jusqu'aux os, ils restèrent sur place, incapables de vaincre leur fascination pour la dame blanche.

« Elles vont bientôt s'en aller, déclara Camille.

— Comment vous le savez ? demanda Magnus.

— Une certitude au fond de moi. Ne me demandez surtout pas de l'expliquer.

— Dieu vous entende ! s'écria Éris. La vie redeviendra normale lorsqu'elles seront parties.

— Normale ? Nous ne pourrons plus revenir en arrière, nous aurons pas mal de choses à changer.

— Bah, les hommes feront comme d'habitude, lança Magnus, ils recommenceront tout, ils relanceront la mach… »

Il s'interrompit et, les yeux agrandis par la surprise, il pointa le bras sur la F1674.

« Bordel, c'est quoi, ça ? »

Kali

L'ANCIENNE CITÉ UNIVERSITAIRE délimitée par de hautes grilles électrifiées portait le nom de centre de recrutement, mais on l'appelait plus communément le CPM – couloir parisien de la mort. Des milliers d'isaacs en provenance de toute la région francilienne y étaient enfermés. Après une série d'examens effectués par les médecins, ils étaient répartis dans les bâtiments servant à la fois de dortoirs et de réfectoires jusqu'à ce qu'on vienne les chercher pour les installer dans des bus aux vitres teintées et les répartir sur les différents sites d'opérations.

Pelops était assis à l'avant du car à côté d'une fillette prénommée Kali. Il ne l'avait jamais vue avant que, d'un geste autoritaire, le gardien ne lui désigne un siège de la première rangée. Les yeux de Kali semblaient immenses au milieu de son visage à la peau sombre. Ses cheveux s'épanouissaient en un buisson intrigant au-dessus de sa tête. Elle portait comme tous les isaacs des chaussures blanches et une combinaison bleue frappée de lettres dorées, ONU-F, que Pelops n'avait eu aucun mal à déchiffrer. Il avait toujours su lire. Même allongé dans son lit, il avait distingué les mots sur les tranches des livres alignés sur les étagères ou sur les revues abandonnées dans la pièce. Les lettres formaient des mots qui formaient eux-mêmes un langage. De même, il avait toujours compris les sons blessants qui jaillissaient des bouches des adultes ou des autres enfants. Pas les sons eux-mêmes, mais le sens qu'ils renfermaient. Il n'aimait pas leur façon de communiquer, à la fois simple et grossière, incomplète en tout cas. Ils n'exprimaient qu'une infime partie de leurs véritables sentiments. Les sons de la femme qui se faisait appeler sa mère, par exemple, ne correspondaient que rarement à ce qu'elle ressentait au plus profond d'elle. Elle s'était efforcée, pour ne pas souffrir, de tarir la source d'amour qui coulait en elle, elle s'était interdit de le prendre dans ses bras, de nouer avec lui un lien qui allait au-delà des apparences, au-delà des émotions, elle s'était empêchée d'explorer d'autres voies de communication, plus subtiles, plus vraies, plus harmonieuses. Les mêmes que celles qu'il percevait dans le silence de son être, ces murmures musicaux qui tissaient en lui de splendides tapisseries vibratoires. Il s'était rendu compte que les adultes et enfants qui traversaient son existence ne les entendaient pas. S'ils les avaient discernés, ils auraient sans doute cessé leur agitation, ils seraient, comme lui, restés immobiles, ravis par leur splendeur.

Le bus roulait au ralenti sur l'A4, englué dans une circulation dense et bruyante. Des volutes de fumée noire s'échappaient des pots d'échappement et répandaient une odeur nauséabonde. Trois gardiens armés de fusils d'assaut se tenaient à l'avant du bus, trois autres à l'arrière. Depuis que les attaques terroristes avaient pris pour cibles des convois d'isaacs, on avait renforcé les escortes. Une voiture blindée suivait chaque bus, prête à intervenir à la première alerte.

Kali fixait Pelops avec insistance. Les grondements des moteurs résonnaient dans le silence comme des bourdons graves. Pelops croisait de temps à autre dans le rétroviseur les yeux clairs du chauffeur, une femme à la longue chevelure lisse et dorée. Elle refusait également d'exprimer les sentiments qui se déployaient au plus profond d'elle. Le fait de conduire ses petits passagers à leurs destinations respectives l'emplissait de colère, de honte, de dégoût. Pelops se demandait pourquoi elle étouffait ainsi ses réactions les plus intimes. Il avait remarqué les mêmes contradictions chez les adultes qui s'étaient occupés des isaacs dans le camp de la mort. Le médecin qui l'avait ausculté avait masqué son embarras d'un sourire crispé. Il avait tenté de rassurer son petit patient avec des paroles aimables, mais elles avaient sonné faux. L'examen s'était prolongé dans la cabine exiguë, les mains fébriles du praticien s'étaient promenées avec insistance sur le corps nu et frissonnant de Pelops. L'enfant avait perçu des pensées cachées, discordantes, dans la respiration et les yeux de son vis-à-vis. De même, lorsque les isaacs, filles et garçons, avaient été lavés par groupes entiers dans une salle de douches, certains adultes les avaient contemplés avec des regards insistants et troubles. Les enfants condamnés étaient des proies faciles pour les prédateurs.

Un murmure s'éleva à l'intérieur de Pelops. Comme il n'était pas douloureux, ni même désagréable, il lui accorda toute son attention. Il eut besoin d'un petit moment pour s'apercevoir qu'il résonnait tout près de lui et qu'il était d'une douceur envoûtante. Il leva la tête et s'immergea tout entier dans les yeux couleur de nuit de Kali.

— *Est-ce que tu as peur, Pelops ?*

Il sourit. Il avait enfin trouvé quelqu'un avec qui communiquer.

— *De quoi aurais-je peur, Kali ?*

— *Comment sais-tu que je m'appelle Kali ?*

— *Ils l'ont dit. Comment sais-tu que je m'appelle Pelops ?*

— *Je l'ai entendu. Tu n'as pas peur de ce qu'ils veulent faire de nous ? Nous envoyer dans une dame blanche pour la détruire.*

— *Et toi ? Tu as peur ?*

La main de la fillette vint se glisser dans celle de Pelops.

— *Un peu. J'ai peur d'avoir mal.*

Le bus quitta l'A4 à la sortie Serris et fonça sur une route dégagée en direction de Chanteloup-en-Brie.

« L'ancien parc Disney, s'exclama un soldat en désignant les bâtiments dont les vestiges dentelés saillaient d'une étendue plane, coiffée de mauvaises herbes.

— J'aurais aimé le visiter du temps de sa splendeur, lança un deuxième soldat. Paraît que c'était un vrai petit paradis.

— Pourquoi ça s'est arrêté ?

— À cause des dames blanches. Y en a pas mal en Seine-et-Marne. Elles ont dissuadé les gens de venir, et le parc a fait faillite. Tout le monde a foutu le camp.

— Je me demande quand on sera débarrassé de ces saloperies. Paraît qu'elles se sont encore éclairées la nuit dernière. Elles mijotent quelque chose. »

D'un large geste du bras, le deuxième soldat désigna les isaacs assis dans le bus.

« La solution viendra peut-être d'un de ceux-là. »

Le bus s'arrêta près du bois de Chigny où trônait la F546, une dame blanche de plus de deux cents mètres de diamètre.

— *J'espère qu'on restera ensemble, Pelops. Je t'aime bien. J'ai l'impression que tu es mon frère. Mes vrais frères, je ne les ai pas connus, je n'ai pas vécu avec eux.*

On m'a confiée à d'autres gens. Ils se sont occupés de moi jusqu'à ce qu'on vienne me chercher.

— *Tu entends la musique au fond de toi ?*

— *C'est elle qui m'a aidée à vivre. J'ai l'impression que je comprends tout grâce à elle. D'où vient-elle selon toi ?*

Pelops pointa le doigt sur la sphère immaculée posée comme un gros ballon au-dessus de la ligne sombre des cimes. Les soldats firent descendre une dizaine de pédokazes par la porte arrière du bus et les conduisirent devant une rangée de préfabriqués où les attendaient des hommes en uniforme. Les visages des enfants n'exprimaient aucune révolte, aucune peur.

— *Les autres, je ne les entends pas comme je t'entends, Pelops. Et toi ?*

— *Moi non plus. Tu es la seule. La musique m'a aussi tout appris. J'ai hâte d'être à l'intérieur d'une dame blanche.*

— *Moi aussi. Mais on aura des explosifs sur nous. Il ne restera plus rien de nous.*

— *J'ai confiance.*

— *Tu avais des frères et des sœurs, Pelops ?*

— *Un frère et une sœur. Elle est partie un jour dans une dame blanche. Je l'aurais rejointe si j'avais eu la force de marcher.*

— *Et tes parents, ils faisaient quoi ?*

Pelops n'aurait pas su le dire. Sa mère s'était enfuie de leur premier domicile pour se réfugier chez une femme qu'on lui avait présentée comme sa grand-mère. Avec elle vivait un homme à la barbe blanche, à la peau aussi noire que celle de Kali et à la douceur peu commune. Lorsque les hommes en uniforme l'avaient renvoyé chez son père, il ne s'était pas intéressé à cet homme distant, morne, il avait tenté de capter de nouveau les ondes étouffées par une rumeur incessante. Il était sorti de son lit et s'était mis à marcher dans l'espoir de se rapprocher de la source des vibrations, mais il s'était rapidement rendu compte que la ville qui s'étendait autour de lui était tentaculaire, trop vaste en tout cas pour ses petites jambes. Il avait donc décidé d'attendre les hommes dont son père lui avait dit qu'ils viendraient bientôt le chercher pour le jeter dans le ventre d'une dame blanche.

« De la viande destinée à finir en bouillie, voilà ce que tu es », avait ricané son père, à moitié ivre et persuadé que son fils ne comprenait rien.

Un sourire lui avait déformé les lèvres et s'était déployé comme une fleur hideuse en bas de son visage. Pelops avait compris qu'il valait mieux continuer de jouer les… comment son père le surnommait-il déjà ?… débiles. Les adultes, pensant qu'il était dépourvu d'intelligence, ne se méfiaient pas de lui.

— Je ne sais pas.

— Mon père était ambassadeur du Togo.

— Togo ?

— Le pays où sont nés mes parents. C'est en Afrique, loin d'ici. Il y a aussi des dames blanches là-bas.

— Et les gens qui se sont occupés de toi ?

— Du Togo eux aussi. Ils s'occupaient de cinq autres isaacs, tous des enfants de gens qui travaillaient à l'ambassade. Mes parents et les autres parents les payaient pour ça. Ils ne nous aimaient pas. Ils n'arrêtaient pas de nous battre. Ils nous servaient à manger des choses dégoûtantes. Un jour, ils ont frappé si fort Djamal qu'il en est mort.

Le bus repartit pour l'étape suivante, la F905, près d'un village du nom de Guérard. Le froid transperçait les vitres branlantes et chassait les molles vagues de chaleur émises par un chauffage capricieux. Le ruban gris de la route sillonnait entre les collines verdoyantes.

« Ils sont vraiment pas normaux, ces gosses, vous ne trouvez pas ? »

Le soldat s'était adressé à la femme blonde installée au volant, en dépit du panneau interdisant aux passagers d'adresser la parole au chauffeur.

« Pourquoi vous dites ça ? »

Elle avait posé sa question sans quitter la route des yeux.

« Les gosses de cet âge-là, c'est remuant d'habitude, non ?

— Qu'est-ce que vous en savez ? Vous avez des enfants ? »

Le soldat secoua la tête.

« Pas encore, mais, ma copine et moi, on compte bien en avoir. Et vous ? »

La femme blonde marqua un temps de silence avant de répondre, d'une voix fêlée par la tristesse :

« J'en ai eu trois. J'ai dû en donner un au recrutement.

— Comme tout le monde, non ?

— Si les pédokazes vous paraissent moins remuants que les autres enfants du même âge, c'est parce qu'on ne leur donne pas le même amour.

— Qu'est-ce que l'amour a à voir là-dedans ? »

La femme blonde se détourna pour lancer un regard pénétrant à son interlocuteur.

« Il faut être mère pour comprendre ces choses-là », marmonna-t-elle en regardant de nouveau devant elle.

Elle se concentra sur les virages serrés rendus dangereux par le mauvais état du bitume et rétrograda à deux reprises avec une brutalité qui entraîna le bus dans une succession de hoquets.

« Ces gosses, on leur rappelle sans cesse qu'ils vont finir en bouillie dans une bulle, reprit-elle d'une voix vibrante de colère contenue. On les élève comme des bêtes promises à l'abattoir. Vous croyez que ça leur donne l'envie de vivre ? »

— *Ils parlent de nous sans savoir.*

— *Ils ne parlent pas comme nous.*

— *Pourquoi on n'est pas comme eux ?*

— *Pourquoi ils ne sont pas comme nous ?*

« Si vous pensez ce que vous dites, votre boulot doit être un vrai crève-cœur, grogna le soldat.

— Je n'ai pas le choix. Mon mari m'a plaquée pour une plus jeune que moi. Faut bien que je gagne ma vie.

— Vous trouverez quelqu'un d'autre, vous êtes encore jeune.

— Qui vous dit que j'en ai envie ? »

La F905 se distinguait de loin au milieu des champs bordant la rue des Violettes. Plusieurs constructions provisoires se serraient à un kilomètre de la dame blanche. D'épaisses rangées de barbelés disposées en cercles concentriques interdisaient aux promeneurs de s'introduire dans l'espace protégé. Les nombreux cratères tout autour de la sphère donnaient au terrain l'allure d'une surface lunaire.

Le bus s'arrêta devant un passage fermé par une barrière rouge flanquée de deux guérites occupées par des sentinelles. Deux membres de l'escorte désignèrent dix enfants qu'ils accompagnèrent jusqu'à l'entrée de la zone. Trois militaires en treillis échangèrent quelques mots avec les soldats descendus du bus avant de conduire la petite colonne des isaacs vers le bâtiment le plus important.

— *Pourvu qu'on reste ensemble.*

Pelops adressa un regard complice à Kali.

— *Nous serons toujours ensemble maintenant que je connais ta musique.*

Un sourire apparut sur les lèvres de la fillette, découpant une fenêtre de clarté sur la nuit de son visage.

Le bus repartit au bout d'une dizaine de minutes.

« En route vers la F78 ! s'exclama un soldat. La plus grosse mère qu'on ait jamais vue. »

Hermès

« PUTAIN, j'aurais jamais cru que je verrais de mes yeux un truc pareil ! »

Magnus n'avait pas dormi de la nuit ni la journée suivante, pas encore remis de sa stupeur. Les autres non plus, d'ailleurs. Camille, qui s'était mise au lit à l'aube, n'avait pas réussi, non plus, à trouver le sommeil. Elle regrettait l'absence de Basile. Il aurait peut-être décelé des éléments d'analyse, des bribes de réponses, dans le tableau fascinant offert par la F1674. La dame blanche s'était éclairée, mais, contrairement à sa première illumination, elle était devenue un court instant translucide, et on avait pu entrevoir des mouvements de l'autre côté de son enveloppe, des ombres se déplaçant à grande vitesse dans toutes les directions.

« On dirait qu'elle est habitée », avait soufflé Jason.

Elle donnait en effet l'impression d'abriter une vie intense. Les formes fusaient à une telle vitesse qu'il leur avait été impossible de savoir quelle était leur taille ou leur volume. Elles tissaient une trame changeante, insaisissable, les figures se chevauchaient, s'évanouissaient, se recomposaient, un peu comme un feu d'artifice tiré en continu. Le spectacle, qui avait duré une dizaine de minutes, avait fasciné Camille et ses compagnons. Après que la F1674 avait retrouvé son aspect initial, ils n'avaient pas bougé ni prononcé un mot pendant une bonne heure, en état de sidération. Puis Jason avait déclaré, à voix basse, qu'il avait ressenti la même paix, en plus intense, que devant la dame blanche du plateau des Cévennes. Éris s'était rapprochée de lui pour l'étreindre. Ces deux-là reconstituaient peu à peu une cellule avec les bribes de leurs familles déchirées.

Ils étaient rentrés, avaient débouché une bouteille de vin et parlé une grande partie de la nuit. Camille avait exprimé l'espoir que, puisqu'il y avait de la vie à l'intérieur des bulles, sa petite-fille Diane et son fils Nathan avaient peut-être survécu. Des larmes s'étaient écoulées de ses yeux lorsqu'elle avait prononcé ces mots.

« Faudrait pour ça qu'elles soient pas hostiles, avait objecté Magnus. Comme toute créature vivante, elles ont sans doute besoin de manger.

— Vu leur taille, elles ne se contenteraient sûrement pas de quelques gosses, avait observé Jason.

— Ça dépend. Regarde les grands serpents, les constrictors : ils avalent une proie et mettent des semaines à la digérer…

— Vous ne pouvez pas aborder des sujets un peu plus joyeux ? » était intervenue Éris.

Ils s'étaient tus un long moment, puis Jason avait pris l'initiative de briser le silence :

« Vous croyez qu'elles préparent une attaque ?

— Leur départ, plutôt, avait répondu Camille.

— Avec elles, on est sûr de rien. »

Magnus lança un coup d'œil sur la dame blanche par la baie vitrée. Le jour déclinait. Un crachin tenace tombait sans discontinuer depuis le début de l'après-midi, enserrant le plateau dans sa désolation morne.

« Je pars demain, déclara-t-il.

— Pour aller où ? demanda Camille.

— J'en sais trop rien. Je suis plus qu'un vagabond, un oiseau. J'ai pas de famille, pas de chez-moi.

— Tu peux rester ici autant que tu veux. »

Magnus la remercia d'un sourire.

« C'est pas que je m'ennuie avec vous, mais mes sept ans de zonzon m'ont donné l'envie permanente de bouger.

— Tu as de l'argent ?

— Un peu. »

Magnus se leva et se rendit devant la baie vitrée. Les cris stridents d'Hestia et de Sibylle qui jouaient dans la salle de bains se mêlaient aux sifflements des rafales de vent dans la toiture. Éris surveillait un grand récipient posé sur un feu de la gazinière dont l'eau servirait à réchauffer le bain des fillettes. Camille avait adressé un courrier réclamant le rétablissement de l'électricité. La réponse n'interviendrait probablement pas avant trois semaines.

« De toute façon, je sais comment m'en procurer, en cas de besoin, reprit Magnus.

— Tu ne crains pas de retourner en prison ? »

Il se retourna avec vivacité pour enfoncer son regard dans celui de Camille.

« Plutôt crever. Et je ne crains plus de mourir. » Il hésita quelques secondes avant d'ajouter : « C'est marrant, mais, depuis que j'ai vu la grosse dondon s'allumer, j'ai plus peur de grand-chose. Je comprends ce que voulait dire Basile quand il affirmait qu'elles sont là pour permettre aux hommes de mieux se connaître eux-mêmes. Je partirai à pied, je vous laisse la caisse.

— Je t'en offre mille euros, proposa Camille.

— Gardez votre fric : vous m'avez déjà donné bien plus que mille euros. »

Magnus partit le lendemain avant le lever du jour, en laissant sur la table les papiers de la voiture et un petit bout de feuille sur lequel il avait griffonné les mots *merci et bonne chance.*

Hermès, le facteur, un jeune homme à l'œil pétillant et à la moustache conquérante, tendit une lettre à Camille et attendit qu'elle la décachette, visiblement impatient de connaître son contenu. C'était sa façon à lui de partager la vie de ceux qu'il visitait. La lettre provenait du greffe du tribunal de Millau. Camille la parcourut rapidement. Après étude de sa requête, l'administration l'informait que monsieur Basile Traoré était incarcéré au centre de détention de Toulouse-Seysses, ville de Muret, et bénéficiait, sous certaines conditions, du droit de visite ; que madame Catel Pernelle était détenue à la prison de Fleury-Mérogis, près de Paris, et bénéficiait également du droit de visite.

Un petit mot avait été ajouté à la main en bas de la lettre : *En espérant que ces renseignements vous seront utiles. Cordialement, Chloé Dutrertre, secrétaire au greffe du tribunal.*

« Ça dit quoi ? demanda Hermès.

— Le tribunal a accepté de me dire où sont emprisonnés mon cher Basile et ma fille Catel. »

Le facteur hocha la tête avec un sourire.

« Ils redeviennent humains, de temps en temps. »

Un soleil radieux avait succédé aux pluies des jours précédents. L'air embaumait de senteurs enivrantes. Le facteur prit congé et retourna à sa camionnette. La décision s'imposa à Camille : puisque Basile pouvait recevoir des visites, puisque Magnus lui avait donné sa voiture, et même si elle n'avait pas conduit depuis des lustres, elle partirait aujourd'hui même pour Toulouse.

Lorsqu'elle fit part de sa décision à Jason et Éris, il s'offrit immédiatement de l'accompagner. Elle refusa : trop risqué pour un clandestin de faire la route jusqu'à une grande agglomération comme Toulouse.

« Je n'ai plus de peur en moi, insista Jason. Comme Magnus. Et puis, vu ton état de fatigue, il vaut mieux y aller à deux. »

Elle chercha un appui dans le regard d'Éris, mais, la jeune femme soutenant sans réserve la proposition de Jason, elle finit par l'accepter d'un mouvement de tête. Ils étudièrent une vieille carte routière trouvée dans le bureau de Basile : ils passeraient par Saint-Affrique, Albi, Castres, Revel, Villefranche-de-Lauragais, Venerque, évitant ainsi les grands axes, et gagneraient Muret en contournant Toulouse.

« Ça ne te pose pas de problème de rester seule avec les filles ? demanda Camille à Éris. On sera peut-être obligés de passer une nuit à Toulouse.

— Ne vous en faites pas pour moi. Soyez prudents. »

Ils se mirent en route vers dix heures, escomptant arriver à Muret au milieu de l'après-midi. Jason passa un petit moment avec Éris avant de rejoindre Camille dans la voiture.

« Ça semble bien coller entre vous deux, s'exclama-t-elle après qu'il eut démarré.

— On est pressés tous les deux de connaître l'amour, le vrai, on a assez perdu de temps. Et puis nos filles s'entendent bien. »

Il leur fallut deux heures et demie pour atteindre Albi. Impossible de rouler vite sur la route sinueuse, mal entretenue, dangereuse par endroits. Les rares voitures et camions qu'ils croisèrent ou suivirent progressaient avec la même lenteur. Ils ne rencontrèrent pas non plus de barrages routiers, seulement un bus de l'ONU escorté par un véhicule équipé d'un canon.

« Des pédokazes, affirma Jason.

— Comment le sais-tu ?

— Je connais ces bus. Ils livrent les isaacs aux différents sites. »

Les mâchoires de Camille se crispèrent.

« Un jour, l'humanité aura honte d'elle-même.

— Elle oubliera vite, les hommes recommenceront à se battre pour des bouts de territoires, pour des dieux, pour les ressources, ils utiliseront des enfants au besoin. J'ai emprunté sa vieille Bible à Basile : nous avons mangé le fruit défendu, la malédiction nous colle à la peau.

— Basile ne prenait pas les textes sacrés à la lettre, plutôt comme des enseignements symboliques, des balises pour la conscience. Le fruit défendu désigne peut-être l'orgueil, la prétention à tout savoir, la perte de l'innocence. L'arbre de la connaissance incite au jugement, sépare, divise en bien et en mal. En ce sens, oui, c'est la malédiction originelle qui nous pousse à nommer, à classer, à comparer, qui nous interdit d'appréhender l'inconnu, le mystère. C'est elle nous a incités à regarder les dames blanches comme des ennemies. » Elle désigna le bus qui roulait devant eux au ralenti en crachant une fumée noire sur les portions les plus sinueuses de la route. « Le résultat, c'est le sacrifice inutile de ces enfants. »

Ils aperçurent plusieurs dames blanches disséminées dans les reliefs environnants. Le bus et le véhicule d'escorte quittèrent la D 999 pour s'engager sur un chemin cahoteux qui se perdait entre les collines.

« Il doit y avoir un site dans le coin », commenta Jason.

Ils s'arrêtèrent pour se ravitailler en gasoil dans une station service de la petite ville de Vabres-l'Abbaye. Tandis que Jason enfonçait le pistolet de l'unique pompe dans le col étranglé du réservoir, un 4x4 se gara derrière leur voiture. Trois hommes en uniforme bleu en descendirent et s'éloignèrent pour fumer une cigarette. Ils n'appartenaient pas à une brigade d'intervention, mais probablement aux services du recrutement. Jason se reconnut en eux. Leur jeunesse, leur fierté, leur morgue avaient été les siennes, lorsqu'il avait intégré la base de Toulon. Ils pensaient, sinon détenir la vérité, du moins être à son service. Il se fit le plus discret possible, le moment étant mal choisi d'attirer leur attention. Ils sauteraient sur le premier prétexte pour exhiber la puissance enivrante que leur procurait leur statut.

L'un d'eux s'approcha d'une allure nonchalante après avoir écrasé sa cigarette de la pointe de sa botte. Jason croisa le regard inquiet de Camille de l'autre côté de la vitre passager.

« Vous venez d'où ? »

Jason prit le temps de remettre le pistolet de la pompe dans son emplacement et de refermer le bouchon du réservoir avant de répondre : « De Millau.

— Vous allez où ?

— Toulouse.

— Pour faire quoi ? »

Le brigadier avait à peine dépassé les vingt ans, comme le proclamaient les traces d'acné sur son front et ses traits encore enrobés d'enfance. Ses yeux marron clair avaient la dureté d'un acier trempé. Il maintenait sa main droite posée sur la gaine de son pistolet. Le vent soulevait des mèches de ses cheveux bruns pourtant coupés court.

« Rendre visite à une personne malade.

— Quelqu'un de la famille ? »

Jason désigna Camille d'un coup de menton.

« Son mari. Je l'accompagne parce qu'elle n'est pas en état de conduire. »

Le brigadier hocha la tête d'un air à la fois grave et entendu.

« Faites attention. Bonne route. »

Il salua d'un geste furtif et rejoignit ses camarades près de la porte de la station. Jason acheta des sandwiches au fromage et deux bouteilles d'eau dans la boutique, puis il régla le tout et, se contenant pour ne pas accélérer le pas, regagna la voiture. Ils s'arrêtèrent quelques kilomètres plus loin sur une aire de pique-nique où, à l'ombre des frondaisons, ils mangèrent de bon appétit les sandwiches au goût pourtant insipide.

Les bâtiments, construits au début des années 2000, avaient perdu leurs couleurs originelles pour revêtir une teinte grise lugubre. La rouille conquérait les grilles et les poteaux qui coiffaient les hauts murs. L'horloge d'une petite église en briques rouges indiquait 15 heures lorsqu'ils étaient entrés dans Muret. Un quart d'heure plus tard, ils se garaient sur le parking désert de la maison d'arrêt de Seysses. Le ciel s'était peu à peu couvert, et les premières gouttes tombaient, éparses, annonciatrices d'une averse.

Ils se présentèrent à l'accueil. L'odeur fétide ramena Camille quelques semaines en arrière. La même puanteur s'invitait dans toutes les prisons. Derrière la vitre épaisse veillait un cerbère au visage rond et aux yeux soupçonneux qui les invita à parler d'un geste de la main.

« Je viens rendre visite à un détenu du nom de Basile Traoré, déclara Camille.

— Vous avez pris rendez-vous ?

— Nous venons de Millau, nous ne savions pas qu'il fallait prendre rendez-vous. »

L'index boudiné du cerbère se fraya un passage entre son cou massif et le col de sa chemise.

« Vous croyez qu'on entre dans une prison comme dans un moulin ?

— Non, bien sûr, mais nous n'avons aucun moyen de…

— Basile Traoré, vous dites ? »

Le cerbère se saisit d'un téléphone, s'entretint quelques instants à voix basse avec son interlocuteur, raccrocha et se pencha de nouveau vers les visiteurs.

« Ce sera pas possible aujourd'hui. »

Une lame ébréchée fouailla le ventre de Camille.

« Pourquoi ?

— Je n'ai pas le droit de vous donner ce genre de réponse.

— Quand, alors ?

— J'en sais rien, madame. C'est pas moi qui décide. »

Camille tenta de reprendre un peu de courage dans les yeux de Jason.

« Vous pensez que ce sera possible demain ? »

Le cerbère lui lança un regard vaguement compatissant.

« Revenez demain si vous voulez. N'oubliez pas vos papiers d'identité. Je peux rien d'autre pour vous.

— Vous ne…

— Partez maintenant, ou je vous fais foutre dehors. »

Camille voulut insister, mais Jason la prit par le bras et la tira à l'extérieur. Elle évacua sa rage et sa détresse d'une longue expiration. La pluie, maintenant drue, se mêla à ses larmes sur ses joues.

« Rentre si tu veux, moi je reste dans le coin jusqu'à demain, parvint-elle à bredouiller.

— Comment tu rentreras ?

— En train, ou en bus, peu importe.

— J'attendrai avec toi. Je ne te laisserai pas seule ici.

— Tu n'es pas pressé de retrouver Éris ?

— Bien sûr que si, mais elle me ferait la gueule si je lui disais que je t'ai laissée tomber. »

Elle leva les yeux sur le ciel crevé, puis secoua sa chevelure détrempée.

« Demain sera un autre jour. Cherchons un hôtel. »

Arès

LA F78, une sphère de trois cent cinquante mètres de diamètre, occupait un champ nu bordé de barbelés et criblé de cratères aux bords noircis. De nombreux véhicules militaires stationnaient sur le parking boueux aménagé devant les constructions provisoires qui servaient de bureaux, d'entrepôts, de laboratoires, de carrées et de salles à manger. Un peu plus loin, en face de la bulle, les services du génie avaient creusé des abris souterrains coiffés de toits en béton percés de vitres blindées qui permettaient d'observer les explosions en toute sécurité. Un périmètre de cinq kilomètres de rayon délimitait le site de Beautheil. Les particuliers qui demandaient à pénétrer dans la zone devaient franchir les différents barrages dressés sur les routes. N'étaient admis à passer que les rares habitants des environs, des agriculteurs pour la plupart, et les différents services tels que la poste, les urgences médicales et les livraisons. Le camp lui-même recevait au minimum un camion par jour. À raison de deux séries de dix explosions par mois, et compte tenu du fait qu'on augmentait sans cesse les doses, il fallait régulièrement ravitailler en produits chimiques pour préparer les mélanges explosifs et les gaz toxiques.

Le colonel Arès Bencher, responsable du site, tentait depuis quinze ans de détruire la F78. Sous son commandement, près de quatre mille pédokazes avaient été expédiés dans le ventre de la Grosse Pouffe – son surnom le plus usité, les autres étant la Verrue, la Citrouille ou la Goulue. Bencher envoyait chaque semaine un rapport au ministère des Armées réclamant invariablement des moyens accrus et un recrutement plus fourni. Vingt isaacs par mois lui semblaient insuffisants pour mener à bien sa mission. Les résultats étaient encourageants, on avait obtenu à plusieurs reprises un net fléchissement de la dame blanche, mais on avait manqué le coche faute d'effectifs : il aurait fallu, selon le colonel, doubler ou tripler les vagues d'explosions pour saper de manière continue la résistance de l'envahisseuse. Les deux semaines d'attente entre les livraisons d'isaacs réduisaient à néant les efforts de son groupe. Le ministère lui répondait non moins invariablement qu'il ne pouvait faire davantage : les naissances se tarissaient de manière dramatique et le recrutement se révélait de plus en plus difficile. Arès Bencher en déduisait que les ennemies de l'humanité étaient en train de gagner la guerre. Le temps, le grand avaleur, jouait en leur faveur. Lorsqu'elles auraient épuisé le vivier des pédokazes, elles se rendraient définitivement maîtresses de la Terre et pousseraient les hommes dans l'oubli. Il pestait contre le manque de civisme de la population. Lui avait donné deux de ses cinq enfants à la cause. Si chacun l'avait imité, aucun problème d'effectifs ne se serait posé. Il tentait de galvaniser ses hommes en espérant qu'une étincelle jaillirait de leurs incessantes confrontations, mais ils perdaient eux aussi leur motivation, inexorablement. Souffrant d'être séparés de leurs familles sept semaines sur huit, ils ne comprenaient pas l'utilité de poursuivre un combat qu'ils jugeaient perdu d'avance. L'illumination de la Grosse Pouffe deux nuits plus tôt avait accentué cette impression d'inutilité, d'impuissance.

Arès Bencher devait lui-même lutter pour ne pas céder au découragement qui gagnait le camp de Beautheil. Dix pédokazes avaient été livrés la veille. Il les avait inspectés comme chaque contingent et, comme d'habitude, avait été frappé par leur manque d'expression, leur apathie, leur résignation apparents. Ils semblaient dépourvus d'âmes. Un psychiatre lui avait confié, lors d'une soirée donnée par la mairie de Coulommiers, qu'élevés dans la perspective de mourir avant leurs quatre ans, les isaacs s'interdisaient de ressentir, comme si la zone de leur cerveau consacrée aux émotions ne se développait pas. Un réflexe d'autodéfense : leur subconscient occultait le syndrome d'abandon et le manque d'affection que leur coûtait leur statut sacrificiel.

Le colonel s'en était réjoui : au moins, ses deux enfants sacrifiés, Caïn et Lilith, n'auraient pas souffert. Les quatre mille gosses jetés en pâture à la F78 non plus. Il savait au fond de lui qu'il ne s'agissait que d'un marchandage sordide avec sa conscience, mais il l'enfouissait sous des notions telles que le devoir ou l'intérêt supérieur de l'humanité. Il aurait évidemment préféré affronter, armes à la main, sur un vrai champ de bataille désertique ou tropical, des ennemis humains, fussent-ils fanatiques comme jadis les fondamentalistes musulmans ; on ne choisissait pas son époque ni ses guerres.

« Mon colonel. »

Émile Dorin se raidit pour le salut protocolaire lorsque Arès Bencher s'engouffra dans le laboratoire. Âgé d'une cinquantaine d'années, sec et noueux comme un cep de vigne, Dorin était sans doute l'un des artificiers les plus compétents de sa génération, et probablement de toute l'armée française.

Le regard du colonel se posa avec l'acuité d'un rapace sur les différentes préparations réparties sur l'immense établi. Les six assistants de l'artificier s'étaient également figés dans leurs combinaisons ignifuges grises, leurs masques d'oxygène baissés sur leurs poitrines. La lumière du soleil levant tombait des quatre lucarnes en forme de hublots. Une odeur piquante de produits chimiques saturait l'atmosphère à peine respirable. Le colonel prit une nouvelle fois conscience que ses hommes travaillaient dans des conditions précaires et qu'il avait eu une sacrée chance de n'en perdre que deux, victimes d'une intoxication au gaz, en une quinzaine d'années.

« Repos, messieurs. Du nouveau, Dorin ?

— On va essayer un autre dosage, mon colonel, à la fois pour les explosifs et pour le gaz toxique.

— Même procédure que la dernière fois ?

— Je pense : les dix pédokazes en même temps, un décalage de cinq secondes entre chaque explosion pour cumuler les effets brisants et progressifs. Attention : c'est de l'ultrasensible. Il va falloir installer les gilets avec toutes les précautions, ou ils risquent de nous péter à la figure avant même qu'on ait eu le temps de finir l'opération.

— Quand serez-vous prêts ?

— Nous le sommes, mon colonel, nous n'attendons plus que votre ordre.

— Aujourd'hui ?

— Ça me semble parfait : la météo s'annonce bonne.

— Quinze heures. En espérant aboutir à un résultat.

— Nous l'espérons à chaque fois, mon colonel. »

Un sourire empreint d'amertume affleura sur les lèvres sèches d'Arès Bencher.

« Nous jouons nos dernières cartes, Dorin. »

L'officier sortit du laboratoire et se rendit au bâtiment des pédokazes, négligeant de répondre aux saluts des hommes croisés sur son chemin. Les miniboums étaient tous réveillés. Certains d'entre eux prenaient leur petit-déjeuner, croissants et chocolat chaud – un menu imposé par le colonel, qui estimait qu'on se devait d'offrir ce dernier petit plaisir aux isaacs –, d'autres étaient restés allongés sur leur lit. Un infirmier lavait dans une cabine de douche un garçon qui avait souillé ses vêtements.

Le regard d'Arès Bencher fut attiré par un garçon et une fille assis sur un lit. Le contraste entre la chevelure blonde, les yeux bleus, le teint clair de l'un, et la peau noire, les cheveux crépus, les yeux charbonneux de l'autre le frappa.

Il permit, d'un geste de la main, aux infirmiers et aux hommes de service figés au garde-à-vous de vaquer à nouveau à leurs occupations, puis il s'approcha de deux enfants et s'accroupit devant le lit pour abaisser son visage à hauteur des leurs.

« Bonjour, dit-il d'une voix douce, en articulant chacune de ses syllabes. Je suis le colonel Bencher. Comment vous appelez-vous ? »

Il n'obtint pas de réponse, ni même la moindre expression sur leurs traits. Un infirmier vint à son secours.

« Le garçon se prénomme Pelops, et la fille, Kali. D'après leurs dossiers, ils souffrent d'une forme d'autisme. Un truc marrant : le grand-père du garçon était artificier, grade de lieutenant. »

Ils se murent dans l'indifférence, songea le colonel, *le psychiatre avait raison.* Il pensa également que leurs prénoms symbolisaient le sacrifice et la destruction, comme Caïn et Lilith. Comme lui, les parents les avaient sans doute choisis pour se préparer eux-mêmes à la séparation.

Il insista, espérant obtenir d'eux une quelconque réaction, mais, comme ils demeurèrent impassibles, il se releva.

« J'aimerais savoir ce qu'ils pensent, murmura-t-il à l'adresse de l'infirmier.

— Il faudrait déjà qu'ils pensent…

— Certains d'entre eux parlent, non ?

— Ils sont rares. Et ils ne prononcent que quelques mots. »

Le colonel contempla une dernière fois les deux enfants assis sur le lit.

« C'est sans doute mieux comme ça… »

On vint chercher les pédokazes au début de l'après-midi pour les conduire au milieu du champ entre la dame blanche et les bâtiments. Une sirène d'alarme stridente invita le personnel du camp à descendre dans les abris souterrains – hormis les artificiers, les infirmiers chargés des enfants et les assistants, tous vêtus de combinaisons ignifuges et de masques respiratoires.

— Je suis heureuse d'être avec toi, Pelops.

— Moi aussi, Kali. Et je suis heureux d'aller dans la dame blanche. J'entends son chant.

— Je l'entends aussi. Pourquoi les autres ne l'entendent-ils pas ?

Pelops observa les isaacs placés à droite et à gauche de lui. Même si leurs pensées, leur musique intérieure, ne lui parvenaient pas, il se rendit compte qu'ils percevaient tous le chant de la sphère, qu'ils n'éprouvaient aucune peur, que leur joie était comparable à la sienne. Ils avaient tous le sentiment de quitter un monde hostile, désespérant, de gagner un endroit où, enfin, ils se sentiraient bien.

Les artificiers leur enfilèrent les gilets explosifs avec une lenteur presque hypnotique, craignant à chaque mouvement de provoquer une explosion prématurée.

« C'est comme avec une femme, hein, mon lieutenant, souffla l'un d'eux. Faut pas que ce soit précoce.

— Ce que tu peux être con parfois, Mirko ! répliqua une voix féminine.

— Calmez-vous, vous deux, et concentrez-vous sur ce que vous faites, maugréa Émile Dorin.

— Heureusement qu'ils se laissent manipuler comme des marionnettes, ajouta la voix féminine.

— Ouais, imagine qu'ils se mettent à courir vers les abris souterrains ! s'exclama Mirko.

— Qu'est-ce que je viens de vous dire ? » gronda Dorin.

L'artificier comprenait ses assistants, dans le fond : comme tous les trompe-la-mort, ils éprouvaient le besoin de plaisanter pour desserrer les mâchoires de l'étau qui leur comprimaient la gorge et le ventre. Lui-même ne perdait jamais de vue qu'un geste mal maîtrisé pouvait à tout moment le transformer en bouillie de chair et de sang. Une fois les gilets truffés d'explosifs et de poches de gaz enfilés et fixés, les assistants programmèrent les horloges des détonateurs de façon à ce que les dix déflagrations se succèdent à cinq secondes d'intervalle.

« On ne traîne pas. On a cinq minutes. »

Ils s'éloignèrent des pédokazes et se dirigèrent en compagnie des infirmiers vers les abris souterrains.

« Désolé, les miniboums. »

Le dernier cri d'Émile Dorin mourut aux oreilles des enfants comme un soupir de remords.

— *Que va-t-il se passer ? Nous allons mourir ?*

— *Je ne sais pas. Nous aurons bientôt la réponse. Aie confiance.*

— *J'ai confiance. Je ne regretterai pas la vie d'ici.*

— *Moi non plus. On y va ?*

Les isaacs s'élancèrent tous en même temps, avançant d'abord d'un pas tranquille, puis accélérant l'allure, au fur et à mesure qu'ils rapprochaient de la dame blanche. Pelops eut tout à coup la sensation d'être soulevé du sol et poussé en direction de l'immense sphère. Il n'avait aucun effort à fournir, un courant puissant le happait, le portait. Les souvenirs déferlaient en lui comme des tableaux, très clairs, malgré leur instantanéité et leur superposition. Le visage de celle qui se faisait appeler mère, celui de l'homme qui se prétendait père, celui de la femme qu'on lui avait présentée comme grand-mère, celui de l'homme à la barbe blanche et à la peau aussi noire que celle de Kali, celui de son frère Ulysse, celui de sa sœur Diane, l'intérieur d'une maison, d'une chambre, d'une voiture, d'un bus, les barreaux d'un lit, des paysages, des lettres sur les couvertures de livres… La musique de la sphère les recouvrait, les dissolvait, effaçait son passé, le préparait à sa nouvelle existence.

Il y eut un éblouissement lorsqu'il traversa l'enveloppe extérieure de la dame blanche. Il pénétra dans un monde sombre et silencieux, discerna la silhouette de Kali non loin de lui, posée sur une matière souple, confortable puis, plus loin, les formes dispersées des autres isaacs. Son regard s'habituant à l'obscurité, il s'aperçut qu'ils se trouvaient à l'intérieur d'une bulle plus petite et nue dont il discernait l'enveloppe également claire. Des courants chauds et doux s'insinuèrent à l'intérieur de son crâne, d'autres se promenèrent de sa tête à l'extrémité de ses membres.

— *Tu perçois ces souffles, Pelops ? On dirait des êtres invisibles.*

— *J'ai le sentiment qu'ils prennent des mesures, une empreinte.*

— *Une empreinte de quoi ?*

— *Une empreinte mémoire de chacun de nous.*

Pelops crut que les êtres invisibles tentaient également de désamorcer les bombes installées dans leurs gilets, mais un bruit effroyable retentit en lui, et il se sentit fissuré, projeté dans toutes les directions à la fois.

« Eh bien, Dorin ? »

Le colonel reposa ses jumelles sur l'étagère placée sous la fenêtre d'observation.

« Vous constatez la même chose que moi, mon colonel : la Grosse Pouffe est devenue toute grise et a diminué de volume comme à chaque fois. Il est encore trop tôt pour dire si elle a été sérieusement touchée ou si elle retrouvera sa forme et sa couleur habituelles. »

Le colonel Arès Bencher, n'ayant aucun doute sur le résultat, dut en appeler à toute sa raison pour ne pas sombrer dans la vague de découragement qui le recouvrait.

Jules

JASON patientait depuis une bonne heure dans la voiture. Il n'avait pas accompagné Camille à l'intérieur de la prison, d'une part parce qu'il ne voulait pas la déranger dans ses retrouvailles avec Basile, d'autre part parce qu'il aurait été incapable de fournir la pièce d'identité exigée pour franchir le premier barrage.

Il fumait une cigarette au goût atroce en contemplant le ciel d'un bleu encore pâle. Il avait acheté un paquet la veille, persuadé que le tabac, même trafiqué, lui permettrait de supporter la nuit morne dans la minuscule chambre de l'hôtel miteux que Camille et lui avaient dégotté dans les environs de la prison. Il avait promis à Éris d'arrêter de fumer, mais la cigarette avait exploité sa première errance pour se rappeler à son bon souvenir. Il avait mal dormi, se tournant et se retournant dans le lit étroit et grinçant, se demandant ce qu'étaient devenus sa mère, sa femme – n'étant pas divorcés, elle était toujours son épouse légale – et ses camarades de la brigade Arès. Le pressentiment qui avait planté profondément ses griffes dans sa chair lui donnait une impression diffuse, mais persistante, de fin du monde. Il avait changé depuis la deuxième illumination de la F1674, comme si la clarté soudaine de la sphère avait brûlé ses anciennes certitudes. Il n'avait plus aucune idée de qui il était, il n'était plus sûr de ses désirs, de ses espoirs, il flottait comme une méduse sur la mer agitée de ses pensées, raison pour laquelle, sans doute, il s'était agrippé toute la nuit aux souvenirs des personnes qui avaient partagé sa vie, sa mère, sa femme, les copains de caserne… Un réflexe de survie, une manière de lutter contre l'impression angoissante d'être emporté dans un naufrage, de se vider de sa substance, de devenir une coquille creuse. Les seules bornes qui jalonnaient son chemin lorsqu'il essayait d'entrevoir un quelconque futur avaient pour noms Hestia, Sibylle et Éris. Autour d'elles, il en avait l'intuition, il pourrait bâtir un monde nouveau, prometteur.

La frêle silhouette de Camille apparut devant la porte d'accueil du centre de détention. Il sut immédiatement, à ses épaules basses, à son visage défait, à ses yeux rouges, qu'elle portait de mauvaises nouvelles. Il sortit de la voiture pour l'accueillir. Elle se jeta dans ses bras et garda un long moment la tête posée sur son épaule. Il attendit que s'apaisent ses sanglots pour lui demander, à voix basse : « Qu'est-ce qui se passe ? »

Elle mit du temps à expulser les mots prisonniers de sa bouche.

« Basile, il… il… »

Il n'eut pas besoin d'entendre la suite pour comprendre qu'il était arrivé quelque chose de grave à Basile.

« Il a été pris à partie par les autres prisonniers, reprit Camille d'une voix plus ferme, mais encore entrecoupée de hoquets. Ils l'ont tabassé. Il est resté plusieurs jours dans le coma. Il est mort hier.

— Mort ? »

Jason eut besoin d'une bonne minute pour que l'information se fraye un chemin jusqu'à son esprit.

« Pourquoi ils s'en sont pris à lui ?

— À cause de ses idées sur les dames blanches. Les autres avaient peur de Magnus, son protecteur, mais, après sa libération, ils se sont vengés sur lui.

— Tu es sûre de…

— Ils m'ont emmenée à la morgue de la prison pour que je puisse voir son corps. Ils ont prévenu une de ses sœurs. Si elle ne se manifeste pas dans les deux jours, ils me le confieront pour que je procède à l'inhumation. »

Elle s'interrompit, secouée par une nouvelle crise de sanglots.

« Je ne crois pas que sa sœur ou un autre membre de sa famille se présentera, reprit-elle après s'être essuyé les yeux avec un mouchoir. Je vais rester ici trois ou quatre jours pour m'occuper des formalités.

— Je reste avec toi. »

Elle secoua la tête.

« Retourne à Millau. Je ne sais pas encore ce que je vais faire. Peut-être que je ne rentrerai pas avant un bon moment. Il y a de l'argent dans l'une des boîtes en fer du grand placard de la cuisine. Ça devrait vous suffire pour vivre en attendant mon retour.

— Je ne peux pas te laisser seule, protesta Jason.

— J'ai besoin d'être seule. » La voix de Camille avait recouvré sa fermeté ; elle lui posa la main sur l'avant-bras. « Je t'en prie. »

Il hocha la tête, comprenant qu'il ne parviendrait pas à infléchir sa décision.

« Je te dépose au moins à l'hôtel ?

— D'accord, je n'ai pas le courage d'y aller à pied.

— Et si la sœur de Basile débarque ?

— J'en serais étonnée mais, si jamais elle se pointe, je la laisserai s'occuper de tout. Peut-être que ça lui permettra de se réconcilier avec son frère.

— Tu crois que tu trouveras une concession dans un cimetière du coin ?

— La prison a passé un accord avec la municipalité de Seysses. Un carré est réservé aux détenus décédés en prison et non réclamés par leurs familles. »

Lorsque Jason la déposa à l'hôtel, elle lui remit une centaine d'euros pour le plein du retour, puis elle lui souhaita bonne route, l'embrassa et s'engouffra dans le hall désert.

Le train avançait depuis un bon moment au ralenti. Camille était restée debout dans le couloir pendant les deux premières heures avant de trouver enfin une place assise à l'entrée en gare de Caussade. À ses côtés s'était installée une femme corpulente qui n'arrêtait pas de bouger. Coincée contre la vitre, Camille contemplait les paysages accidentés du Quercy en essayant d'oublier les petits bruits agaçants émis par sa voisine, qui, quand elle ne grignotait pas, soufflait, marmonnait, tapotait des ongles sur la tablette abaissée devant elle.

Elle avait tant pleuré ces derniers jours qu'elle se sentait totalement vide. Les démarches pour l'inhumation de Basile l'avaient éreintée. Elle avait dû batailler ferme contre la mairie de Seysses, qui renâclait pour respecter l'accord passé avec le centre de détention. Difficile d'affronter les tracas administratifs quand on est écrasée de chagrin. Elle avait fini par obtenir gain de cause en demandant par téléphone l'intervention du directeur de la prison. Elle avait ensuite contacté deux entreprises de pompes funèbres qui n'avaient pas eu l'air très concernées par sa demande. L'une d'elles lui avait toutefois proposé une prestation minimale à condition qu'elle soit effectuée à huit heures du matin. Elle avait accompagné les employés des pompes funèbres au funérarium de la prison et assisté à la mise en bière, puis elle avait pris un taxi pour suivre le corbillard au cimetière, situé à cinq kilomètres de la ville. Ils lui avaient demandé, devant la fosse, si elle souhaitait prononcer quelques mots. Elle avait décliné l'offre d'un mouvement de tête. Elle préférait garder ses sentiments pour elle, son infinie tristesse, sa colère contre les détenus qui avaient tué Basile, contre le système judiciaire qui l'avait condamné à l'emprisonnement, contre sa famille qui l'avait abandonné, contre le monde qui méprisait les valeurs d'un homme tel que lui. Qu'elle fût seule à l'enterrement d'un être aussi précieux que Basile lui était apparu comme une absurdité, une monstruosité. La pluie s'était mise à tomber, silencieuse, chagrine.

Elle aperçut une dame blanche dans le lointain. Elle n'avait aucune rancune contre les visiteuses célestes. Les turpitudes des hommes ne leur étaient pas imputables. Les captures d'enfants ne pouvaient pas être considérées comme des agressions, puisqu'ils se jetaient d'eux-mêmes dans les sphères. Plongée dans ses pensées, elle ne prêta pas attention aux mouvements autour d'elle à la gare de Meyssac.

Elle fut surprise en se retournant de constater qu'elle avait changé de voisin. Un homme aux cheveux gris avait succédé à la femme corpulente. Elle répondit à son sourire d'un petit hochement de tête.

« Où allez-vous ? lui demanda-t-il.

— Paris », répondit-elle après un court moment d'hésitation.

Il y avait de la douceur, de la bienveillance, dans les yeux noisette de son interlocuteur. Les rides profondes sur son front et ses joues semblaient être les vestiges de grandes souffrances. Il lui tendit la main.

Elle l'accepta et trouva son contact agréable, à la fois ferme et engageant.

« Je vais également à Paris. Jules Maillet.

— Camille Grosjean.

— Qu'allez-vous faire à Paris ?

— Affaires familiales. »

Elle s'abstint de donner d'autres précisions. Elle retournait en région parisienne pour revoir une dernière fois la F729, la dame blanche de Bonneuil-sur-Marne qui avait capturé Nathan. L'idée aurait paru stupide à n'importe quel être sensé, mais elle s'était imposée à elle avec la force d'une évidence devant la fosse du cimetière. Une bonne partie d'elle était morte avec Basile, et c'était sans doute une manière pour elle de solder ses comptes avec la vie.

« Ah, la famille, soupira Jules. Je reviens de l'enterrement de ma mère, et mes deux sœurs et mon frère ont passé leur temps à se déchirer pour son pauvre héritage.

— Mes condoléances.

— Ma mère était âgée et impatiente de partir, elle me l'avait écrit dans sa dernière lettre. Elle vivait un véritable enfer chez sa fille aînée.

— Pourquoi ne l'avez-vous pas prise chez vous ?

— À Paris ? Elle ne voulait même pas en entendre parler. Je comptais m'installer près de Meyssac à ma retraite. Elle n'a pas eu la patience de m'attendre.

— Que faites-vous à Paris ?

— Je travaille au ministère de l'Intérieur. Je fais partie de la cellule d'organisation du recrutement des isaacs.

— Vous avez vous-même des enfants ? »

Le visage de Jules se rembrunit.

« Je n'ai pas eu cette chance, murmura-t-il après un temps de silence. Je… Nous n'avons pas pu en avoir, ma femme et moi. Nous avons fini par divorcer. C'est trop tard pour moi maintenant : j'approche les soixante-cinq ans.

— Êtes-vous allé vous-même dans un camp de rassemblement de pédokazes ?

— Jamais. Pas le temps. Nous sommes plongés plus de dix heures par jour dans la paperasse. Depuis la disparition de l'informatique, nous sommes obligés de gérer les dossiers manuellement. Nous essayons seulement d'établir le recensement le plus complet possible, puis de donner leurs ordres de mission aux brigades de recrutement. »

Camille laissa de nouveau errer son regard sur la campagne vallonnée traversée par les rails.

« Que se passera-t-il pour vous lorsque les dames blanches partiront ? »

Un petit rire s'échappa de la gorge de Jules.

« Vous êtes optimiste, vous ! En partant, elles mettraient des milliers de gens au chômage.

— C'est donc votre intérêt qu'elles restent. »

Il esquissa une moue.

« En ce sens, oui. Pas pour moi, qui suis en fin de parcours, mais pour mes collègues plus jeunes.

— Ça ne vous fait ni chaud ni froid d'envoyer tous ces enfants à la mort ? »

Les yeux de Jules prirent subitement l'aspect de pierres froides, rugueuses.

« Nous appliquons seulement la loi.

— Même si cette loi est inique ?

— Nous ne sommes pas en mesure de juger.

— Il est arrivé dans un passé pas si lointain que des hommes regrettent d'avoir appliqué certaines lois. »

Il se rencogna sur son siège, comme s'il lui fallait un peu de recul pour mieux évaluer son interlocutrice.

« Vous ignorez que les opposants à la loi d'Isaac sont passibles de lourdes peines de prison ?

— J'ai payé pour le savoir. J'ai tiré une dizaine de mois à la prison de femmes de Béziers. »

Il eut soudain l'air horrifié, craignant sans doute qu'on ne le surprenne en compagnie d'une réprouvée.

« Je reviens moi-même d'un enterrement, renchérit Camille. Celui de mon compagnon qui a trouvé la mort dans la prison de Toulouse-Seysses. Condamné à trois ans pour avoir donné asile à des réfractaires. »

Les traits de Jules se tendirent. Il se leva et s'éloigna dans le couloir. Une jeune femme fondit aussitôt sur le siège libéré comme un rapace sur sa proie.

La palissade de la zone du Morbras avait été réparée en plusieurs endroits. Les feuilles métalliques récentes contrastaient avec les panneaux rouillés ployés par le poids du lierre. Camille dut marcher un long moment pour trouver une brèche – un trou probablement pratiqué à la cisaille dans le métal gondolé et peu épais. Elle s'y glissa tant bien que mal. De l'autre côté, à l'intérieur du parc, la végétation paraissait nettement plus dense que dans ses souvenirs. Les buissons, les arbustes et le lierre dressaient une muraille inextricable dans laquelle un vague passage avait été creusé. Elle le suivit, penchée, écartant précautionneusement les branches d'épines qui pendaient de la voûte végétale. Elle prit conscience qu'elle n'avait pas la même vigueur ni la même souplesse que lors de sa première visite trente-cinq ans plus tôt. Même si son sac de voyage ne pesait pas lourd, elle fut obligée de s'arrêter à plusieurs reprises pour détendre ses muscles noués et reprendre sa respiration.

La F729 lui apparut enfin au milieu d'un espace dégagé, comme si la végétation n'avait pas osé s'approcher de la gigantesque sphère. Le jour déclinait.

Camille était arrivée en début d'après-midi à Montparnasse après un voyage éprouvant de deux jours, puis elle avait pris le RER à destination de Sucy-Bonneuil, lequel s'était immobilisé pendant plus de deux heures en pleine voie. Elle avait ensuite parcouru à pied la distance relativement courte entre la station et l'ancienne zone industrielle.

Le ruban paisible de la Marne s'étirait entre les troncs et les frondaisons alignés derrière la dame blanche. Le silence absorbait les bruits, y compris les chants d'oiseaux et la rumeur entêtante de la ville. En l'absence de vent, une odeur d'humus régnait sur les lieux en maîtresse absolue.

Camille fit un premier tour de la sphère, perçut à nouveau des vibrations, des voix d'enfants, des chuchotements dont elle restait incapable de déterminer s'ils s'élevaient à l'intérieur ou à l'extérieur d'elle. Elle ne rencontra personne dans les alentours. La Marne elle-même semblait abandonnée ; pas un adepte de jogging sur ses berges, pas un esquif sur son miroir lisse. Elle regretta de ne pas avoir prévu une couverture. La nuit s'annonçait et, avec elle, un net fléchissement de la température. Elle sortit un pull de son sac de voyage, l'enfila par-dessus son chemisier et son gilet de laine, puis remit son manteau par-dessus le tout. Elle passerait la nuit près de la F729, elle dirait au revoir à son fils, puis elle repartirait pour Millau et achèverait sa vie dans la maison du causse et le souvenir de Basile. Elle ne savait pas encore si elle rendrait visite à Catel à la prison de Fleury-Mérogis, si elle trouverait en elle le courage d'affronter le regard accusateur de sa fille.

Elle s'assit devant la dame blanche en espérant qu'il ne pleuvrait pas, grignota plusieurs gâteaux secs et but une gorgée à la bouteille d'eau achetée quelques heures plus tôt à la gare Montparnasse. La nuit se posa peu à peu autour d'elle. Les voix d'enfants, qu'elle continuait d'entendre, gagnaient peu à peu en puissance. Elle prit conscience qu'elles résonnaient en elle, comme si elle abritait une foule d'âmes, sous-tendues par une musique étrange et ravissante. Elle ne chercha pas à les rejeter bien qu'elles lui fissent craindre en permanence d'avoir définitivement basculé dans la folie.

Maman.

Elle se demanda si elle avait bien entendu ce mot ou si elle avait rêvé. Il continua de résonner en elle comme un écho à la fois lointain et familier.

Maman.

Nathan

BIEN QU'EN ÉTAT D'ÉVEIL, Pelops avait la sensation d'être plongé dans un profond sommeil. Les pensées, les impressions, les émotions déferlaient dans son esprit avec une clarté saisissante.

— *Pelops ?*

— *Kali ? Où es-tu ?*

— *Je ne sais pas, je suis vivante, et pourtant je crois que je suis morte.*

— *Je crois plutôt que nous sommes dans un état qui n'est ni la mort, ni la veille, ni le sommeil.*

Les pièces du puzzle se mettaient en place, la fresque lui apparaissait dans toute sa complexité, dans toute sa splendeur.

— *Pelops ? Nous avons pourtant explosé.*

— *Nous avons été pulvérisés, comme prévu, mais la dame blanche a pris nos empreintes vitales, et elle mobilise toute son énergie, toutes ses forces, pour nous reconstituer. C'est la raison pour laquelle elles changent de couleur et diminuent de volume après les explosions.*

— *Comment peut-on reconstituer un corps ?*

— *Ce sont des matrices, conçues pour donner, entretenir et développer la vie.*

— *Que vont-elles faire de nous ?*

— *Nous déposer ailleurs pour que nous ensemencions un nouveau monde. Elles sont des fécondatrices.*

— *D'où viennent-elles ?*

— Elles vont là où la vie se meurt pour en prélever des graines et les planter sur d'autres planètes. Nous sommes les graines, Kali. La Terre devient stérile. Si les hommes continuent dans cette voie, la vie ne pourra plus s'y épanouir. Les dames blanches sont venues sauvegarder l'espèce humaine. Elles sont des migratrices, des arches célestes, qui renferment en elles tous les éléments qui nous permettront de nous développer sur un nouveau monde.

— Comment sais-tu tout cela, Pelops ?

— Tu le sauras aussi très bientôt, et tous les autres aussi. Ce n'est qu'une question de temps.

— Nous serons endormis jusqu'à ce que nous ayons gagné notre nouvelle destination, maman. On m'a réveillé pour communiquer avec toi, parce que tu es l'une de ceux qui ont été choisis pour témoigner de l'œuvre de celles que vous appelez les dames blanches, mais je n'ai pas changé depuis que je suis parti de la maison, je suis toujours le Nathan que tu as connu.

Il suffisait à Camille de penser sa question pour que la réponse de Nathan s'impose dans son esprit. Les émotions qui la traversaient étaient, elles aussi, des éléments de langage. À la joie indescriptible de le savoir vivant, s'étaient superposés l'incrédulité, la détresse, la colère, le chagrin de la disparition de Basile. Elle avait oublié la nuit, le froid, l'inconfort de sa position.

— C'est pour tous les enfants la même chose ?

— Nous sommes tous des germes.

— Et les pédokazes, enfin, les enfants qui ont été employés comme bombes ?

— Les dames blanches les reconstituent, cellule par cellule, en se basant sur leur code génétique. Cela leur prend beaucoup de temps et d'énergie, mais elles sont dotées d'une connaissance et d'une patience infinies.

— Aucun d'eux n'est mort ?

— Ils sont tous en vie, ou sur le point de revenir à la vie.

— Des pédokazes ont été envoyés dans la dame blanche qui t'a capturé ?

— Capturé ? Je dirais plutôt choisi. Non, elle n'a pas reçu de pédokaze.

— Comment sais-tu, alors, pour eux ?

— Les dames blanches échangent en permanence. Ce que l'une expérimente, toutes les autres le savent, toutes les autres le partagent et le communiquent à ceux qu'elles abritent.

— D'où viennent-elles ? D'où tirent-elles leurs connaissances ?

— Je ne peux pas répondre à ces questions. Les dames blanches ne répondent pas à toutes les miennes. Nous devons accepter leur part de mystère. Elles sont venues sur Terre parce qu'elles en ont ressenti l'urgence, pour éviter l'extinction de l'espèce humaine.

— Qui les envoie ?

— Elles sont les gardiennes de l'univers. Elles se rendent là où la création a besoin d'elles.

— Quand partirez-vous ?

— Très bientôt.

— Tous pour la même destination ?

— Je ne crois pas. Nous serons répartis sur différents mondes.

— Leurs conditions ne seront peut-être pas adaptées à vous.

— Les dames blanches ont prélevé tout ce dont nous aurons besoin. Elles prépareront notre nouveau monde avant de nous réveiller.

— C'est de cette façon que les humains sont arrivés sur Terre ?

— Je ne sais pas.

La raison de Camille se cabrait parfois pendant l'échange, puis le visage de Basile lui apparaissait, sa voix grave résonnait en elle, et elle prenait conscience que les révélations de son fils confirmaient de manière éclatante les prémonitions de l'homme dont elle avait partagé l'existence. Elle regrettait qu'il ne soit plus là pour les entendre.

— *Il y a des êtres intelligents à l'intérieur des dames blanches, je veux dire : autres que les humains ?*

— *Chaque dame blanche est en elle-même un être intelligent. Toutes les parties qui la constituent relèvent de son intelligence.*

— *Pourquoi s'illuminent-elles de temps en temps ?*

— *Elles se rechargent en énergie. Elles préparent leur fusion et leur départ.*

— *Leur fusion ?*

— *Elles se regrouperont par plusieurs centaines pour former de grandes arches stellaires. Je dois maintenant retourner dans le sommeil. On me réveillera quand le temps sera venu.*

— *J'aimerais contempler une dernière fois ton visage, Nathan. Il m'a tellement manqué.*

Il y eut un temps de suspension.

— *Approche-toi, maman.*

Camille se leva et, après quelques mouvements d'assouplissement pour rétablir la circulation sanguine dans ses jambes, s'avança tout près de l'enveloppe blanche de la F729. Quelques instants plus tard, un cercle de lumière se découpa devant elle. Un mouvement se produisit de l'autre côté de la matière devenue translucide. Un visage apparut au centre du cercle. Le cœur de Camille se dilata aux dimensions de l'espace lorsqu'elle reconnut Nathan, parfaitement identique au souvenir qu'elle en conservait. Elle tendit la main vers son fils et entrevit, entre ses cils emperlés de larmes, son sourire joyeux. Son bonheur apparent, perceptible, la rassura, l'enchanta.

— *Au revoir, maman.*

— *Est-ce que nous nous reverrons un jour ?*

— *Nous sommes à jamais liés.*

— *Je t'aime, mon fils.*

— *Je t'aime, maman.*

La lumière s'éteignit, et le cercle recouvra son opacité. Camille demeura devant la bulle jusqu'à l'aube, alternant les périodes de somnolence, les doutes et les plages de sérénité bercées par des larmes brûlantes. Puis, tandis que les lueurs encore pâles du petit matin s'insinuaient dans la nuit agonisante, elle se leva, remit un peu d'ordre dans sa tenue et se dirigea vers la sortie de la zone, lavée de ses chagrins.

Le doute et la colère renfrognaient le visage de Catel. Elle avait eu une moue de déception lorsqu'elle avait aperçu sa mère de l'autre côté de la vitre de la cabine, hésitant visiblement à tourner immédiatement les talons. Elle avait fini par s'asseoir et décrocher le téléphone.

Le trajet entre Bonneuil et Fleury, deux villes pourtant peu éloignées l'une de l'autre, avait pris une bonne partie de la journée à Camille. Une heure s'était écoulée entre le moment où elle s'était présentée à l'accueil et celui où elle avait été conduite au parloir.

« Comment vas-tu ?

— Aussi bien qu'une femme en tôle qui bosse comme une brute et qui croupit avec trois autres paumées dans une piaule de six mètres carrés.

— Basile est mort en prison, tabassé par les autres détenus. Je reviens de Toulouse où il a été enterré.

— Désolée pour toi.

— Les dames blanches vont bientôt partir. Il n'y aura plus aucune raison de te garder ici.

— Si c'était pour me raconter ça que tu es venue me voir, tu aurais pu t'en passer. Tu te serais épargné le coût et la fatigue du voyage.

— Ce que je vais te dire va sans doute te paraître incroyable, mais, s'il te plaît, écoute-moi jusqu'au bout. »

D'un geste brusque de la main, Catel invita sa mère à continuer. La prison l'avait prématurément vieillie : son visage s'était creusé, ses yeux renfoncés, ses cheveux parsemés de fils blancs.

« Je suis allée devant la dame blanche de Bonneuil, la F729 – une envie de saluer une dernière fois Nathan. Je l'ai vu, Catel.

— Tu dérailles : ça fait presque quarante ans qu'il a disparu.

— Il n'avait pas changé. Il était exactement comme dans mon souvenir. Un cercle s'est découpé et éclairé sur la paroi de la dame, le visage de Nathan m'est apparu en son centre. Il m'a parlé, il m'a appris quel était le but des dames blanches.

— Tu délires complètement, maman. »

La saillie rageuse de Catel glissa sur Camille comme une goutte d'eau sur une toile cirée.

« Je ne suis pas la seule à avoir vécu l'expérience. D'autres témoignages un peu partout dans le monde confirmeront mes dires. Je ne suis pas venue aujourd'hui pour chercher à te convaincre, mais pour te dire que ta fille Diane est toujours vivante, comme Nathan. Elle a simplement été endormie en attendant d'être déposée en compagnie d'autres enfants sur un autre monde.

— N'importe quoi. Et Pelops ? Son père s'est empressé de me dire qu'il avait été récupéré par le service de recrutement.

— D'après Nathan, les pédokazes non plus ne meurent pas. Les dames blanches les reconstituent après leur explosion, ce qui leur coûte une formidable énergie. Elles sont des arches stellaires, chargées de sauvegarder l'espèce humaine menacée de disparition et de disséminer la vie sur d'autres mondes.

— Tu es devenue vraiment cinglée, maman. Basile a eu le temps de te contaminer avant de mourir.

— Je croyais que tu avais appris à l'apprécier. Moi, je remercie tous les jours le ciel d'avoir croisé son chemin. Avec lui, j'ai connu l'amour, le vrai. Pense ce que tu veux. Au fond de toi, tu rencontreras un jour la vérité. Ta vérité. Je voulais seulement te le dire pour que tu ne souffres pas inutilement de la disparition de tes enfants. Ils sont bien là où ils sont. Mieux sans doute qu'avec nous. Leur futur s'annonce plus radieux que le nôtre. Ils vont bientôt partir. Et tu sortiras bientôt d'ici. Si tu ne sais pas où aller, tu pourras toujours me rejoindre dans le Larzac. Tu connais le chemin. Pardon de t'avoir si mal aimée, ma fille. »

Catel hésita avant de raccrocher avec une moue de dépit, puis, sans plus accorder un regard à Camille, elle se leva et sortit de la cabine.

« Je vous dépose là-haut, madame ?

— Pas de refus. Ces deux jours de voyage m'ont éreintée. »

Elle s'assit aux côtés d'Hermès, le facteur. La voiture jaune de la Poste l'avait dépassée alors qu'elle sortait de Millau pour entamer la montée vers le causse.

« Hermès, c'est votre vrai nom ?

— Je m'appelle Adelin, en vrai. Hermès, c'est le surnom qu'on m'a donné quand je suis entré à la Poste. Vous venez d'où ?

— De Paris.

— Pourquoi donc êtes-vous allée si loin ?

— J'avais de la famille à voir… »

Hermès hocha la tête.

« Je vous conduis chez vous avant de commencer ma tournée. »

Il lança la voiture à l'assaut de la route sinueuse.

« Les dames blanches se sont allumées la nuit dernière. On dirait qu'elles préparent quelque chose.

— Leur départ », lança Camille avec un petit rire.

Thémis

Cela fait presque un an que les dames blanches sont parties.

Nous avons assisté, Jason, Éris, leurs filles et moi, à leur départ. Elles sont restées éclairées presque une semaine sans interruption avant de s'élever avec une lenteur majestueuse, sans un bruit, comme propulsées par un souffle cosmique. Nous en avons dénombré plus d'une cinquantaine autour de nous, qui jetaient dans la nuit des éclats flamboyants. Elles évoquaient un lâcher de lanternes lumineuses à la fin d'une fête.

J'ai pensé à Nathan, en partance pour un nouveau monde. Mon cœur s'est serré et mes yeux se sont embués. Puis je me suis rappelé qu'il quittait la Terre pour un avenir meilleur, une pensée qui m'a immédiatement consolée. Mon regard est tombé sur Hestia et Sibylle, qui contemplaient avec ravissement l'envol des visiteuses célestes. Je me suis demandé pourquoi elles avaient choisi certains enfants et négligé les autres. Elles emportaient avec elles une grande partie de leurs secrets. D'elles émanaient des rayons scintillants qui les reliaient les unes aux autres et formaient une trame changeante, chatoyante, resplendissante. Installés au sommet d'une colline, nous ne pouvions pas détacher nos regards du spectacle fascinant qui se jouait autour de nous.

Les dames blanches ont peu à peu gagné de la hauteur, puis elles se sont stabilisées un long moment avant de converger et de fusionner dans un éclat éblouissant, de ne former plus qu'une seule sphère brillante, qui s'est encore élevée jusqu'à se confondre avec les lointaines étoiles. Le ciel a recouvré bientôt son aspect ordinaire.

Nous nous réhabituons à la vie sans elles. L'activité magnétique est redevenue normale et, sur les cinq continents, les hommes se démènent pour rétablir les réseaux informatiques et satellitaires. De nouvelles générations de téléphones portables, d'ordinateurs, de télévisions, de GPS, ont déjà fait leur apparition. Les gouvernements se sont réjouis avec fracas de la fin de la guerre, au point de s'en attribuer les mérites ; les nations et les entreprises se livrent une compétition acharnée pour conquérir les nouveaux marchés ; les religions traditionnelles reprennent du poil de la bête – chacune d'elles prétend que c'est l'intercession de son dieu qui a permis de triompher des envahisseuses – ; l'ONU est redevenue une tour de Babel où chaque pays joue sa propre partition ; on parle d'un foyer de guerre quelque part dans le Caucase… Bref, les affaires humaines reprennent leur cours ordinaire.

Une amnistie générale ayant été décrétée, ma fille Catel a été libérée il y a de cela trois mois, comme tous les détenus condamnés pour avoir transgressé la loi d'Isaac. Elle se bat désormais pour reprendre sa place auprès de son fils Ulysse et projette de venir bientôt me rendre visite.

Grâce à la réactivation de la Toile, je suis entrée en contact avec d'autres mères du monde entier qui, comme moi, ont pu converser avec leurs enfants avant l'envol des dames blanches. L'opinion nous considère comme des folles, des hystériques – la psychiatrie a même inventé un nom pour nous définir : psychomères. *Selon la médecine officielle, nous nous sommes inventé un monde illusoire, merveilleux, pour supporter le sacrifice de nos enfants. Mais nous sommes nombreuses, déterminées, et nous avons la ferme conviction que nos voix finiront par porter.*

Jason a tenté de retrouver sa femme et sa mère dans le Sud. L'une s'est donné la mort, et l'autre, rongée par le chagrin, s'est éteinte à l'hôpital de Marseille. Éris a choisi un nouveau nom : elle s'appelle désormais Thémis. Un beau symbole : le temps est venu de passer de la discorde à la concorde.

Jason et elle vivent en ma compagnie dans la maison du causse. Lui a trouvé un petit boulot à Millau. Il emmène chaque matin les filles à l'école et les récupère le soir. Thémis me seconde pour toutes mes activités, les corvées quotidiennes et les nombreux échanges avec mes correspondantes.

L'humanité doit maintenant oublier son arrogance et tenir compte de l'avertissement donné par les dames blanches. Nous en étions arrivés à un point où nous ne pouvions plus garantir l'avenir de nos enfants. Une course de vitesse est engagée. Si nous recommençons comme avant, si nous relançons la course effrénée au profit, à l'exploitation, nous nous condamnons nous-mêmes à la disparition.

Nous avons encore le temps de changer le cours des choses. J'ai décidé de me consacrer corps et âme à cette tâche, une façon pour moi de rendre hommage à Basile. Sa chaleur, sa peau, sa voix, son humour, son calme, sa douceur, son rire me manquent cruellement et, souvent, à la tombée de la nuit, je m'isole sur le causse pour me bercer de son souvenir.

Extrait du journal de Camille Grosjean.

Table

Achevé d'imprimer en mars 2020
par l'Imprimerie Novoprint
à Sant Andreu de la Barca
pour le compte de
la Librairie l'Atalante

Dépôt légal : mars 2020

IMPRIMÉ EN ESPAGNE